基于独特生命体验的综合实践活动课程设计

吴庆琳 程 宏 ◎ 著

新优质学校丛书
丛书主编 汤林春

华东师范大学出版社
·上海·

图书在版编目(CIP)数据

基于独特生命体验的综合实践活动课程设计/吴庆琳,程宏著. —上海:华东师范大学出版社,2024.
(新优质学校丛书). —ISBN 978 - 7 - 5760 - 5227 - 5
Ⅰ. G423
中国国家版本馆 CIP 数据核字第 20246C5Y85 号

新优质学校丛书

基于独特生命体验的综合实践活动课程设计

著　　者	吴庆琳　程　宏
策划编辑	彭呈军
责任编辑	朱小钗
责任校对	樊　慧　时东明
装帧设计	卢晓红

出版发行	华东师范大学出版社
社　　址	上海市中山北路 3663 号　邮编 200062
网　　址	www.ecnupress.com.cn
电　　话	021 - 60821666　行政传真 021 - 62572105
客服电话	021 - 62865537　门市(邮购)电话 021 - 62869887
地　　址	上海市中山北路 3663 号华东师范大学校内先锋路口
网　　店	http://hdsdcbs.tmall.com

印 刷 者	上海商务联西印刷有限公司
开　　本	787 毫米×1092 毫米　1/16
印　　张	15
字　　数	267 千字
版　　次	2024 年 8 月第 1 版
印　　次	2024 年 8 月第 1 次
书　　号	ISBN 978 - 7 - 5760 - 5227 - 5
定　　价	68.00 元

出版人　王　焰

(如发现本版图书有印订质量问题,请寄回本社客服中心调换或电话 021 - 62865537 联系)

新优质学校丛书
编委会

顾　问：张民生　尹后庆　祝　郁　朱　蕾
　　　　胡兴宏　徐士强　赵　平
主　编：汤林春
副主编：杨　杰　冯　明　刘　莉
编　委：夏雪梅　胡庆芳　王　枫　王晓华　张玉华
　　　　沈　兰　朱乃楣　何哲慧　秦　娟
秘　书：韦晓玲　李　伟

"新优质学校丛书"总序

什么是优质教育？什么是优质学校？这大概是教育领域的灵魂之问。不同的人，不同的流派，会给出不同的答案。

在一部分人的脑海里，学生考试分数高、升学率高，拥有优势教育资源的学校，就是好学校，这样的学校提供的教育就是优质教育。在这种唯分数、唯升学率的教育价值观、教育质量观影响下，一些学校为了争抢分数排名，不惜抢生源；为了争抢分数排名，不惜超越政府公共资源分配的基本公平和均衡的原则聚集资源；为了争抢分数排名，不惜加重学生的课业负担。这种教育价值观与教育质量观，一方面大大窄化了教育的功能，另一方面也使教育偏离了育人本原，导致教育功利主义泛滥，滋生了教育短视行为，助推了教育"内卷"，破坏了教育生态，最终不利于学生的全面发展与健康成长，进而妨碍"为党育人，为国育才"的教育使命。为此，必须重新定义优质学校。

2011年3月，上海市召开基础教育工作会议，上海市委、市政府站在新的历史方位，判断上海基础教育的主要矛盾转变为人民群众日益增长的对优质教育的需求与优质教育资源相对不足的矛盾，提出基础教育：在教育价值上，要突破对功利价值的过度追求，更加关注教育对"人"本身的价值；在教育质量观上，要突破以学科知识传授为主的单一质量追求，更加关注以人的全面而多样发展为特征的全面质量；在培养模式上，要突破高度统一的标准化培养模式，更加注重需求导向的个性化、多样化的培养；在教师专业成长上，要突破单纯强调掌握学科知识和教学技能，更加注重教育境界和专业能力的提升；在教育管理上，要突破以行政手段为主推动教育发展的方式，更加注重思想领导和专业引领。为了贯彻落实上海市基础教育工作会议精神，上海市教委委托上海市教育科学研究院普通教育研究所实施"'新优质学校推进'项目"，其后又成立了"上海市新优质学校研究所"，专门负责新优质学校的研究与实践。

通过10多年的探索，经过概念建构、要素建设、路径探索等阶段，新优质学校对什么是优质教育，什么是优质学校，提出了自己的答案。新优质学校研究组及一线学校对新优质学校的内涵与特征，新优质学校的价值追求与建设路径等方面进行了较为系统的阐释与演绎。

从内涵特征看,"新优质学校"是以育人为本的教育,是回归教育本原,坚持主动发展、内涵发展的学校,具有有教无类、回归本原、积极探索、百姓满意等特征。在办学条件上,新优质学校不挑选生源、不超常规聚集资源,这与集中优势资源办少数优质学校的路径不同,而是解决常态条件下所有的学校如何走向优质的问题,是面向每一所学校的;在育人过程上,新优质学校坚持育人为本、科学探索,这与功利主义教育和应试教育划清了界限,要求回归育人本原,真正以学生身心健康发展为追求,以学生的精神、品格成长为重点,通过主动探索,按知识发展规律、学生认知规律、教育教学规律办事,体现学校的办学品质;在教育结果上,新优质学校追求持续进步、百姓满意,这就与以往分层发展不同,以往优质学校属于顶层学校,只有少数人才能进入,而新优质学校是跟自己比每天有进步的学校,是面向绝大多数人的学校,是老百姓满意的学校。

价值追求是新优质学校的办学底色,不会随着教育发展的阶段性任务变化而变化。新优质学校的价值追求,主要有:坚持回归教育本原,促进学生全面发展、素养培育及精神品格成长;坚持提升学生学习生活质量,办学生喜欢的学校,丰富学生的学习生活经历,促进学生主动发展;强调学校主动发展,坚持在常态条件下,学校主动探索,走内涵发展之路;强调为人民办学,坚持有教无类、因材施教,办好群众家门口的每一所学校。这些都是我们始终要遵循的。

新优质学校建设路径是学校走向新优质的路线或策略。新优质学校建设路径是各项目校与研究组共同探索的结果。在前期阶段,大致形成了寻找—发现,确立"新优质"的内涵要素;定位—发展,提取"新优质"的关键经验;创建—分享,建立"新优质"专业学习共同体;动态—激励,实现"新优质"过程性推介模式;示范—辐射,创造"新优质"区域推进新局面等路径。当前阶段,研究组根据学校生命周期理论与实践经验,形成了理念引领路径、问题突破路径、优势带动路径与评估促进路径四条基本路径。

经过教育行政部门、专业机构、一线学校和媒体单位的协力推进,上海市推出了一批新优质学校的办学样例,涌现出一批有思想、有智慧、有声誉的校长与老师。新优质学校办学惠及十多万学生,其理念和经验得到上海乃至全国同仁的认可,并在多地推广应用,产生了广泛影响。

在"十四五"乃至更长一段时期里,构建高质量教育体系,促进教育高质量发展,建设教育强国,全面实现教育现代化,充分发挥教育对经济社会发展的基础性、支撑性作用,将会是教育领域的重要任务。2023年6月,中共中央办公厅、国务院办公厅印发《关于构建优质均衡的基本公共教育服务体系的意见》,明确提出"促进新优质学校成长,办好群众'家门口'的学校"的要求。新优质学校如何在坚守底色的基础上,直面教育改革中的实践问题,继续推进新优质学校的理论研究与实践探索,任务仍然十分艰巨。当此之际,上海市新优质学校研究所推出"新优质学校丛书",一方面会促进新优质学校的研究人员与一线实践者提炼新优质学校的办学经验,深化对新优质学校的理论研究;另一方面会强化新优质学校在教育高质量发展中的示范引领作用,因为新优质学校的办学理念与发展路径和教育高质量发展有着内在的契合性,有效总结新优质学校的理念与经验,形成样例,必将为其他学校高质量发展提供榜样示范。这样就为不同人员提供了一个交流互鉴的平台,为理论与实践相结合提供了一个载体。

新优质学校是一座富矿,值得大家去挖掘。而且新优质学校还有许多问题需要解决,如:如何处理坚守新优质学校底色与抓住改革发展新要求、解决新问题的关系,如何处理满足学校贴地需要与宏观教育改革发展需要的关系,如何处理当下中国教育改革发展需要与国际教育改革发展趋势的关系,等等。这些都有待我们去研究与探索。新优质学校建设项目,我是倡导者,也是实践者与研究者,深知这一项目的价值与意义,它是一个具有世界价值的项目。世界上的基础教育里大部分学校都是普通学校,如果把普通学校如何解决普遍的问题弄清楚了,就具有世界价值,这对讲好上海教育故事、中国教育故事,极具意义。期待着在未来的时光里,通过"新优质学校丛书"这个平台能看到更多的理论成果和更多的鲜活经验与实践案例,为擦亮上海的新优质学校品牌,讲好中国的新优质学校故事,提供更为厚实的基础。

是为序。

中国教育学会副会长、上海教育学会会长:

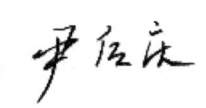

目 录

总论·001

  一、综合实践活动课程的实施现状 001
  二、综合实践活动课程的研究现状 003
  三、综合实践活动课程的发展趋势 016

第一章 | 理念与追求：为每个孩子创造独特的生命体验·023

  第一节 办学理念：不一定第一，但绝对唯一 025
    一、直面教育的本真使命 026
    二、把目光转向人性和生命 027
    三、每一个孩子都是一个奇迹 029
  第二节 课程理念：为学生设计独特的学习经历 031
    一、课程即学生立场 032
    二、课程即学习经历 034
    三、课程即个性生长 036
  第三节 "生命·成长"综合实践活动课程目标 037
    一、课程目标的内涵诠释 037
    二、课程目标的校本化设计 041

第二章 | 结构与内容：弥合两个世界·049

  第一节 "生命·成长"课程的整体架构 051
    一、课程结构顶层设计 052
    二、课程内容建构逻辑 053
    三、课程内容整体规划 055

第二节 "生命·成长"课程的内容组织　055
　　一、课程内容的组织原则　055
　　二、课程内容的开发路径　061
　　三、课程内容的组织步骤　069
第三节 活动主题的设计　074
　　一、以现象为中心的主题设计　075
　　二、以概念为中心的主题设计　079
　　三、以问题解决为中心的主题设计　084
　　四、主题活动方案的要素与设计　087
第四节 学习支架的设计　094
　　一、学习支架的类型　094
　　二、学习支架设计要素　096
　　三、案例——"石库门的保护与发展"学习支架系列　096

第三章｜组织与实施：链接生命与学习·105

第一节 学习时空的拓展　107
　　一、学习时间的组合　107
　　二、学习空间的创设　109
第二节 学习方式的选择　110
　　一、项目学习　111
　　二、行走学习　135
　　三、服务学习　141
第三节 不同课型的教学指导　145
　　一、选题指导　146
　　二、活动方案设计指导　154
　　三、研究方法指导　157
　　四、问题解决指导　163
　　五、成果形成指导　166
　　六、成果展示与交流指导　171
　　七、活动总结与反思指导　172

第四章｜评价与反馈：指向素养发展·177

第一节 促进生长的发展性评价　179
　　一、评价的基本理念　179
　　二、评价的基本原则　181

第二节　学习评价的设计　183
　　一、学习评价设计的依据　183
　　二、实施评价的基本框架　183
第三节　多样化的评价载体　186
　　一、基于量规的评价　186
　　二、基于反思日志的评价　194
　　三、基于电子档案袋的评价　196

第五章 ｜ 支持与保障：为适性成长护航 · 199

第一节　组织机制再造　201
　　一、组织机构重建　201
　　二、合作模式运用　202
　　三、制度体系完善　204
第二节　教师素养提升　205
　　一、明确教师专业能力要求　205
　　二、建立跨学科教研机制　208
　　三、开展校本研修项目　211
第三节　课程资源建设　214
　　一、课程资源的类型　215
　　二、课程资源开发路径　216
第四节　课程管理优化　217
　　一、管理制度的刚性与柔性并存　217
　　二、课程管理的预设与生成并重　218
　　三、课程管理与研究指导相结合　219

参考文献 · 220

后　记 · 223

总 论

从2001年《基础教育课程改革纲要(试行)》(以下简称《纲要》)规定中小学设置"综合实践活动",到2017年颁布的《中小学综合实践活动课程指导纲要》(以下简称《指导纲要》),再到《义务教育课程方案(2022年版)》(以下简称《新课程方案》)进一步细化了综合实践活动课程的实施要求,综合实践活动课程已经走过20多年的发展历程。中小学开设综合实践活动课程是基础教育课程体系的结构性突破,是我国基础教育"课程综合化浪潮"中的一朵"浪花"。切实贯彻《指导纲要》的要求,把综合实践活动课程的开设落到实处,是全面深化课程教学改革,落实立德树人根本任务的要求。面对现实中综合实践活动课程的实施困境,我校在素养培育视野下探索校本综合实践活动课程的建设路径,变革综合实践活动课程的学习方式和教学模式,从而不断提升课程实施成效,充分发挥其实践育人的独特价值。

一、综合实践活动课程的实施现状

自2001年设置至今,综合实践活动课程的价值得到了广泛认同,课程开设正在逐步走向规范和常态,但是在实施中也面临诸多问题与挑战。为了从总体上了解中小学综合实践活动课程的实施现状,2018年7月至10月,本研究综合运用问卷调查法与访谈法对S市的中小学综合实践活动课程实施现状进行了调查。问卷调查采用类别抽样方式,以来自S市的8所初中、小学和九年一贯制学校的教师、学生,以及学校课程管理者(校长、分管副校长和教导)为被试,以自编的"中小学综合实践活动课程实施状况调查问卷(教师/学生/管理者)"为调查工具,通过问卷星开展调查,共收到学校课程管理者问卷110份,教师问卷232份,学生问卷1044份,并通过访谈更深入地了解所关注的几个问题。其中采用Excel和SPSS22.0对数据进行了处理和统计分析,调查的结果与分析如下。

(一) 综合实践活动课程的实施困境

在S市的调查中发现综合实践活动课程实施存在一些问题,总结起来主要表现为:

1. 课程的设置和实施与政策要求间存在偏差

课程的开设尚未彰显其应有的课程地位,对综合实践活动课程的性质理解还没有完全到位,或者是实施课程的行为与对课程的认识之间存在脱节现象,表现为:有些学校课程实施是以单一学科课程替代;有的学校没有严格执行课时,仅在部分年级开设或者在假期里集中实施,存在综合实践活动课时被占用的现象;有些学校对课程目标的理解较为简单,没有将学生所需要的知识、能力等与他们所生活的世界之间建立起有意义的关联,因此课程的实施无法体现其设置的本意;课程实施中传统的学习方式尚未得到根本转变,仍然存在传授式的"教"综合实践活动的现象,学生主体作用尚未得到充分发挥。

2. 课程内容的开发与组织难以实现学生素养发展的要求

现实中,课程内容的开发和组织还有许多盲点和空间:许多学校已经开发了校本活动主题,但开发广度和深度不够,活动主题相对比较集中,将知识世界、科学世界和社会生活以及学生经验相联系的资源较少;学校能积极主动地依据课程目标进行整体设计课程内容的极少,能对课程内容进行系统开发并形成逻辑结构的更是罕见;在设计课程内容的过程中,参与的学科教师更习惯和擅长专注与本学科相关的内容,有的课程内容仅仅是单一学科知识的拓展,目的是扩大学生的知识面,并不涉及各学科知识的衔接,学生缺少解决问题的体验和经历,难以发展综合运用多学科知识解决实际问题的能力。

3. 教师专业水平尚未达到执行课程的要求

现实中,教师的专业素养还未完全达到实施综合实践活动课程的要求,表现为:学校缺乏跨学科背景的教师资源,无法按照课程要求配置教师,相当一批学校没有配备专职的综合实践活动课教师,而兼职教师则大部分缺乏研究意识,而且原有的学科课程工作任务重,对综合实践活动的实施处于应付状态;教师个体专业背景单一,缺乏跨学科课程知识与技能,对综合实践活动课程特点和性质把握不准,驾驭课程的能力不足,教师固有的教学观念和教学方式与综合实践活动课程对教学指导的要求存在较大差距,难以实现促使学生综合素养发展的课程目标;学校缺乏促进综合实践活动课程教师专业素养发展的机制或平台,课程实施中教师普遍感到自身专业水平有限又缺乏及时的专业引领,教师亟须通过加强培训提升教师的课程意识、课程开发与实施能力,革新综合实践活动课程的教学模式。

(二)实施困境的缘由探析

综合实践活动在 S 市的开展已有一定的成效,但远非乐观,还存在诸多问题,课程的发展也面临着诸多瓶颈,课程远没有达到预设的影响力,分析这些问题产生的根本原因有以下几个方面。

1. 对课程结构的作用认识不深刻

分析综合实践活动课程实施时内容被窄化、各领域内容未能得到有机融合以及学科化等现状,究其原因是学校、教师对课程结构的变化及其背后的改革要求认识不深刻。综合实践活动课程是培养学生综合素质的跨学科实践性课程,其设置意图是要弥合学校教育中的"断裂"现象,即学科间缺乏联系,教师的教学、学生的学习与生活、世界缺乏联系等。综合实践活动课程充分体现了课程育人的理念,是新课程结构性的突破。

2. 对课程性质的独特之处把握不准确

综合实践活动课程的设置是基于素养培育的课程转型,这样的改革要求教师在价值澄清的基础上把握它与传统课程性质的区别,这也决定了课程实施的成效。综合实践活动课程是一种经验性课程,强调以学生的体验、生活实际和问题为核心;是一种跨学科课程,它追求学科间的内在联系,打破学科界限,聚焦生活问题,培养学生的知识整合迁移、知识综合运用等能力;是一种实践性课程,多样化的实践性学习方式是它的特点,强调学生通过实践性活动来学习。现实中,不少学校对综合实践活动课程的独特性质没有充分的认识,课程内容的设计与实施与理想的课程情况还存在较大差距。

3. 对课程目标的落实不到位

综合实践活动课程目标的落实,要求每位教师在设计该课程的主题(单元)目标时,不断追问课程实施的根本目标,深度思考学生在学习中遇到的实际问题、解决方法以及需要的支持与帮助,从而设计课程实施的各环节。但现实中很多教师缺乏目标设计的能力,也未掌握达成目标的方法。如何设计测评跨学科能力的各具体要素,特别是真实情境的呈现方式和解决问题能力构成的要点,以及如何通过测评的重心转移,达成对跨学科能力的有效测评,对所有老师而言都是一个极具挑战的要求。

二、综合实践活动课程的研究现状

通过中国知网进行综合实践活动课程相关文献的检索与分析,从整体上描述其研究现状与趋势,为综合实践活动课程的优化实施提供理论指导。

（一）已有学术史梳理

在中国知网以"综合实践活动"或"综合实践活动课程"为关键词，并且"篇名、关键词和摘要"不含"中职"，选择"教育理论与教育管理""初等教育""中等教育"三个中小学领域的文献类别进行文献检索，共检索到5 001篇，研究文献可谓汗牛充栋，十分丰富。二十多年来有关综合实践活动课程的研究整体上呈增长趋势（见图1），特别是2017年教育部发布了《指导纲要》，再次明确了综合实践活动课程作为必修课的独立地位和独特价值，推动了文献研究数量的快速增长。

在上述检索结果中，文献来源选择"教育研究"等40个核心期刊，共检索到499条文献。通过发文趋势图（见图2）可以发现，学术界关于综合实践活动的研究热潮与2001年和2017年颁发的综合实践活动的政策文件密切相关。

图1　2000—2020年"综合实践活动课程"相关文献发文现状与趋势

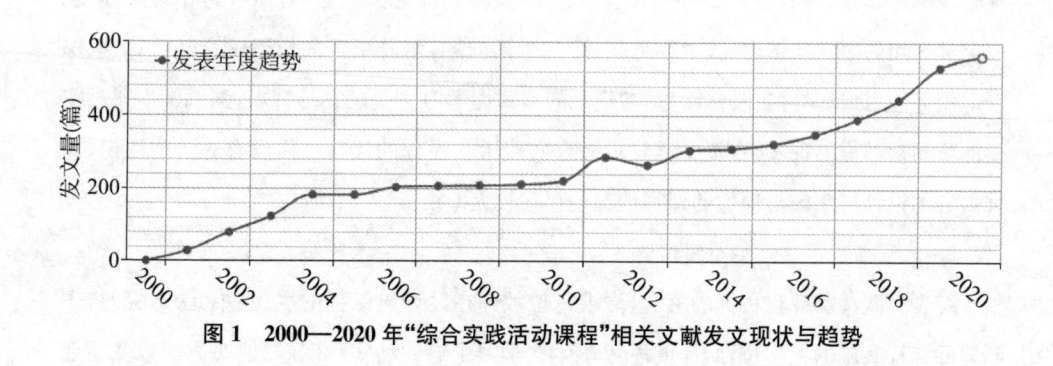

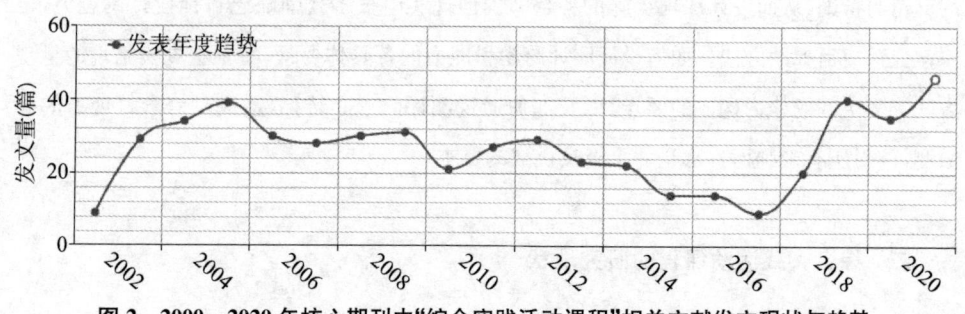

图2　2000—2020年核心期刊中"综合实践活动课程"相关文献发文现状与趋势

通过关键词共现网络分析可以发现，核心期刊中"综合实践活动课程"的相关文献围绕

图3 2000—2023年核心期刊中"综合实践活动课程"相关文献的关键词共现网络

《指导纲要》的理念和要求,聚焦于"学习过程""学习活动""核心素养""活动任务""问题解决""立德树人""表现性评价"等若干关键词,研究的内容呈现多元化态势,涵盖综合实践活动课程的各个要素。

图4 "综合实践活动课程"检索结果中以"素养"为篇名的文献关键词共现网络

在"综合实践活动课程"的检索结果中以"素养"关键词进行检索,共发现128条文献,这些文献基于核心素养培育的视角,思考综合实践活动课程的独特育人价值,探讨综合实践活动课程的"学习过程""学习活动"在"立德树人"、培育"综合素养""问题解决""学会学习""能力素养"等方面的作用与实施方法、策略等。

(二) 相关文献述评

梳理我国有关"综合实践活动"的研究文献资料,不难发现,在二十多年的发展历程中,我国关于综合实践活动课程的研究和实践取得了长足的进步,在许多重要话题方面形成了有价值的成果,主要体现在以下方面:

1. 对综合实践活动课程的性质、定位与价值形成了高度认同

2001年,综合实践活动课程随着《纲要》的颁布应运而生,《纲要》规定:从小学至高中设置综合实践活动,并作为必修课程。综合实践活动课程以培养学生综合素质为导向,面向学生生活世界,体现对知识的综合运用,它既适应我国进行素质教育的内在需求,又呼应世界课程改革的发展趋势。这一课程形态推出前后,以钟启泉、张华、田慧生、熊梅、张传燧等为代表的一批课程专家、课程决策者在学术界对综合实践活动课程的性质、定位、价值等展开了理论探讨。例如,钟启泉等认为,"综合实践活动是我国新一轮基础教育课程改革的结构性突破。它是一门立足学生的直接经验、回归学生的生活世界、关注学生的亲身实践的课程,在重建新时代的课程观、教学观、学习观方面具有巨大的潜力"。[①] 田慧生认为,"综合实践活动属于活动课程范畴,是活动课程在新的时代条件下的深化与发展;综合实践活动具有自己独特的育人价值与功能,它既独立存在,有别于学科课程,又与学科课程相互联系、相互影响,共同构成了基础教育新课程体系"。[②] 课程专家对综合实践活动的理论基础、目的、内涵、特征、功能、价值等的集中分析和论述,在很大程度上提升了教育领域对综合实践活动的重视,也积极推动了中小学一线实践者对综合实践活动的关注和认可。

2017年,《指导纲要》颁布,对综合实践活动课程的地位、性质、理念进行了更加明确的界定,并提出了价值体认、责任担当、问题解决、创意物化四个课程目标,以及考察探究、社

---

① 钟启泉,安桂清.综合实践活动课程:实质、潜力与问题[J].北京大学教育评论,2003(3):66—69.
② 田慧生.综合实践活动的性质、特点与课程定位[J].人民教育,2001(10):34—36.

会服务、设计制作、职业体验四种基本的活动方式,进一步凸显了课程的实践育人价值,进一步规范和指导课程的有效实施。由此,中小学综合实践活动课程在理论研究和实践探索领域进入一个新的发展阶段。

当前,在新一轮课程修订的背景下,落实立德树人的根本任务,培育学生核心素养以及弘扬劳动精神、开展"劳动教育"、落实"五育并举"等新时代教育改革发展要求,使综合实践活动课程的发展面临新的机遇和挑战。杨明全认为,为回应社会变革的挑战和教育改革的新要求,综合实践活动课程将出现如下可能的发展趋势:"在课程内容上,与劳动教育课程深度整合,使劳动教育成为综合实践活动课程新的生长点;在课程功能上,综合实践活动课程实践育人的功能进一步凸显;在课程形式上,综合实践活动课程与其他学科的整合与渗透进一步加强。"①

2. 对综合实践活动课程的核心要素展开了深度研究

作为一种课程形态,综合实践活动课程的设计与开发、组织与实施、课程评价、师资队伍建设等课程要素成为研究的焦点,引起了理论研究者和课程实践者的群体性、持续性关注,积累了具有一定深度的认识和结论。

(1) 综合实践活动课程设的设计与开发

关于综合实践活动课程的校本构建,冯新瑞等指出,有不少学校没有制订综合实践活动课程的整体规划,已有的学校课程规划中存在着综合性不够、实践性不强、没有体现学校特色等问题,并从"课程设计指导思想与理论依据、课程目标设计、学校环境和资源分析、课程内容安排、课程实施计划及课程评价设计"方面阐述了学校综合实践活动课程方案的制订。② 季苹等提出,"以问题和概念为两端"作为解决问题的设计框架,可以破解综合实践活动课程何以实现"综合"的难题。③ 高志文等提出,学校用课题方式来设计综合实践活动课程④。张华等从"确立研究主题、课题计划与启动、课题实施、课题展示与反思"等环节进行综合实践活动课程的框架设计。⑤ 还有不少来自一线学校的实践研究者结合本校的实践探

---

① 杨明全.综合实践活动课程的内涵演变与未来走向——新一轮课程修订背景下的考量[J].教育科学研究,2020(3):39—45.
② 冯新瑞,梁烜.学校综合实践活动课程规划及其方案制订[J].教育科学研究,2008(11):38—41.
③ 季苹,陈红.综合实践活动课程如何实现"综合"——"以问题和概念为两端"的设计框架[J].中国教育学刊,2019(10):98—103.
④ 高志文,罗晓章,文传福.用课题方式来设计综合实践活动课程[J].人民教育,2017(9):66—69.
⑤ 张华,仲建维.综合实践活动课程设计框架研究[J].全球教育展望,2008(2):35—41.

索总结提炼了综合实践活动课程的整体建构与设计经验。

关于综合实践活动课程的内容结构,《指导纲要》不再强调"研究性学习、社区服务与社会实践、劳动与技术教育、信息技术教育"四方面的内容,而是突出强调四种活动方式。为此,学校要对综合实践活动课程的内容进行系统规划与整体架构。万伟认为,课程的内容架构可以根据以下五种方式进行:三大维度与四大领域;领域划分、模块分割与线索分类;思维导图与主题生成;学习方式分类;总体构架。① 李臣之等认为,综合实践活动课程内容具有"不确定性""场境性"及"跨学科性",学校在建构综合实践活动课程内容时,要把握其内外部之间的关联,如:国家课程与学生经验课程、预设与生成、近期与长期等之间的关系,采用"主线—领域—主题"的实践逻辑。具体的建构策略包括统筹资源,系统思考;发现儿童,尊重儿童;群体协商,共同决定。②

关于综合实践活动课程的主题设计,李臣之认为,综合实践活动主题设计需要寻求基本的依据,并对"主题领域的确立""主题生成方法"等进行了详尽的阐释,为主题设计提供了理论指导。③ 李云淑从"主题目标设计:抽象还是具体;主题内容设计:预设还是生成;主题教学方式设计:传递还是研究;主题评价方式设计:重过程还是重结果"④等方面对综合实践活动课程主题设计存在的问题以及解决路径进行了探讨。张华等认为,"对学生而言,选题的过程本身就是研究,而不只是为研究做准备。真实问题、交流与表达、天然小组的形成构成了综合实践活动课程选题研究的三大要素"⑤。黄永元分析了初中综合实践活动课程主题缺失的原因,提出了"尊重学生意愿,兼顾实施可行性;联系地方特色,强化选题针对性;联系学校实际,凸显校园特色"⑥等解决策略。

关于综合实践活动课程的资源开发,张传燧认为,课程资源提供"主题"内容的选择范围,"主题"内容则是课程资源凝练的表现。⑦ 周可桢提出了优先性、适应性、兴趣性、生活

---

① 万伟.从活动走向课程——试论综合实践活动课程的"内容架构"[J].教育理论与实践,2010(2):19—21.
② 李臣之,纪海吉.综合实践活动课程内容的规定性及校本建构策略[J].课程·教材·教法,2019(4):104—109.
③ 李臣之.综合实践活动"主题设计"探讨[J].教育研究,2002(4):62—66.
④ 李云淑.对综合实践活动课程主题设计的思考[J].教育发展研究,2008(8):76—78.
⑤ 张华,唐晓欣.综合实践活动课程选题研究[J].教育发展研究,2008(5):36—39.
⑥ 黄永元.初中综合实践活动主题缺失的原因及解决策略[J].教学与管理(中学版),2016(2):35—37.
⑦ 张传燧.综合实践活动的课程资源及其主题开发设计策略[J].教育科学研究,2004(6):32—35.

性、广泛性等原则,并阐述了综合实践活动课程资源开发的方法与途径、基本程序等。① 张建平认为,综合实践活动课程资源的开发主体是多元的,主要包括教师、学生、学校、学生家长、社会人士,提出了课程资源开发的程序、课程资源开发的策略等。②

(2) 综合实践活动课程的实施研究

综合实践活动的实施过程决定着课程的实施成效。关于课程实施研究,目前主要集中探讨两个方面。

一是对课程实施的特点、模式、形式及活动方式的研究,对于中小学有效开展综合实践活动具有重要的理论指导与实践操作意义。张传燧认为,"实施过程具有亲历性、自主性、协同性、开放性等特点;由确定主题、提前准备、拟订方案、实施活动、交流总评、拓展提升等环节构成实施的基本模式;师生互动合作、学生自主探究两种形式有机融合作为实施的主要形式。在实施过程中,师生的活动方式分别表现为参与合作和指导帮助、自主选择和主动探究"③。陈时见等认为,综合实践活动课程的教学组织形式客观地要求以小组活动为主,辅以班级活动和个人活动。综合实践活动课程的教学过程也就是学生从事探究性学习的过程。在教学方法上应以演示、实验、观察、调查、活动作业等方法为主。④ 熊梅对综合实践活动课程实施的样态特征进行了归纳,认为课程开发主体呈现出多元性、自律性;在课程内容的构成上体现出生活性、综合性;以学生为主体探究解决问题是课程主要的实施方式;在教学组织形式方面突出个性化、合作性;课程实施的时间和空间更加开放、灵活。⑤ 王卓将综合实践活动课程划分为四种实施模式:探究型实践模式、应用型实践模式、体察型实践模式、参与型实践模式。⑥

二是对综合实践活动课程实施现状、实施效果的调查与反思,以及对于实施困境、问题与解决对策的探索。代表性的观点,例如,冯新瑞在2011年对全国东部、中部和西部9个省的课程实施效果的抽样调查表明,学生的综合素质得到发展,促进了教师的专业成长,给学

---

① 周可桢.综合实践活动教学课程资源的开发策略[J].教育理论与实践,2004(1):38—39.
② 张建平.论综合实践活动课程资源开发的主体、程序及策略[J].教育理论与实践,2005(12):46—48.
③ 张传燧.论综合实践活动的实施[J].课程·教材·教法,2002(7):16—20.
④ 陈时见,李晓勇.论综合实践活动课程及其实施[J].教育理论与实践,2002(4):40—43.
⑤ 熊梅.浅谈综合实践活动课程实施的样态特征[J].中国教育学刊,2001(3):54—56.
⑥ 王卓.综合实践活动课程实施模式的构建[J].教育科学,2008(2):43—46.

校带来多方面的变化;但是实施效果的东、中、西部地区差异、城乡差异、学校差异、学段差异、学习成绩差异以及性别差异极其显著;影响效果的主要因素有学校开课方式和管理方式、教师指导方式以及学生对课程的态度;并提出了教育行政部门加强政策支持、学校完善课程规划和管理、研训结合提高教师指导水平等策略。[1] 高霞等认为,表层化实践是当前中小学综合实践活动存在的一个突出困境,主要表现为课程地位的边缘化、课程目标的模糊性、课程内容的去知识化、课程成效的虚无化。这一困境究其原因在于学科课程至上倾向、普适性目标取向、课程统整意识欠缺、忽视课程评价的作用。为此亟须确立课程地位、制定精准性课程目标、超越学科边界、完善课程评价机制,以保证充分发挥综合实践活动的育人价值[2]。虽然从整体上看综合实践活动课程的实施取得一定成效,但不可否认在现实中仍遭遇着诸多困境,课程指导教师队伍不稳定、课程实施不到位、课程目标落实不到位以及课程评价面临难题等都是普遍存在的问题。

(3) 综合实践活动课程的评价研究

综合实践活动课程相对弱化对系统知识的掌握,强调培养学生的综合能力和情感态度价值观,如何开展有效评价是实践操作中的难点之一。不少研究者认为,无论是从评价的内容指向还是操作特点上看,表现性评价都是非常适合综合实践活动课程的有效评价方式。徐燕萍提出了综合实践活动课程表现性评价的教育哲学定位与操作实施建议。[3] 万伟提出了综合实践活动课程主要培养学生的八大关键能力,并围绕每一项关键能力设计表现性评价活动。[4] 钱新建提出,开发表现性评价任务,要在明确评价目标的基础上,依次展开设置活动任务、选择活动情境、拟定活动要求、制定评判规则等几项工作。[5] 陈金海等结合本校实践,阐述了综合实践活动"1246评价策略"。[6] 马玲玲基于CIPP模型,构建了综合实践活动课程评价指标体系。[7] 李树培从"突出发展导向""做好写实记录""建立档案袋"

---

[1] 冯新瑞.综合实践活动课程实施效果的调查研究[J].教育科学研究,2013(1):54—61.
[2] 高霞,陈莉,唐汉卫.中小学综合实践活动:困境、成因与出路[J].课程·教材·教法,2020(3):76—80.
[3] 徐燕萍.综合实践活动课程表现性评价的教育哲学定位与操作实施建议[J].上海教育科研,2013(3):55—56,24.
[4] 万伟.综合实践活动课程关键能力的培养与表现性评价[J].课程·教材·教法,2014(2):19—24.
[5] 钱新建.综合实践活动表现性评价的认识、开发与运用[J].课程·教材·教法,2015(5):49—54.
[6] 陈金海,易俊.综合实践活动"1246评价策略"的实施[J].教学与管理,2019(28):35—37.
[7] 马玲玲.基于CIPP模型构建综合实践活动课程评价指标体系[J].教学与管理,2020(9):115—118.

"开展科学评价"等方面进一步阐释了《指导纲要》中对综合实践活动课程评价的要求。① 这些研究为基层学校如何有效开展综合实践活动课程评价提供了一定的理论指导和实践启示。

（4）综合实践活动课程的师资建设研究

为了有效地进行"综合实践活动"课程的教学，教师需要全面地理解和把握综合实践活动课程的性质与理念，具备适应此种教学的素质和能力。李芒提出了担任综合实践活动课程的教师必须具备的八大基本能力②。（见图5）

胡双双提出了综合实践活动课程"三位一体"教师素养结构，包括教师情意素养、教师知识素养和教师能力素养。③ 刘玲的相关研究指出了综合实践活动课程的师资建设遇到诸多困难：专任教师极度匮乏且流动性极大，兼职教师指导学生活动的态度和能力参差不齐；④提出了综合实践活动教师要增强专业情感、丰富专业知识、完善专业能力，依托基于教学情境的校本教研活动实现专业发展；学校、培训机构和教育管理部门要开展理论与实践相结合的各级研修培训活动，提供促进教师专业发展的制度保障；师范院校要做好职前培养等专业化发展路径。⑤ 简而言之，缺乏高素质的师资队伍已成为综合实践活动课程实施中的短板，在很大程度上削弱了课程实施成效，造成现实的课程与理想的课程之间的巨大落差。

图5 综合实践活动课程教师必须具备的八大基本能力

3. 研究展望

通过梳理综合实践活动课程的研究现状，可以发现，现阶段有关综合实践活动课程研究的局限主要表现为两个方面：一方面，中观层面的研究较为薄弱。在三级课程管理制度下，一门正式课程的建设不仅需要理论研究和基层学校的实践探索，也需要区域的统筹管

---

① 李树培.综合实践活动课程评价从何处入手？[J].中小学管理,2017(12):13—14.
② 李芒.论综合实践活动课程与教师的教学能力[J].教育研究,2002(3):63—67.
③ 胡双双.综合实践活动课程教师素养结构探析[J].课程教学研究,2019(11):22—27.
④ 刘玲.综合实践活动课程师资建设：困境与突破[J].中小学管理,2012(6):32—33.
⑤ 刘玲.综合实践活动课程教师专业化：素养要求与发展路径[J].教育科学研究,2013(7):61—65.

理和扶持。目前关于区域推进综合实践活动课程的研究数量较少。立足课程实施的中观层面,如何发挥区域优势,从区域规划、区域教研、区域课程资源、区域教师培训与指导、搭建交流平台、强化实施保障等方面采取有力措施,持续推进区域内综合实践活动课程的健康发展,提高课程常态实施的质量,是未来研究需要关注的方面。另一方面,运用实证研究方法开展实践性研究较少。综合实践活动课程的理论研究已经比较全面和丰富,在实践界也得到政策保障,但是在具体课堂实施中还存在不少问题和困惑,应重视实施中难点问题的攻克,将理论建构与实践关照统一起来,运用实证研究方法,基于实践,为了解决实践问题而研究,避免空谈理论,真正推动综合实践活动课程的有效实施,这是未来面临的一大挑战。

展望未来,为了充分发挥综合实践活动课程在立德树人中的重要作用,不仅需要该领域的理论研究进一步下沉,更加关注实践过程中难点的解决,也需要教育行政部门健全保障制度、提供环境支持、加强专业化教师队伍建设,作为实践一线的基层中小学学校,更应该勇于探索,以培养全面发展的人为核心追求,探索提升课程实施成效的具体路径与措施。只有各方形成合力,凝心聚力,携手共进,加强关键问题研究,才能为系统化推进综合实践活动课程、实现其育人价值奠定基础。

(三) 综合实践活动课程的校本化建设研究

在当前发展学生核心素养的时代背景下,综合实践活动课程在核心素养培育方面的独特功能与价值进一步凸显,核心素养视域下的综合实践活动课程研究成为一个新的研究热点或亮点。研究者对综合实践活动课程在培育学生核心素养中的重要价值形成了一致认同,例如,瞿婷婷等认为,综合实践活动课程与"核心素养"在价值取向、内在特征、目标结构、运行逻辑四个方面具有同质性。[1] 李宝敏认为,核心素养是综合实践活动课程的目标指向,要根据核心素养培育要求来整体规划学校的综合实践活动课程,[2]通过大规模的实证研究证实了综合实践活动课程对培育学生核心素养的价值,并阐释了综合实践活动课程促进学生核心素养发展的两条路径:一是关注学生兴趣,给予提出问题与解决问题的机会;二是

---

[1] 瞿婷婷,高建波.核心素养背景下综合实践活动课程设计:价值体察与实践路径[J].教育理论与实践,2020(2):37—40.
[2] 李宝敏.中小学综合实践活动课程的目标指向:核心素养发展[J].中小学管理,2017(12):8—10.

提供广阔的学习场域,让学生运用多样化方法在真实情境中探究学习,提高创新实践能力、社会参与和责任感。①

从课改趋势中重新审视综合实践活动课程实践育人的独特价值,作为基层学校,如何在核心素养培育视野下优化综合实践活动课程的内容选择与组织实施;如何在教育评价转型同步中探索综合实践活动课程的发展性评价;如何通过研究来提升课程实施水平,充分发挥综合实践活动课程实践育人的独特作用,为切实促进学生综合素养的发展,以及积累有效开展综合实践活动课程的实践经验……已成为学校课程建设中亟待研究的课题。

基于这样的现实需求,上海市江宁学校从2018年开始相继申报立项了普陀区重点课题"基于素养培育的校本综合实践活动课程建设研究"、上海市教育科学研究项目"以项目学习为载体实施综合实践活动课程的实践研究",通过实践研究探索素养培育视域下校本综合实践活动课程的建设,历时5年的研究概况如下。

1. 研究目标与内容

以培养学生的核心素养与关键能力为导向,通过调查与分析综合实践活动课程实施现状,明确综合实践活动课程的发展内涵与目标导向;开发设计综合实践活动课程的内容,并形成有效的开发模式与策略;在学校层面操作和实施的基础上,总结提炼有效实施综合实践活动课程的基本路径、教学策略与学习方式;完善综合实践活动课程的组织与管理机制,加强综合实践活动课程的支持体系建设与保障,建设一支专业能力过硬的指导教师队伍,形成开展综合实践活动课程的长效机制,总结提炼综合实践活动课程建设的有效经验,不断提升综合实践活动课程的实施成效。

在上述研究目标引领下,研究的主要内容聚焦在三大方面。

(1) 基于素养培育的校本综合实践活动课程的目标与内容设计

在调查与分析综合实践活动课程实施现状的基础上,综合兼顾"中国学生发展核心素养"、《指导纲要》中提出的课程目标,以及本校课程育人目标,形成校本化的综合实践活动课程目标体系。设计综合实践活动课程的具体内容,开发设计考察探究类、社会服务类、设计制作类、职业体验类四大类综合实践活动的主题与内容,并探索有效的内容开发模式、路

---

① 李宝敏.核心素养视域下综合实践活动课程实施现状与对策研究[J].教育发展研究,2016(18):46—54.

径与策略。

（2）基于素养培育的校本综合实践活动课程的实施研究

① 综合实践活动课程的实施路径研究

通过重构各要素、再建课程实施内外生态的实践探索，研究综合实践活动课程实施的基本路径，包括：课程实施的时间与空间安排、主题单元与活动设计安排、课程教学的组织方式、学习评价的维度与方式以及课程实施的反馈与调整等。

② 综合实践活动课程的教学策略研究

重新定位教师角色，处理好学生自主实践与教师有效指导的关系，优化教师的教学组织与指导方式，探索综合实践活动课程实施中教师在预设和生成目标、分组和互补合作、准备和激发动机、开放和及时调节、延伸和跨学科（领域）统整等环节的有效教学策略。

③ 综合实践活动课程的学习方式研究

基于素养培育目标与课程内容设计，选择适合的学习方式，结合真实生活情境开展探究式学习、项目式学习、体验式学习、服务式学习等，突出学生的主体性、体验性与参与性，提升课程实施成效。

（3）基于素养培育的校本综合实践活动课程的支持体系研究

① 综合实践活动课程的教师队伍建设研究

将实施综合实践活动课程的能力纳入我校教师的专业素养提升目标，完善学校教师的研修内容，通过开展综合实践活动课程的项目研究、校本研修、教师培训等一体化培养，更新教师的课程观念，提升教师的综合实践活动课程胜任力。搭建特色发展平台，通过专家引领、同伴互助、合作研究等多种途径，发挥教师的创造性和内在潜能，打造综合实践活动特色课程，培养综合实践活动课程特色教师。

② 综合实践活动课程的支持与保障

完善学校的综合实践活动课程管理机制。成立综合实践活动课程的组织机构，落实课程实施规划、组织、协调与管理等方面的责任。统筹协调校内外相关部门的关系，联合各方面的力量，特别是加强与校外活动场所的沟通协调。建立课程资源的开发与共享机制，完善综合实践活动实施的硬件配套及资源保障。

2. 研究方法与路线

以行动研究法为基本范式，同时辅以文献研究法、调查研究法、案例研究法以及经验总结法。将基于素养培育的综合实践活动课程的建设构想应用于实践中,并对实践过程及时反馈、总结、反思、优化,指导教师的课程设计与实施,逐步提炼综合实践活动课程的优化策略,进一步指导课程实践。

3. 研究结论

结合学校的具体发展情况,通过文献研究、调查分析和实践研究,我们对综合实践活动课程诸多构成要素进行分析、设计及实践探索,学校逐步形成了"生命·成长"综合实践活动课程体系,这是由内容系统、实施系统和支持系统三个子系统构成的一个有机系统(见图6)。

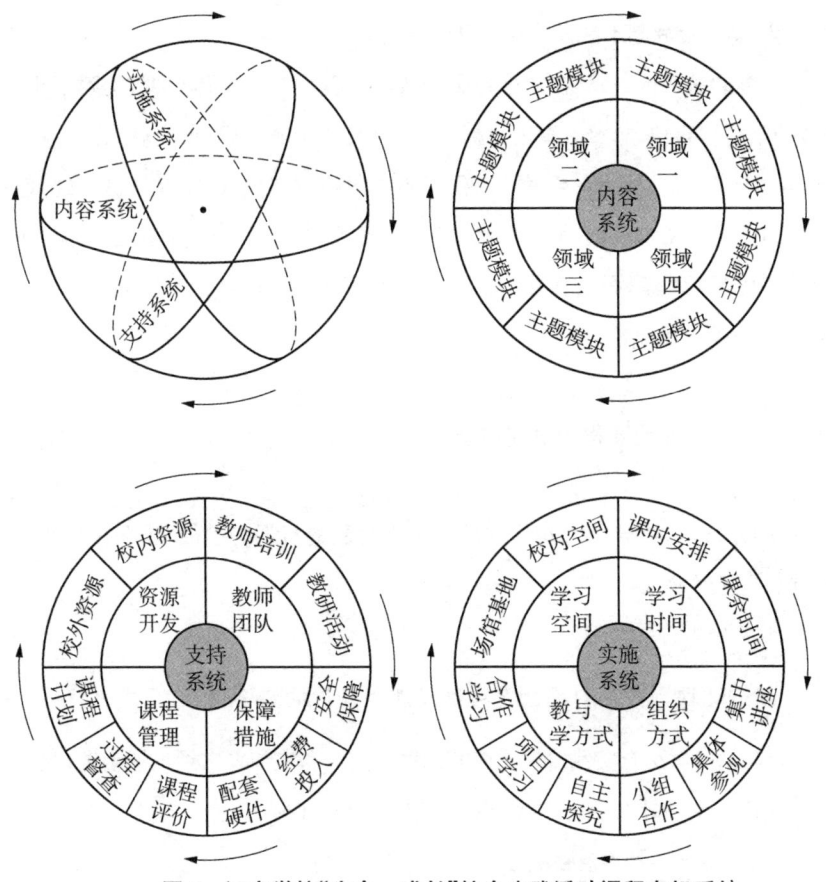

图6 江宁学校"生命·成长"综合实践活动课程有机系统

其中,内容系统分析了结构要素和内容要素及其设计原则与步骤;实施系统分析了包括活动形式、教学策略和组织方式等要素及学习时间、学习空间、学习方式、评价方式的设计策略；支持系统分析了组织结构、成员角色和专业素养等要素及组织与制度、资源、团队文化和教师培训的设计策略。

学校重塑综合实践活动课程体系的研究涉及三个系统的环境建设，一是内在环境建设，如：课程内容设计、教学设计与技术、课程组织方式等；二是外在环境建设，如：师资队伍、课程资源、教学条件等；三是物理环境建设，如：教学时间、创新实验室、学生体验空间等；四是文化环境建设，如：教研文化、组织文化等各方面的研究。通过四种环境的完善、融合，为跨学科课程三大系统提供了不断优化、自我完善的可能，也使学生拥有大量的、丰富的学习机会、学习资源和不断提升的学习技能。

随着研究的深入推进，学校的综合实践活动课程发生了整体改变：构建了更丰富、多元、开放的学校课程体系，符合育人目标要求；建设了领域、学科横向联结的课程内容，让学生能收获丰富的学习经验；拓展了课程资源和课程时空，让学生拥有自己的选择权；关注到学生的差异性需求，形成了多样化的教学组织形式，对创造一个满足不同学生成长发展需求的课程环境起到积极作用。这样的改变体现了课程优化的渐进性、整体性、实质性。

三、综合实践活动课程的发展趋势

《新课程方案》的颁布，赋予综合实践活动课程新的机遇与挑战，让综合实践活动课程的发展进入了新时期。

（一）新一轮课程改革对综合实践活动课程建设的新要求

《新课程方案》对综合实践活动课程的设置、内容、和实施要求做出了规定，主要体现在以下三个"新"①，为中小学综合实践活动课程建设指明了新方向。

1. 新界定：重点是跨学科研究性学习和社会实践

"综合实践活动侧重跨学科研究性学习、社会实践"是新课程方案给综合实践活动课程

---

① 柳夕浪.新时代综合实践活动课程：挑战与应对[J].基础教育课程，2024(1)：39—43.

的一个新界定。在《指导纲要》对课程内容组织原则和四种主要活动方式进行规定的基础上,这一界定进一步明确了综合实践活动课程的聚焦点,为课程设计与实施提供了指引。跨学科研究性学习旨在改变单一学科的接受式的学习方式,强调回归学生的生活世界,引导学生针对感兴趣的问题,综合运用各门学科知识开展调查、访问、实验、测量、制作等,进行多样化的自主探究学习,强调在真实情境中的真思考、真探究、解决真问题。社会实践要求学生走向社会,在实践中经受锻炼,在关注社会、服务社会中提高自身综合素质。

2. 新课题:与劳动等课程既要整合实施又不简单替代

遵循教育与生产劳动、社会实践相结合的基本原则,《指导纲要》在课程目标、活动方式和活动主题上将劳动教育、信息技术纳入其中并提出了相关要求。但是,2022年颁布的《新课程方案》将原来整合在综合实践活动课程中的劳动技术和信息技术分离出去,独立设置了劳动、信息科技课程,并制定了专门的课程标准。同时指出,"劳动、综合实践活动、班团队活动、地方课程与校本课程课时可统筹使用,可分散安排,也可集中安排"[1],这就要求在实施层面,学校既要关注综合实践活动与劳动、信息科技、地方课程及校本课程的内在联系,有关内容要整合实施,但又不能简单地相互代替,如何在保持课程独立体系的基础上实现课程的综合化实施,需要把握好分寸,这是综合实践活动课程建设面临的一个新课题。

3. 新机遇:统筹跨学科主题学习和综合实践活动

《新课程方案》优化了课程的内容结构,设置了跨学科主题学习,规定原则上各门课程用不少于10%的课时设计跨学科主题学习,统筹各门课程的跨学科主题学习与综合实践活动安排。《新课程方案》强化了学科课程的实践性、综合性,并给予了课时保障,完成跨学科学习活动的教学任务成为每位学科教师的责任与义务,调动了教师参与综合实践活动教学的积极性,解决了综合实践活动的学科化问题;同时,有效解决了学科课程和综合实践活动缺乏整合的问题。综合实践活动课程应借力新课程方案和新课标,加强与跨学科主题学习的整合设计与实施,进一步提升课程品质。

(二) 综合实践活动课程的校本化创生

综合实践活动课程是国家课程,具有国家课程的目标与规定性,但是相较于学科课程,

---

[1] 中华人民共和国教育部.义务教育课程方案(2022年版)[M].北京:北京师范大学出版社,2022:10.

学校对综合实践活动课程的开发与实施拥有较大的课程自主权,如何在《指导纲要》和《新课程方案》框架下对综合实践活动课程进行校本化、创造性的实施,从而不断提升课程育人价值,这是综合实践活动课程未来发展需要持续研究的课题。综合实践活动课程的校本化创生需要把握好以下两个方面。

1. 综合实践活动课程的规定性

《指导纲要》和《新课程方案》明确规定,综合实践活动是国家义务教育规定的必修课程,与学科课程并列设置,是基础教育课程体系的重要组成部分,一至九年级开设,每周不少于1课时,虽然没有专门的课程标准,但是,《指导纲要》明确了综合实践活动课程目标、课程内容选择及组织原则以及四大类活动方式,属于"国定"一般要求。在三级课程管理体制下,我们必须充分认识到课程是国家事权,其中国家课程是主体,综合实践活动课程需要体现国家意志,学校必须准确把握这门课程的基本规定,确保规范落实。综合实践活动课程的规定性主要体现在以下两方面。

(1) 综合实践活动课程的性质与理念

综合实践活动课程是一种经验性课程,以现实的主题为核心来组织知识与经验,强调以学生的经验为核心,摒弃以抽象的文化知识符号积累为特征的认知方式,强调学生亲身经历中的兴趣、直觉、情感、体验等在探寻世界中的价值。

综合实践活动课程是一种实践性课程,改变学生对知识的记忆复现、抽象分析和逻辑推理的学习方式,主张学生通过探究、调查、访问、考察、操作、劳动等多样化的实践活动展开学习。[1]

综合实践活动是一种综合性课程,超越教材、课堂和学校的局限,在活动时空上向自然环境、学生的生活领域和社会活动领域延伸,密切学生与自然、与社会、与生活的联系,使学生通过对知识的综合运用而不断探究世界与自我。

综合实践活动是一种充分体现学生自主性的课程。综合实践活动课程倡导开放的教育活动,综合实践活动的设计与实施始终把学生发展置于中心地位,要重视学生自身发展需求,尊重学生的自主选择,其开放的活动内容、开放的活动方式和活动过程,为发挥学生学习的自主性创造了条件。

学校在课程实践中必须准确把握综合实践活动课程的性质与理念,一切以书本和教室

---

[1] 钟启泉. 课程的逻辑[M]. 上海:华东师范大学出版社,2019:122.

为中心、以系统知识获得为目的、以教师讲授为主、以书面作业为主的实践活动都不符合综合实践活动课程的规定性,应当重新予以调整。

(2) 综合实践活动课程目标

《指导纲要》提出,综合实践活动课程的总目标是:学生能从个体生活、社会生活及与大自然的接触中获得丰富的实践经验,形成并逐步提升对自然、社会和自我之内在联系的整体认识,具有价值体认、责任担当、问题解决、创意物化等方面的意识和能力。并从小学、初中和高中三个学段、四个方面对学段目标进行了详细说明,形成了进阶式的目标体系,明确了通过综合实践活动课程实施要达到的总体要求以及每个学段的具体要求,为学校规划与实施综合实践活动课程提供了目标导向。

学校在综合实践活动课程的实施中,虽然可以将自身的办学理念、办学特色、培养目标等融入其中,但必须以《指导纲要》提出的"价值体认、责任担当、问题解决、创意物化"的四大课程目标为指向,通过课程内容的开发与实施保障课程目标的落实。这也为学校划定了实施综合实践活动课程的权限边界,即学校要在《指导纲要》框架下进行课程的校本化实施,而不是将其作为一门校本课程,任意开发实施。如果不能做到这一点,那么国家课程在学校层面上就变得有其名而无其实,这显然是违背了国家的教育意志。

2. 综合实践活动课程的创生

《指导纲要》明确指出:中小学校是综合实践活动课程规划的主体,应在地方指导下,对综合实践活动课程进行整体设计,将办学理念、办学特色、培养目标、教育内容等融入其中。综合实践活动课程没有规定的教材,课程内容需要学校和教师要根据综合实践活动课程的目标,并基于学生发展的实际需求,设计活动主题和具体内容,并选择相应的活动方式。很显然,相较于学科课程,坚持"创生"取向是综合实践活动课程发展的鲜明特征。

"创生",为学生的自主选择和主动探究提供更多可能。综合实践活动课程不是单纯静态的教学计划,而是师生在一定的教育情境中开展文化探索的动态生成过程。学校对综合实践活动的整体规划和周密设计不应限制其生成性,而要为课程的开放性与灵活性留下足够的空间,要能够引导学生根据社会发展、现实生活情境的变化,不断发现新的问题,生成新的活动主题,并自主地制定活动方案或活动计划,开展多样化的自主探究,让学生的个性自由在探究世界的过程中得以充分体现。

"创生",为教师的课程智慧提供更多发展途径。综合实践活动课程的开设唤醒了教师的课程资源开发意识,锻炼了开发能力,让教师成为课程内容的开发者和建构者,打破学科壁垒,广泛涉猎学科知识,使其具有广博、综合的知识视野,从而不断更新知识结构。在课程实施过程中教师成为学生学习的引领者、指导者以及合作者,逐步树立交往、合作、互动的教学观,同时,教师需要协调课程实施中的各种关系,赢得其他教师的积极配合和校外有关人员的大力协助,这无疑锻炼了组织协调能力,此外,综合实践活动课程教师还需要不断提升自己收集、整理、运用信息的能力。总之,对教师个体而言,综合实践活动课程的"创生"就是一个不断学习、课程智慧不断生成和发展、优化的过程。

"创生",为培育学校特色提供更多优势。综合实践活动课程作为国家设置、地方管理、学校开发的三级课程,其具体内容以学校开发为主,学校有更多的课程权限,为创建学校特色提供了有效的载体和切入点。综合实践活动课程涉及领域广泛、活动内容丰富,学校可以结合自身的历史传统、资源优势和社区背景等,创造性地挖掘课程资源,有意识地在项目、主题选择上有所侧重,不断地提升课程的发展潜力、丰富课程的文化内涵,从而逐渐培育和发展学校的办学特色。

(三) 以综合实践活动课程推动学校课程改革与发展

综合实践活动课程充分体现了课程育人的理念,是新课程结构性的突破。学校在实践中需要深入探索如何将综合实践活动课程有机融入学校的整体课程设置中,通过实施综合实践活动课程有效促进学校课程体系的丰富和完善,有力地推动学校课程改革与发展。

1. 综合实践活动课程的优化要着眼于为学校课程改革注入活力

学校要从整体推进学校课程改革的角度去思考:如何以综合实践活动课程体系的构建为切入点,从而带动课程育人、课堂教学、校本研修、机制建设等方面的工作改进。学校课程体系的各要素相互影响,有效构建综合实践活动课程体系,将为当前的学校整体教育改革注入活力。

在逐步构建和完善学校综合实践活动课程体系中,我们也发现:对综合实践活动课程体系的课程内容、实施环境、教学模式和学习方法的研究相对较有效,这和教师以往专业行为的优势有关。而对于课程实施中学习过程的研究依然较弱,由于真正能给学生带来的学习过程转变是对学习内容和学习方式的改造,而这些改造都要依托于学生的主体作用发挥和教师教学行为的彻底转变,这也恰恰"击中"了当下课程改革的"软肋":内容、资源、方式都是外在的,改造学习内容和方式带来的冲突(如质量标准、评价方式、机制创新)的解决才是最难的。课程改革内部驱动,即由内而外激活课改,将是今后较长一段时间进一步探索的关键领域。

2. 综合实践活动课程的优化要着重于对课程领导持续深入的改进

综合实践活动课程中会涉及不同领域、不同学科课程,往往没有清晰的知识边界,课程实施强调引导学生综合运用各类知识,因此会打破以往课程管理的结构与体系,赋予学校教师更多的课程领导自主性,学校教师间交往会形成不同于学科课程垂直式的互动模式,即出现了平行交往,这对我们的学校教师管理机制、研修制度、研修文化提出了挑战。

综合实践活动课程的实施不仅与教学活动中的师生关系具有非常直接的关系,而且与教师文化、学校组织机构、评价标准等都有十分密切的关系。综合实践活动课程的有效实施依赖于学校课程整体改进的统筹与调和,依赖于行政管理部门的配套政策和社会、家长的支持。同时,它的发展也对学校的教学管理、资源配置、教师评估及课程结构变革等方面提出了新的要求和挑战。

第一章

理念与追求：为每个孩子创造独特的生命体验

十多年来,我校不断深化综合实践活动课程改革,对课程的诸多要素进行了重新建构与优化设计,形成了具有本校特色的"生命·成长"综合实践活动课程体系,以促进学生的"生命·成长"为核心追求,我校的综合实践活动课程立足学生的生活世界,回到"人"本身,引导学生在对有关自我、自然、社会等实际问题的探究与实践中,最大限度地激发和调动成长潜能,使学生具备自我发展的动力和能力,最终获得知能、情感、人格等方面全面而和谐的发展,以便在这个日益复杂、充满不确定性的世界里自信前行。

第一节 办学理念:不一定第一,但绝对唯一[①]

上海市江宁学校创办于1933年,前身是一所私立小学,1999年改制为九年一贯制公立学校。20世纪80年代,学校进行了全面改革,办学成效显著,跻身于上海市优质学校行列。1988年,江泽民同志到校庆祝教师节,并为学校题词:"务实创新、健康向上",这八个字道出了江宁学校的精神品质。这是一种努力开拓学校的生命境界,体现了生命活力焕发的精神。它关注人的发展,提倡师生共同追求更高的精神境界。"务实创新、健康向上",也是对江宁学校培养目标的概括和育人过程的全面要求,它要求摒弃传统教育观念中对考试分数的一味追求,更多地关注人的自由、生命和尊严,关注教育的人性基础和生命意识,执着于探索生命境界的提升和精神生活的充实,这也是我们要把学校建设成为关心人的生命价值与意义的精神家园的真切反映。

作为今天的办学者,面对社会发展及其对教育提出的要求,我们在继承优良传统文化的同时,亦不断思考学校教育应如何更好地实现以学生发展为本的价值取向。正如一位一年级家长在来信中写道:"今天我将孩子送进校门,九年之后你们将还我一个怎样的少年?"是啊!我们的手中是许许多多正在成长中的生命,每一个都是如此不同,每一个都是如此重要,他们全都对未来充满着憧憬和梦想;他们都依赖我们的指引、塑造及培育。我们将如何实现社会以及每一个家庭对教育的期待?如何真正让学校教育惠及每一个孩子,使他们都能获得恰如其分的、健康的发展?

[①] 吴庆琳.不一定第一 但绝对唯一[M].上海:华东师范大学出版社,2013:1—11.

我们在前行中思索，在思索中前行……

"不一定第一，但绝对唯一"的理念正是我们在实践探索中获取的答案。虽然每个家庭都望子成龙，但从教育规律来看，不是每一个学生都会成为"第一"，比起一个相对而言的"第一"，学校更要珍视的是每个学生的生命价值，呵护每个学生的成长，教育的职责就是要让所有学生获得健康成长与积极发展。

为此，我们提出了"不一定第一，但绝对唯一"的办学理念，提出了"适应差异、满足需求、提升每一个学生的发展品质"的办学追求。这是我们对基础教育的责任和使命的理解，也是我们对实现"为了每一个学生的终身发展"愿景的探索。

一、直面教育的本真使命

1. "第一"只有一个

我们知道，"第一"只有一个，每个学生不可能都成为"第一"。"第一"也并不代表获得第一名的学生成长的全部，更不能由此判断其他人没有成长与发展的成就。"第一"仅是在某个时段、某个群体中，学生所处的一个特殊位置，是一个相对标准。而学生个体的卓越发展应是基于个人成长期的积极的发展水平，个人发展的成功一定意义上反映了他从什么起点开始及他所获得的成长与发展。

学生发展客观上存在差异性、不平衡性及独特性。加德纳的多元智能理论指出，人类的智能是多元化而非单一的，每个人都拥有不同的智能优势组合。每个孩子都是独一无二的，都有着聪明之处，也都具有在某些领域成才的潜力。没有人是全能，也没有人是全无能。在九年义务教育阶段，由于遗传上的独特特征，以及家庭、教育的影响，不同学生的行为方式、学习需求、学习动机与兴趣等存在差异，学生的发展存在多元性，因此，不能用一个标准去衡量学生的发展，不能用一个"第一"去评判学生的成功。

学生的发展存在动态变化的可能。当学生的发展水平达到具有较清晰的自我意识和达到自我控制的水平时，学生能有目的地、自觉地驱动自己的发展。一方面是学生能不断地为自己的发展创造条件，另一方面是学生会主动思考和选择自己的发展目标。基础教育对学生个体发展的影响不仅具有即时的价值，而且具有延时的价值。因此，"不一定第一"就是指我们要抛弃对某个时段的"第一"的沉迷与追求，直面教育的本真使命——促进学生个体生命的成长与发展。

2. 每一个学生都是唯一的

在这个世界上，每一个学生都是唯一的。这不仅仅是指学生出生时机体结构所具有的一切特质，也指学生为体现自己价值、满足发展和创造需要而进行的个体活动，学生个体的发展具有目的性、指向性、程序性和主动选择性。这体现了教育对象的特殊性，教育不能只强调共性，而忽视了个性。否则教育就成了"禁锢"，禁锢了学生发展的自由和成长的无限可能。打破禁锢，创造适合差异的教育，是满足学生自身发展的需要，也是教育以人为本的体现。

在老师心中，每一个学生都是唯一的。这是指教师既要承认学生的发展是有差异的，但同时不论每一个学生的发展起点在哪里，促进他的发展与成长也是教师的主要职责。教师要用发展的眼光看待学生培养，认识人潜在的发展能力，要以学生的差异为起点，尊重学生已有基础和个别差异。要让每一个学生找到自己发展的优势区域，让学生具有克服弱势的勇气，让学生的潜能不断得到激发，尽最大可能获得充分发展，并在此过程中悦纳自我，逐步形成和完善具有独特价值的自我，从而让每一个学生感受到作为独立的完整的人所应有的生命状态。

在学校里，每一个学生都是唯一的。这是指学校的一切工作要为不同学生的充分发展提供可能的、最优的服务，学校要关注每一个学生个体的最优发展和所有学生个体间的差异发展，处理好学生发展的共同性与个别性的关系：针对不同年龄、不同年段的学生既要采取不同方式的教育要求、任务和方法，同时又讲求教育的整体节律。在深入了解学生的基础上，从学生现有的知识基础、接受能力出发，分层、分类有针对性地采取多样化教育方式，尽力为满足每一个学生的发展需求提供可选择的、适切的环境，从而使每个学生获得最优发展。

二、把目光转向人性和生命

1. 教育是"使人成人"的事业

教育之于人的意义在于引导和帮助受教育者获得人性完整和谐的发展。"不一定第一，但绝对唯一"正是基于教育对于人的意义，力求发现学生的遗传基因与素质中所蕴含的各种潜能和可能性，帮助学生认识它们，学会以此为基础通过自身努力使它们在人生实践中获得发展、提升，最终实现作为人的发展与价值。

教育是"使人成人"的事业。"不一定第一,但绝对唯一"把目光转向以学生人性的发展为核心来开展教育活动,努力克服当今教育严重"物化"的现象,使知识教育、能力发展、品德培养、人格塑造真正具有生命的内涵,富有生命的意义,真正有助于成就学生作为人的独特生命价值。

教育对人的终极关怀应是助人完善自我、成就自我,且在过程中让学生感受到做人的尊严和骄傲。"不一定第一,但绝对唯一"植根于学生的人性,切实体察学生的历史、现状与追求,对其发展现状予以接受和尊重,它不是居高临下的嘲笑、鄙视、改造学生,而是以更加宽容的心态、多元化的评价标准对待表现各异、发展水平参差不齐的学生,以更加具体的措施、更加多样化的方式开展教学活动,引导学生在其原有基础上获得符合其特点的、多样化的成长。它使学校、教室成为学生舒展、发展人性的乐园。

学生是自我成长与发展的主体,教育中如何激发学生自我教育的力量显得尤为重要。"不一定第一,但绝对唯一"要求引导学生学会正视自身既有人性,帮助学生理解其从何而来,清醒认识其向何处去,唤醒学生自我教育的主体意识,培养学生自主选择的主体能力,形成学生对自我负责的主体人格,使他们成为自我完善的主体,激发和调动学生的成长潜能,使学生具备自我发展的动力和能力,最终获得能力、情感、人格、体力等方面全面而和谐的发展,获得人生的意义感和幸福感。

2. 面对一个活生生的人

从生命哲学的最深刻的意义上说,教育的过程实质上就是科学与人文、教育者和受教育者这三者之间不断交流、不断对话和不断融合的过程。"不一定第一,但绝对唯一"赋予教育更多"生命教育"的意蕴:真正将受教育者看作是一个活生生的人,而不是一个简单机械地接受知识的"容器";教师给学生以全面而充分的培养和教育,而不仅仅局限于知识和技术层面;关注学生丰富而完满的人性及其培育,不是将人看作是无个性的人,也不是只关注对其进行智力方面的培养和训练。

爱因斯坦说过,用专业知识教育人是不够的。通过专业教育,他可以成为一台有用的机器,但是不能成为一个和谐发展的人。要使学生对价值有所理解并且产生热烈的感情,那是最基本的。他必须对美和道德上的善有鲜明的辨别力。"不一定第一,但绝对唯一"将学生看作是一个和谐发展的人,而不是一台有用的机器。引导学生寻求学习的内在的动力和精神支柱,鼓励学生切身感受到学习对生命的意义,主动探索科学与人文之精髓,并在过程中体会到生命的意义和价值。"不一定第一,但绝对唯一"激励教师追求有"教育人生"的精神境界,即将自己的生命投入到教育事业中去,从中去实现人生的意义和价值。教师不仅教会学生专门的知识和技术,更重要的是,同学生展开生命与生命之间的交流和对话,不断提高他们的思想境界和精神境界,培育和激发他们的创造力。

3. 学校的责任是把所有学生教好

"不一定第一,但绝对唯一"让教育聚焦于人的发展,使教育过程变得更加务本,教育理想变得更加务实。

教育最大的成就莫过于培养出优秀的人才,但在现实过程中,无论是优秀的学生,还是一般的或者有特殊困难的学生都需要教育的影响。相对于优秀学生而言,一般的或者有特殊困难的学生的发展和成功,更多的来自于教育的帮助。"不一定第一,但绝对唯一"强调教育不能选择对象,学校教育的责任是把所有学生教好,而不是去选择好的学生来教。

"不一定第一,但绝对唯一"倡导教育要尊重学生的发展起点,为学生提供适切的服务,促进学生全面发展。如果我们尊重了学生的起点,教育也就不会仅仅基于"对课程标准的简单比对、对教学计划的刻板执行、对考试进程的简单顺从"来为学生选择一个远离学生学习现状的发展目标,或者是理想化的相对目标——"第一名"。即使大部分学生不是"一学就会",大部分学生都考不出"第一名"的成绩,学校教育依然要让每一个学生都拥有追求实现美好未来的勇气和精神。

"不一定第一,但绝对唯一"强调学校教育不能抹杀学生的个性,把学生物化——按照普遍划一的模式与标准把他们培养成一定社会的统一的标准件,而是要使学生充分发挥自身所蕴藏的各种潜能,最大限度地激发学生的自主性、能动性、创造性,使学生以自身特殊的成长轨迹成就最高价值,使创新型人才得以涌现。

三、每一个孩子都是一个奇迹

"不一定第一,但绝对唯一"要求学校以学生的差异和需求为起点,尊重学生的已有基础、个别差异和发展需求,以学生的全面、持续、终身发展为目标,努力创设"关怀每个孩子成长需求、激发每个孩子追求成功、引导每个孩子获得最优化发展"的教育环境。这样,每一个孩子都是一个奇迹。

1. 每一个学生都有自己的起跑线

人的发展过程中,各种心理机能所达到的最佳水平、形成的速度、达到成熟水平的时期因人而异,具有个体差异性。这样的发展差异,需要我们了解每一个学生的发展基础和需求,为每一个学生设置起跑线,并针对性开展教育教学活动,即基于学生的成长起点和步调设计教育内容和过程,不用统一的标准、格式去局限学生的发展,更不拔苗助长危害他们的健康。

正如维果茨基认为的,学生的发展有两种水平:一种是学生的现有水平,指独立活动时所能达到的解决问题的水平;另一种是学生可能的发展水平,也就是通过教育教学所获得的潜力。两者之间的差异即最近发展区。教育应着眼于学生的最近发展区,为学生设置基于他们各自起跑线的带有"跳一跳"难度的教育内容,通过调动学生的积极性,发挥其潜能,超越其最近发展区而达到新的发展水平,并在此基础上进行下一个发展区的发展,从而推动学生不断成长。

2. 每一个学生都有自己的发展可能

"不一定第一,但绝对唯一"要求教师设计的教学目标应当适用于所有的学生。这不是说所有学生适用同样的目标,而是说所有的学生都应当有其教学目标,教学目标是针对不同类型的学生分别设计的,必须保证所有的学生都有其目标,不让任何一个学生处于无目标状态,也不让任何一个学生游离在目标之外。

"不一定第一,但绝对唯一"要求教师根据学生发展的进程和需求,开展因材施教,不搞"一刀切"式的教育。教师在确定教学进度和教学目标时,既要做到对全体学生发展需求的把握,也要做到了解不同学生的学习基础和特点,将两者结合起来,为不同学生设计不同的教学任务,并通过有针对性的和个性化的教学方法,即分层、分类指导,促进每一个学生都能达成各自的目标。

3. 每一个学生始终处在有意义的学习活动中

"不一定第一,但绝对唯一",不是简单地迁就学生的差异,而是在学生差异和需求的基础上,以学生差异为资源、学生的需求为导向,通过课程创新、方法创新、评价创新、管理创新,提升学生学习的效能,激发学生的发展内驱力,促进学生获得最优发展。

"不一定第一,但绝对唯一",不是有意强化学生的差异性,而是让学生们了解在学习行为中自己的独特性,了解到其他的学生会对同一事物有不同的感受,具备感受过程的差异性,对不同学生的差异不作负面的评价,不让学生对所接受的教育过程和学习内容产生消极情绪,最终教会学生认识并学会开发和利用自己的智力和潜力,实现终身持续发展。

4. 每一个学生都能获得恰如其分的发展

学生的发展品质主要是指学校教育及其质量对学生发展带来的影响程度。因此,学校教育要实现转型,从基于课业标准转向基于学生发展的需求。学校提升教育质量不是仅指学生的学习成绩的高低和升学率,而是指让学校教育在更高程度上尽可能满足学生全面发展的需要。"不一定第一,但绝对唯一"要求学校积极构建有效的机制,面向全体学生和教育的全过程,努力使学生的各种发展需求得到满足,使不同类别的学生都获得最大程度的发展,使不同个性的学生都能获得和谐的发展。

学生在发展过程中有着不同层次和类别的需求,如表达情绪、团队合作、个别指导、学习探究等方面。在学生的学习生活中,又存在减轻过重课业负担、接受多样化学习经历和体验、发展个别(性)化学习活动、继续接受优质教育等方面的需求。"不一定第一,但绝对唯一"要求学校用一种和谐、开发和创造的态度去创设基于每个孩子成长需要,激发每个孩子追求成功的内驱力,引导每个孩子获得最优化发展的教育环境,从而提升每一个学生的发展品质。

5. 每一个学生都充满活力

活力是指一切事物得以生存、发展的能力。它表现为充满生机、蓬勃向上的生命力。活力是学生身心协调发展的基础、条件和源泉。学生活力强,保持健康、和谐发展,是学校实施素质教育的重要特征和优质教育的重要标志。

"不一定第一,但绝对唯一"要求教师认真思考,大胆实践,努力激活教育各环节中能产生促进学生主动发展的要素,营造学生主动发展的氛围,使教师的作用从"控制"向"激活"转型,不断给学生的发展注入活力,激发起学生内在的动力,使其向着自己的人生目标努力。

"不一定第一,但绝对唯一"使学校生活内涵得以深化,对学生成长的积极影响进一步提升:让学校生活内涵更丰富多彩,让每一个学生各得其所;让学校生活内涵更富有感召力,在每一个学生的心中永远留下痕迹;让学校生活内涵更具有生命力,使每一个学生不断自我扬弃,始终焕发健康向上的活力。

第二节 课程理念:为学生设计独特的学习经历

课程是什么,课程为谁而建?对这一问题的不同回答决定着学校课程建设的不同取向。长期以来,受技术理性支配的课程理念使课程逐渐被工具化,形成了"知识为中心"的课程观,它以学问性知识、静态的文本为表征,以传递知识、促进认知发展为目标,忽视了人的存在和体验,泯灭了课程促进人的心灵成长的内在价值。随着后现代课程观的兴起,"把课程理解为后结构主义的、解构的、后现代的文本的思潮,在当前我国的基础教育课程改革中具有较大的影响。"①超越单纯的以知识为中心的课程,更加关注课程中学生的学习经历、个性成长与生命发展成为深化课程改革的基本取向。

"人的生命是教育的基石,生命是教育学思考的原点。在一定意义上,教育是直面人的生命、通过人的生命、为了人的生命质量的提高而进行的社会活动,是以人为本的社会中最体现生命关怀的一种事业。"②作为学校教育的重要载体和渠道,课程理应超越静态的、固化的知识文本,成为促进学生个体生命成长的重要资源。在后现代课程观视域下,我校构建的"生命·成长"综合实践活动课程,以"为儿童设计独特的学习经历"为课程理念,基于学生立场,通过多元开放的课程设计,使课程真正关注学习过程中的个体发展,使学生收获独特的学习经历,从而实现课程促进学生生命成长的价值追求。

一、课程即学生立场

好的课程总是站在学生的立场与视角,能从学生的起点出发,寻求学生的自我完善,实现学生的全面发展,展现学生的独特个性,体现每个生命独特的价值。如果学校的课程设置、课程结构、课程内容及课程实施都能尽量满足学生个性发展和兴趣的需求,教育在学生的个性发展方面就会起到积极的促进作用,学生的个性将会因此得到健康、积极的发展。"生命·成长"课程建设充分凸显学生在课程中的中心地位,将学生的成长与发展作为课程目的,围绕学生的经验与需求来设计、组织和实施课程,促进学生的本性和潜能得到充分发展。学生立场的意蕴主要体现在以下两个维度。

1. 以学生发展为目的

长期以来,传统课程观的根本缺陷是将课程仅仅定位于标准化、程序化的知识形态,忽视了课程的直接经历者、受益者——学生。当知识取代了学生成为课程的目的,学生就沦

---

① 杨小微.课程:学生个体精神生命成长的资源[J].华中师范大学学报(人文社会科学版),2006(3):108—113.
② 本刊记者.为"生命·实践教育学派"的创建而努力——叶澜教授访谈录[J].教育研究,2004(2):33—37.

为学习的机器和装载知识的容器,丧失了原本应有的人的地位、价值和尊严。随着20世纪70年代以来课程研究范式的转换,通过课程去寻找失落的人的主体价值,回归"人"的发展的呼声令人鼓舞。以小威廉姆·多尔(W. Doll)为代表的后现代课程论者,致力于超越既定学习材料的教条,走向学生的经验与体验。正如多尔在《后现代课程观》中的思想:课程不再只是特定知识的载体,而成为一种师生共同探索新知的过程;课程发展的过程具有开放性和灵活性,不再是完全预定的,不可更改的。①

正如雅思贝尔斯(K. Jaspers)所说,"教育是人的灵魂的教育,而非理智知识和认识的堆积"。② 以学生发展为目的意味着,在课程中我们要始终"尊重学生"——学生是拥有其独自的认知结构与生活需求的独特存在,不是被动的、等待被填满知识的容器,学生是目的本身而非达到目的的手段;我们始终要"理解学生"——学生是"在成长中""在关系中"的多元智慧的存在,不是"小大人",不能"成人化",学生有自己的生活经验、兴趣和需要,以及身心发展的节奏和规律,课程经验的选择、组织和实施都须以学生已有的经验为基础,以学生经验的生长规律为依据;我们始终要"发展学生"——学生是知识的自主建构者,课程不应再是在教育情境之外固定的、物化的、静态的知识文本,而是在教育情境中由师生共同创生的一系列"事件",让学生在开放的、动态的、生成的生命体验中得到个性潜能的发展。

"生命·成长"综合实践活动体现了这种课程范式的转换,它将学习者置于课程的中心,并将个体意识的提升作为追求的目标,充分确立起学生在课程中的主体地位,从而重塑了"我之为我"的个体尊严。课程不再是控制教学行为和学习活动的工具和手段,有效地弥合了学生与课程之间的断裂,成为师生追求意义和价值、获得解放与自由的过程。

2. 回归学生的生活世界

"从本质上说,人是一个身体、情感和精神和谐发展的有机整体。人的完整性根植于生活的完整性。"③但是,纵观整个20世纪,科学世界支配着课程内容的选择,将科学化和理性化的知识体系划分成不同的学科课程,学生沉浸在各种知识符号的逻辑演算和被动接受之中。规范、统一的学问中心课程使科学世界和生活世界割裂开来,缺乏相应的生活意义和

---

① 钟启泉.课程的逻辑[M].上海:华东师范大学出版社,2019:123.
② 雅思贝尔斯.什么是教育[M].邹进,译.北京:生活·读书·新知三联书店,1991:4.
③ 钟启泉.课程的逻辑[M].上海:华东师范大学出版社,2019:3.

生命价值,学生缺少真实生活的愉悦体验和情感交流。"尽管客观科学的逻辑超越了直观的主观生活世界,但它却只有回溯到生活世界的明证时,才具有它的真理性。"[1]"生活世界"的理念对教育的启示在于:教育是发生在师生之间的、真实生活世界中的社会活动,生活世界是教育发生的场所。学生的体验和经验构成了学校教育的重要内容;生活世界也是教育意义得以建构的场所,教育只有向生活世界回归,才能体现教育意义的真谛。教育是发生在学校中、教师和学生的生活中的教育。课程是学生的课程,课程教学应该在学生的生活世界中关注教育意义的建构,在现实生活中关注师生之间的对话与理解,追寻富有意义的、充满人性的教育。

新一轮课程改革明示了课程向学生生活世界回归的取向,赋予课程以生活意义和生命价值。《指导纲要》指出:"综合实践活动是从学生的真实生活和发展需要出发,从生活情境中发现问题,转化为活动主题,通过探究、服务、制作、体验等方式,培养学生综合素质的跨学科实践性课程。"综合实践活动课程超越知识符号所表征的课程形态,以学生的经验和生活为核心,引导学生在真实生活世界中通过亲近与探索自然、体验与融入社会、认识与完善自我,达至"生活即教育"的目的,充实个体的生存意义。

"生命·成长"课程以回归学生的生活世界为基本取向,力图将学习活动置身于真实的生活情景之中,使生动鲜活的社会生活、生产实践、文化场所、自然环境都成为"课堂",将传统的课堂变大、变活、变新,构建开放、动态、多元的学习场域,让学生在生活中展开亲身实践与系统探究,解决真实生活中的问题,实现学科知识与生活经验的统整。

二、课程即学习经历

综合实践活动课程强调学生直接经验的获得,直接经验的获得来源于实践,来源于学生亲身经历活动后的体验感悟。这就决定了综合实践活动不能"教",而是要让学生积极参与到各项活动中去,用探究、考察、设计、制作等方式开展学习,通过这些体验性的学习活动发现问题、解决问题,也就是我们常说的"做中学"。[2] 基于学生立场的综合实践活动课程,

---

[1] 倪梁康.现象学及其效应:胡塞尔与当代德国哲学[M].北京:生活·读书·新知三联书店,1994:131.
[2] 柳夕浪.《中小学综合实践活动课程指导纲要》解读——44个问答[M].石家庄:河北教育出版社,2019:116.

需要将学生个体经验的构建作为课程的根本价值诉求，课程不再是固化的知识性文本，而是为学生设计的一段有意义的学习经历。构建有意义的学习经历，既需要突出学生在课程中的学习过程、实践过程，又要关注学生在此过程中的经验生长。

1. 关注"奔跑"过程

学校的"课程"(Curriculum)并非是单纯为学生预设的"跑道"，而是让学生沿着"跑道"跑的过程。也就是说，"课程"不是单纯静态的"公定框架"和学校的"教育计划"，而是师生在一定的教育情境中展开文化探索的动态生成的过程。① 作为学生"奔跑"的过程，课程知识是重要的，但更重要的是主体调动自己的体验，去感受、体悟、活化和建构知识的旅程。知识不再是确定的、独立于学生的一个目标，而是一种探索的行动或创造的过程，学生是内在于这一过程的，个体与知识不是分离的，而是构成一个共同的世界。

"生命·成长"综合实践活动课程力图成为发展地、开放性地创造生命体验的过程，引导学生在生活世界和生活实践中通过探究、调查、访谈、考察、体验、操作、制作等多样化的方式在"做"的过程中开展学习，最后表达、交流并共享学习成果；引导学生积极主动地与他人、与环境发生交互作用，探索知识发生的过程，体验知识学习对生活价值的提升。

2. 丰富学习经验

"杜威认为一切学习来自于经验。经验首先是做的事情，有机体决不徒然站着，一事不做。"②"人们最初的认识，最根深蒂固地保持的知识，是关于怎样做的知识，例如怎样走路、怎样谈话、怎样读书、怎样写字、怎样溜冰、怎样骑自行车、怎样操纵机器、怎样运算、怎样赶马、怎样售货、怎样对待人等等。"③"做"的过程及通过"做"获得的认识是最初的经验，儿童生长表现为经验的生长，课程的任务是在已有经验的基础上扩充和扩展儿童的经验。④

"生命·成长"综合实践活动课程是经验课程，是以现实的主题为核心来组织知识与经验，主张引导学生在与自然、社会、个体的互动体验与亲身实践中获得直接经验。但是，学习经验的增长不能仅仅停留于来自感官的、较为肤浅的直接体验，而是要与学生的"心"建立联结，让学生基于生活经验，以解决现实中的问题为导向进行深度探究。综合实践活动课程将理论知识(间接经验)与实践操作融合于一个个项目之中，引导学生进行实践、学习

---

① 钟启泉.课程的逻辑[M].上海:华东师范大学出版社,2019:1.
② 约翰·杜威.杜威教育论著选[M].赵祥麟,王承绪,编译.上海:华东师范大学出版社,1981:331.
③ 约翰·杜威.民主主义与教育[M].王承绪,译.北京:人民教育出版社,2001:201.
④ 蒋雅俊.儿童、经验与课程:课程哲学研究[D].南京:南京师范大学,2012:72.

书本知识、搜集资料、开展实地调查或进行试验、进行数据处理与分析、检验假设、制作装置、直到获得初步的结论。学生运用"智慧"和"高阶思维"对问题进行深入探索，亲身经历提出和澄清问题、调查、信息整理与重构、方案设计与选择、建立模型、形成成果等完整的问题解决过程，从而实现学习经验的升华。

三、课程即个性生长

凡是有生命的生物，都能够生长，这是大自然赋予生命的本能。杜威认为，"生长是生活的特征，教育就是不断的生长；在它自身以外，没有别的目的。学校教育的价值，它的标准，就看它创造继续生长的愿望到什么程度，看它为实现这种愿望提供方法到什么程度"。[①] 综合实践活动课程要为增强学生的生长能力服务，通过丰富的、可选择的内容设计，以及多样化的学习方式，为学生个性成长提供适应的环境，使学生生长的可能性和天赋的种种潜能得以实现。

1. 增强实践主动性

"如果任何改革不能引起学习者积极地亲自参加活动，那么，这种教育充其量只能取得微小的成功。"[②] 在综合实践活动中要让学生的主动性、积极性得到更多的释放，创造性得到更多的激发，就必须为学生提供更多的自主发展的空间。每个学生都有自己独特的志趣、才能、需要和可塑性；都有自己的优势智能和学习风格。综合实践活动课程理应尊重学生个体的兴趣、理解、想象与创造，并为这种个性的发展提供多元的、可选择的内容、资源和时空。比如，学生可以自主选择自己感兴趣的主题，而不只是教师规定的内容；可以自主规划、设计自己的活动方案，而不是总按照指令被动地操作。学生自己的探究、构想、设计、制作等在成人看来，也许是初步的、稚嫩的，有时甚至是可笑的，但这对他们的成长是必需的。在综合实践活动过程中，成长比成功更重要。

2. 关注动态生成性

"生命·成长"综合实践活动课程强调让学生体验过程，而不是某种固定结果的控制。

---

① 约翰·杜威. 民主主义与教育[M]. 王承绪，译. 北京：人民教育出版社，2001：62.
② 联合国教科文组织国际教育发展委员会. 学会生存——教育世界的今天和明天[M]. 华东师范大学比较教育研究所，译. 北京：教育科学出版社，1996：265.

因此，重视实际的过程，重视学生在活动过程中的自我生成和建构是综合实践活动课程的独特之处。它允许学生根据自身实践需要，对活动目标和内容、活动过程和结果做出动态调整，使活动不断深化，即留给学生更加充分的自主活动余地。比如，学生对某个主题的探究有着浓厚的兴趣，他可以在后来的活动中进行更加深入的探究，不是非得换成另外一个主题，要防止用一两种固定的、僵化的模式去限定学生丰富多样的综合实践活动过程。

开放生成不是拒绝目标引导。任何教育都有目的指向，综合实践活动作为课程有自己的目标，只是它的目标指向综合素养的发展，不是具体的实物、奖品、证书、分数的获得。只要是有利于促进学生个性生长的活动，就应该允许和鼓励。目标引导是为了使其生成性发挥得更具有方向感、更富有成效。

第三节　"生命·成长"综合实践活动课程目标

在"不一定第一，但绝对唯一"的办学理念引领下，我校的综合实践活动课程以促进学生的"生命·成长"为核心追求，以"为儿童设计独特的学习经历"为课程理念，立足学生的生活世界，通过多元开放的课程设计，引导学生在对有关自我、自然、社会等实际问题的探究与实践中，获得个性化的生命体验，建构具有个人意义的知识与经验，从而最大限度地激发和调动每一个学生的成长潜能，促使每一个学生具备自我发展的动力和能力，使学生最终获得知能、情感、人格等方面全面而和谐的发展。

一、课程目标的内涵诠释

课程目标是课程的内在要素，是课程实施所应达到的学生素质发展的基本质量规格与标准，它既是课程设计和实施的出发点，也是归宿。《指导纲要》在提出综合实践活动课程总体目标的基础上，从价值体认、责任担当、问题解决、创意物化四个方面，分小学、初中和高中三个学段提出学段目标。这是对实践活动课程的核心价值和目标的一种总体设计，对学校的课程设计与实施具有重要的导向性和指导价值。

（一）系统性：四维目标相互关联

《指导纲要》以学生核心素养发展为主线，将综合实践活动课程目标分为价值体认、责任担当、问题解决、创意物化四个维度。四个目标维度既相对独立，又相互关联，是综合实践活动课程价值多样性的内在要求。

1. 四个维度目标

价值体认：是指学生对自然与人类现象中普遍存在的事物、事实的体验和认识。综合实践活动课程承担着落实立德树人的育人目标，促进学生正确认识人与自然、社会、自我之间的各种关系，将对社会的整体认识、国家的责任和个人的职业理想与发展结合起来。注重引导学生主动参与并亲身经历实践的过程，加深有积极意义的价值体验，深化对社会规则、国家认同、文化自信的理解，通过价值体认来践行社会主义核心价值观，培养家国情怀。

责任担当：是指个体对分内应做之事承担、担负责任。综合实践活动课程的责任担当，指在活动中学生关注个人、自然、社会的关系，从而形成对自身及周围人与环境的责任意识。关于责任担当，小学阶段关注个人自立精神的培养、自理能力的养成，到初中阶段关心他人、社区和社会的发展，体现了学生责任感的渐进发展与提高。

问题解决：指学生从问题来源与主题生成，到获得问题解决与方法，再到呈现问题研究结果的一系列过程。小学阶段重在问题意识养成，鼓励学生发现并提出自己感兴趣的问题，能将问题转化为研究小课题，体验课题研究的过程与方法，形成对问题的初步解释；初中阶段发展学生对问题的价值判断、思考选择与提炼能力，将问题转化为有价值的研究课题，学会用科学方法开展研究，能主动运用所学知识理解与解决问题，做出基于证据的解释，形成基本符合规范的研究报告或其他形式的研究成果。[1]

创意物化：指学生通过动手操作与运用信息技术等，手脑结合将创意和想法设计制作成作品。小学阶段的目标旨在让学生通过动手操作实践，初步掌握手工设计与制作的基本技能，服务于学习和生活；初中阶段的目标不仅是让学生能运用一定的操作技能解决生活中的问题，更重要的是发展学生的实践创新意识和审美意识，提高其创意实现能力。

---

[1] 俞丽萍.从理解到行动：综合实践活动课程的区域探索[M].杭州：浙江教育出版社，2021：36.

2. 四维目标之间的关系

综合实践活动课程的四维目标虽然相互独立,但并非割裂存在,而是相互作用、彼此融合、密切联系的,在实践中学校需要准确把握并将其融入课程开发、课程实施指导与评价过程中。四维目标之间的关系主要体现在以下两方面。

一是整合与互促。综合实践活动的核心在于弥合学科知识与日常生活的鸿沟,消解学科间的壁垒,以及拆除学校与社区之间的隔离。其目标是赋予知识以实际意义,让教育深深植根于学生的日常生活,回归到人的本质。因此,在任何一个具体活动的实施过程中,都可能涉及多个维度的目标,即每项活动的目标都应该是综合性的。同时,这四个维度相互关联、相互作用、相互渗透和相互促进,通过内部的整合与连贯,共同推动学生核心素养的全面发展。例如,创意物化维度的目标虽然重点放在培养学生的创新实践能力,但并非单纯地关注学生设计制作过程与制品完成情况,而是要将学生为何进行这样的设计,物化的制品解决了哪些问题,即:将学生的创意、思考以及目的、意义和价值联系在一起,真正促进学生在创意设计制作中发展问题解决与价值生成的能力。鼓励学生在动手实践中追求对实践价值的理解,注重引导学生形成有意义的价值体验,促使学生在解决问题、发展创新实践能力的同时,进一步形成愿意运用技术为美好生活及社会服务的责任担当意识和能力。

二是发展与进阶。"综合实践活动课程学段目标,以学生核心素养发展为主线,整体遵循纵向贯通、横向统合、循序渐进、螺旋上升的原则,从小学、初中到高中,体现了学生核心素养发展的进阶性与层次性。"[1]在课程实施与具体活动指导中,教师要基于不同年级学生已具备的素养基础与能力起点,厘清学生核心素养发展空间及进阶发展路径,进行课程整体性目标规划与序列化建构。在开展综合实践活动时,即使面对同一类型的活动主题,也应当设定不同层次的课程目标,例如,在价值内化方面,促进学生从简单层次的接受,逐步过渡到价值理解、价值评价,再到复杂层次价值观的组织以及品格形成,以实现目标发展的持续性与进阶性。

(二)层次性:四维目标的分年段细化

课程目标的层次性是指课程实施对不同年段、不同年级学生不同程度的要求。我校为

---

[1] 柳夕浪.《中小学综合实践活动课程指导纲要》解读——44个问答[M].石家庄:河北教育出版社,2019:49.

九年一贯制学校，一至九年级学生的学习水平与能力存在较大差异，虽然综合实践活动课程的目标难以在不同年级做出明确的水平差异规定，但在不同学段应有目标水平的不同要求，我们从低年级(1—2年级)、中年级(3—6年级)、高年级(7—9年级)三个阶段对综合实践活动课程目标进行层次划分，见表1-1。

表1-1 "生命·成长"综合实践活动课程目标细化

四大目标 \ 年段 目标描述	低年级 (1—2年级)	中年级 (3—6年级)	高年级 (7—9年级)
价值体认	通过亲历、参与少先队活动、场馆活动和主题教育活动，参观爱国主义教育基地等，获得积极的情感和体验	积极参与少先队活动、场馆活动和主题教育活动，参观爱国主义教育基地等，获得有积极意义的价值体验	积极参加班团队活动、场馆体验、红色之旅等，亲历社会实践，加深有积极意义的价值体验
	知道公共空间的基本行为规范，能约束自己的行为，初步形成集体意识	理解并遵守公共空间的基本行为规范，初步形成集体思想、组织观念	通过职业体验活动，发展兴趣专长，形成积极的劳动观念和态度，具有初步的生涯规划意识和能力
	培养对中国共产党的朴素感情，为自己是中国人感到自豪	具有国家意识，形成热爱祖国、热爱中国共产党的情感态度	能主动分享体验和感受，与老师、同伴交流思想认识，形成国家认同感，热爱中国共产党
责任担当	学会处理生活中的基本事务，初步养成自理能力、自立精神、热爱生活的态度	围绕日常生活开展服务活动，具有自理能力、自立精神，具有积极参与学校和社区生活的意愿	围绕家庭、学校、社区的需要开展服务活动，增强服务意识和能力，养成独立的生活习惯；初步形成对自我、学校、社区负责任的态度和社会公德意识，初步具备法治观念
问题解决	能在教师的引导下，结合学校、家庭生活中的现象，发现并提出自己感兴趣的问题	能够独立思考，结合学校、家庭生活中的现象，善于发现和提出问题，有解决问题的兴趣和热情	能关注自然、社会、生活中的现象，深入思考并提出有价值的问题，将问题转化为有价值的研究课题，学会运用科学方法开展研究

续　表

目标描述　年段 四大目标	低年级 （1—2年级）	中年级 （3—6年级）	高年级 （7—9年级）
	具有好奇心和想象力，能有意识地探究问题的解决方法，初步提出自己的想法	能将问题转化为研究小课题，体验课题研究的过程与方法，提出自己的想法，形成对问题的初步解释	能主动运用所学知识理解与解决问题，并做出基于证据的解释，形成基本符合规范的研究报告或其他形式的研究成果
创意物化	参与各类手工制作，具有一定的动手操作能力，能够发挥自己的想象，将自己的想法或创意进行简单的制作	通过动手操作实践，初步掌握手工设计与制作的基本技能，能够将一定的想法或创意制作成作品	运用一定的操作技能解决生活中的问题，将一定的想法或创意付诸实践，通过设计、制作或装配等，制作和不断改进较为复杂的制品或用品，发展实践创新意识和审美意识，提高创意实现能力
	通过动手实践与动脑思考，体验使用信息技术的乐趣。学习信息技术的基础知识，初步掌握信息技术应用的基本技能	学会运用信息技术，设计并制作有一定创意的数字作品。运用常见、简单的信息技术解决实际问题，服务于学习和生活	通过信息技术的学习实践，提高利用信息技术进行分析和解决问题的能力以及数字化产品的设计与制作能力

二、课程目标的校本化设计

从学校课程实施的角度看，《指导纲要》所提出的课程目标更接近于"普遍性目标"，如果以此作为具体的活动主题目标或者课时指导目标，则容易导致目标的不清晰、不具体，甚至目标泛化。因此，在课程实施中，指导教师需要结合不同的活动主题、活动的内容、活动方式以及活动情景等实际，对课程目标进行校本化设计，尽可能使《指导纲要》的"普遍性目标"走向校本化的"行为取向"和"表现性取向"的具体发展目标，并充分体现学校的教育理念和特色。根据综合实践活动课程的特点，我们从主题目标、阶段目标、课时目标三个层面进行"生命·成长"综合实践活动课程目标的校本化设计,见图1-1。

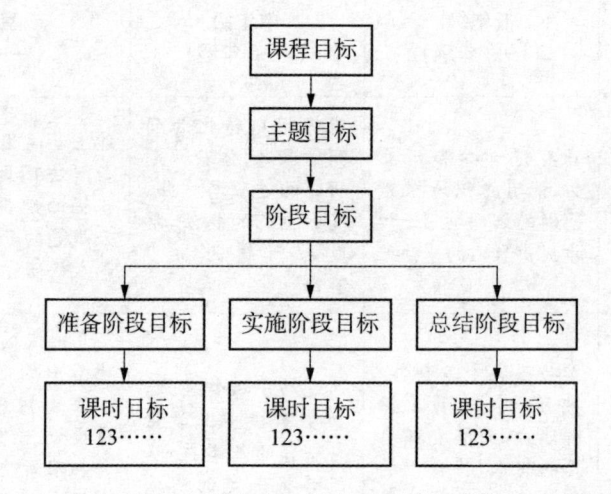

图1-1 课程目标、主题目标、阶段目标、课时目标之间的关系

(一) 主题目标的设计

综合实践活动课程是由一个个主题活动构成的,主题作为组织中心,把各种学习内容、学习方法、学习资源等链接起来,将素养目标、结构化知识、任务型学习的进阶、真实情境的介入、参与式评价整合在一起,让学生通过参与主题活动实现建构性学习,获得较为完整、连贯的经验。主题目标是学生在参与整个主题活动中素养发展的方向和应达到的总要求,是课程目标在特定活动主题中的具体化,是课程目标的下位目标,阶段目标和课时目标的上位目标,起着承上启下的作用。主题目标是否明确具体、具有操作性和可行性直接影响主题活动的顺利进行。学校开发活动主题以及教师指导学生开展主题实践活动时,必须坚持目标导向原则,紧密结合课程总目标,精心设计出明确且可实践的主题目标。主题目标的设计需要注意的问题如下。

1. 以课程目标为引领

为了保证综合实践活动课程的四大目标贯彻落实到每一个主题之中,实现课程目标的一以贯之,教师在设计每一个主题时,要以课程的四大目标为指引,明确学生在经历主题学习之后应该知道什么、能做什么,制定本主题的具体学习目标,以确保学生能深入开展有意义的学习。

2. 基于校情和学情

在制定主题目标之前,需综合考虑学校独特的教育理念、所处地域资源条件;需要深入剖析学生的实际情况,了解他们在参与该主题活动前对相关知识背景的掌握程度,以及偏好的活动方式,预测他们大致能够实现的目标水平,并预判可能遇到的挑战。唯有精准把握校情和学情,才能制定出合理的主题目标,设定符合学生能力所能达到的具体标准。

3. 兼顾不同活动类型

《指导纲要》提出了"考察探究、社会服务、设计制作、职业体验"四种活动类型,不同类型的活动,其主题设计的侧重点不同,例如,"职业体验"类的活动主题,其目标更偏向于让学生亲身经历活动过程,学生需要尽可能在行为体验中学习,注重直接经验的获得。因此,制定主题目标时需要分析该主题涉及的活动类型,根据活动类型的差异,在目标制定时有所侧重。不同活动类型的目标设计重点见表1-2:

表1-2 不同活动类型的目标设计重点[1]

活动类型	目标设计重点
考察探究	在教师的指导下,从自然、社会和学生自身生活中选择和确定研究主题,开展研究性学习;在观察、记录和思考中,主动获取知识,分析并解决问题的过程。 关键要素包括:发现并提出问题;提出假设,选择方法,研制工具;获取证据;提出解释或观念;交流、评价探究成果;反思和改进。
社会服务	在满足被服务者需要的过程中,获得自身发展,促进相关知识技能的学习,提升实践能力,成为履职尽责、敢于担当的人。 关键要素包括:明确服务对象与需要;制订服务活动计划;开展服务行动;反思服务经历,分享活动经验。
设计制作	注重提高自身的技术意识、工程思维、动手操作能力等。 关键要素包括:创意设计;选择活动材料或工具;动手制作;交流展示物品或作品;反思与改进。
职业体验	注重获得对职业生活的真切理解,发现自己的专长,培养职业兴趣,形成正确的劳动观念和人生志向,提升生涯规划能力。 关键要素包括:选择或设计职业情境;实际岗位演练;总结、反思和交流经历过程;概括提炼经验;行动应用。

---

[1] 俞丽萍.从理解到行动:综合实践活动课程的区域探索[M].杭州:浙江教育出版社,2021:82.

我们在实践探索中形成了主题模块目标制定的一般方法(如图1-2所示):

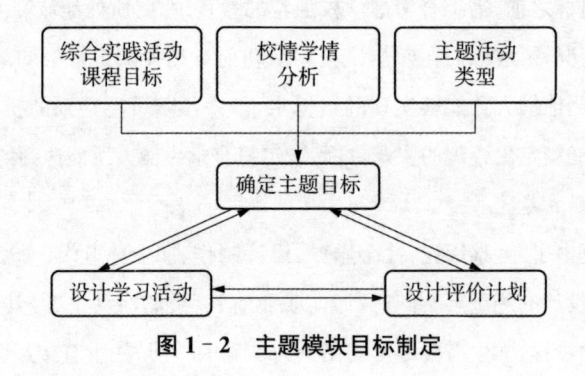

```
┌──────────┐  ┌──────────┐  ┌──────────┐
│综合实践活动│  │ 校情学情 │  │ 主题活动 │
│ 课程目标 │  │   分析   │  │   类型   │
└────┬─────┘  └────┬─────┘  └────┬─────┘
     └─────────────┼──────────────┘
                   ▼
            ┌──────────────┐
            │ 确定主题目标 │
            └──────┬───────┘
         ┌────────┴────────┐
         ▼                 ▼
   ┌──────────┐      ┌──────────┐
   │设计学习活动│◄────►│设计评价计划│
   └──────────┘      └──────────┘
```

图 1-2　主题模块目标制定

教师要以综合实践活动课程的总目标为统领,综合考虑学生的学段特点以及已具备的素养基础与能力起点,掌握学生需求及差异性分析方法,厘清目标要求与发展空间,根据学生实际以及项目主题活动方式,科学合理地设计出具体的主题模块学习目标。教师根据制定的主题目标,设计评价计划,需要明确评价方式来衡量学生是否达到了预设的学习目标。然后,根据主题目标与评价计划,结合学生兴趣与生活体验,设计学习活动,通过有趣、亲和的方式驱动学生投入主题学习。在整个过程中,教师要进行"确定主题目标""设计评价计划""设计学习活动"之间的双向审视,不断进行调整,保持"目标—评价—活动"的一致性。

【案例1-1】"沿着24路看上海"主题目标设计

被称为"百年公交"的上海24路公交每天从我校门口经过,这条公交线路始于普陀区长寿新村,终于黄浦区豆市街复兴东路,全线共19站,途经我校所在的西康路、陕西北路区域,以及上海老城厢豫园。24路沿线景点具有浓厚的历史情怀、人文积淀与丰富的爱国主义教育资源,见证了上海这座城市从老城厢到繁华都市的历史变迁。我校依托24路沿线的资源优势,开发设计了"沿着24路看上海"综合实践活动主题。这一主题主要在五六年级开展,对应"价值体认""责任担当"两大课程目标,侧重采用"考察探究""社会服务""职业体验"的活动方式,该主题的目标制定如下:

1. 感受24路公交沿线人文景观的文化精髓,品味兼容并蓄、大气谦和的海派文化,认识传统文化的历史渊源,体悟中国传统文化意境与魅力,提高对民族文化的认同感与自豪感,增强文化自信。

2. 了解中国共产党和中华人民共和国的历史，感受党的百年奋斗历程，感受伟人爱国情怀，培养热爱党、拥护党的意识和行动，立志为中华崛起而奋斗。

3. 了解上海的改革成就与未来发展蓝图，将个人梦融入"中国梦"，积极履行社会责任，热心公益和志愿服务，坚定理想信念，励志刻苦学习，积极投身实践，为把我们的国家建设好、发展好而努力奋斗。

（二）阶段目标的设计

实践活动课程的组织与实施一般分为活动准备阶段、实施阶段、总结阶段。这三个阶段是按照主题活动的时间序列划分的，随着实践活动进程的不同，教学指导内容也会相应调整。阶段目标是对综合实践活动主题目标的具体化分解，它界定了学生在参与特定阶段活动后应当达到的要求，它是主题活动目标基本的组成要素，在设计上更具体、更有指向性。

纵观大部分教师的主题活动设计，基本上是对大主题目标的设计，或者是对某一节课指导目标的设计，对于各个阶段目标的设计比较缺乏。阶段目标是连接主题整体目标与课时教学指导目标的桥梁，起着承上启下的作用，它是对主题目标的进一步细化，引领着课时目标的制订。[1] 虽然不同活动主题的目标迥异，但是主题活动实施的三个阶段目标有共通之处，制定阶段目标时每个阶段要有所侧重，并且目标之间要有关联。

准备阶段目标：准备阶段是综合实践活动的起始，主要任务是创设活动情境，激活学生原有经验，引入"大主题"，引导和鼓励学生提出自己感兴趣的问题，并对问题加以筛选和修改，选定要研究的"小主题"，组建合作小组，并进行资料搜集、制定活动方案，等等。因此，准备阶段的主要目标是解决"为什么研究、研究什么、计划如何开展研究"的问题，重点培养学生搜集处理信息的能力、活动方案设计能力。

实施阶段目标：实施阶段是综合实践活动的主体，要求学生运用已有的知识技能和经验，尝试运用一定的问题解决方法，在特定情境中开展实践活动。这一阶段的目标是让学生进行研究方法的体验，收集数据和信息，学会分析和解决问题，并得出初步的研究结论。教师在制定阶段目标时要避免过度空泛，应根据主题的不同，将目标具体化、情境化、个别化。

---

[1] 俞丽萍.从理解到行动：综合实践活动课程的区域探索[M].杭州：浙江教育出版社，2021：88.

总结阶段目标:活动总结阶段是综合实践活动的最后阶段,主要任务是引导学生对活动过程和研究结果、活动体验与收获进行总结、交流和反思,明确"做得怎样"。总结阶段的主要目标是通过形成研究成果和展示交流研究成果,促使学生形成总结与交流的意识、初步学会总结与反思的方法,具有总结与反思、交流与表达的能力。

【案例 1-2】 "沿着 24 路看上海"主题活动阶段目标设计

■ 准备阶段目标

1. 了解 24 路公交车的基本走向,知道 24 路途经区域的一些重要历史人文景观,品味兼容并蓄、大气谦和的海派文化。

2. 搜集自己感兴趣的 24 路沿线的历史人文景观资料,学会发现问题、提出问题,并逐步确定研究主题。

3. 建立合作小组,通过小组探究,设计出一个切实可行的探究活动方案。

■ 实施阶段目标

1. 乘坐 24 路公交车实地游览参观,学会运用观察、调查、采访等基本方法开展实践探究。

2. 在实践探究过程中感受党的百年奋斗历程,感受伟人爱国情怀,培养热爱党、拥护党的意识和行动;认识传统文化的历史渊源,提高对民族文化的认同感与自豪感。

3. 了解上海的改革成就与未来发展蓝图,积极参与公益和志愿服务,激发热爱上海,为建设家乡作贡献的责任意识。

4. 学会资料收集与整理的基本方法,尝试分析问题和解决问题,初步形成探究成果。

■ 总结阶段目标

1. 掌握成果展示的形式与方法,培养表达交流的能力,形成乐于展示、乐于表达交流的积极态度。

2. 梳理总结实践探究的过程与经验,自主反思活动中存在的问题及启示。

3. 通过总结与反思,进一步坚定理想信念,激发努力学习、积极投身实践,为把我们的国家建设好、发展好而奋斗的志向。

(三) 课时目标的设计

课时目标是指某一节课的教学指导目标,是教师在开始教学前,对学生完成具体的一课学习后将发生的变化的预期,它是主题目标最基本的组成要素,在设计上更具体、更有指向性。课时目标是依托于主题目标和阶段目标来制订的,属于下位目标。从学校层面看,课时目标具有校本化的特征;从学生视角看,具有个性化的特点;从教学指导过程看,具有阶段性的特征;从教学效果看,具有生成性的特征。

课时目标的设计首先需要对应主题目标、阶段目标,保证目标设计的一致性;其次,课时目标的设计需要分析本节课的教学指导内容和学生的学习任务,明确学生在课时中的主要学习行为;最后,课时目标的表达需要将学生作为行为主体,突出学生的主体地位,明确学生可观察的行为,以"行为主体、行为动词、实施条件与表现形式"等进行目标表述。

【案例1-3】"沿着24路看上海"主题活动准备阶段的课时目标设计示例

第1课时目标:

1. 通过观看有关24路公交线路的视频、图文资料,知道24路的基本走向,能说出24路公交沿线区域的一些人文景观,并了解其历史文化内涵。

2. 选择自己感兴趣的人文景观,尝试提出想要探究的问题,搜集整理相关资料。

3. 遵照兴趣优选原则,形成若干研究小组,逐步确定研究主题。

第2课时目标:

1. 通过交流、分工合作,制定探究活动方案,知道一个完整活动方案的基本要素。

2. 通过讨论、修改和完善探究活动方案,掌握活动方案的设计方法。

第二章

结构与内容：弥合两个世界

生活是教育的细胞，教育是生活的集合，教育与生活存在天然的内在联系。然而，随着工具理性主义的蔓延，"科学世界"与"生活世界"的差异日益凸显，致使深陷"科学世界"的学校教育与"生活世界"逐渐割裂乃至隔绝，学生的生命发展被限制在科学理性中，失去了与周遭世界的精神联结。"生活世界"是学生实践的原初场域，更是其发展的终身场域。综合实践活动课程的根本特性就在于凸显"生活世界"的价值，因为"只有植根于'生活世界'，才能表现儿童的体验与交往，才能成为儿童自己的学习、生活的学习，才能找到意义之源，才能不断促进儿童个性的生长、变化与发展"。[1]

综合实践活动课程超越了学科界限，关注"科学世界"与"生活世界"的关联，让学生在生活情境中获得更加丰富多彩的生活经验，促进学校教学活动与学生生活世界的相互融合。综合实践活动课程试图解决的问题是发挥"生活世界"对学生发展的价值，试图追求的意义是帮助学生在反思、体验生活中学会生活、热爱生活。因此，这门课程的内容不是指向"纯事实"的知识体系，书本不再是学生的世界，相反世界成为学生的书本。学生从自身的生活世界出发选择感兴趣的活动主题，在实践体验、问题解决的过程中进行个体经验的建构，其最终目标是让学生在生活中学会生活、热爱生活、创造美好的生活。

第一节 "生命·成长"课程的整体架构

与学科课程不同，综合实践活动课程的内容不是预定的知识点，而是学生感兴趣的问题，是学生活动的主题以及与主题相伴的直接经验和间接经验。为了避免项目活动的一盘散沙和随意开展，首先需要结合校情与学情，对主题活动内容进行顶层设计，形成结构化和序列化，进而开发和设计每一个主题的系列学习内容，并提供匹配的学习支架，使不同的主题相互贯通、形成合力，从而提升与课程目标之间的契合度。

课程内容设置、结构及关系是课程内容系统的核心。完整的综合实践活动课程内容系统能保证学生在更多领域中获得全面的发展，积累更为丰富的经验。本书尝试从课程结构顶层设计、内容建构逻辑、内容整体规划三个方面来建构"生命·成长"综合实践活动课程的整体架构。

---

[1] 钟启泉.综合实践活动课程的设计与实施[J].教育发展研究,2007(2A):43—47.

一、课程结构顶层设计

2017年颁布的《指导纲要》删除了原来试行稿中的四大指定领域,不再划分活动领域,学校可以参照课程培养目标的要求设置相应领域,使课程主题相对集中,课程内容有所聚焦与侧重。我校以"生命·成长"作为学校综合实践课程的主线,结合课程育人目标,从"我与自己""我与自然""我与社会"三个经度、从"考察探究""社会服务""设计制作""职业体验"四个维度设定不同学段的课程模块。在每一个主题模块下再设计若干主题,结合学生差异性、个性化的需求,设计、形成学生的学习活动。学生通过经历不同主题模块的学习体验,建构、丰富个体知识体系,更重要的是能将所学知识与生活情境、现实世界中的问题、任务相联系,学会综合运用学科知识去解决真实的生活问题,并在此过程中发展核心素养与关键能力。

"生命·成长"综合实践活动课程结构

我校的综合实践活动课程结构图谱如图2-1所示:

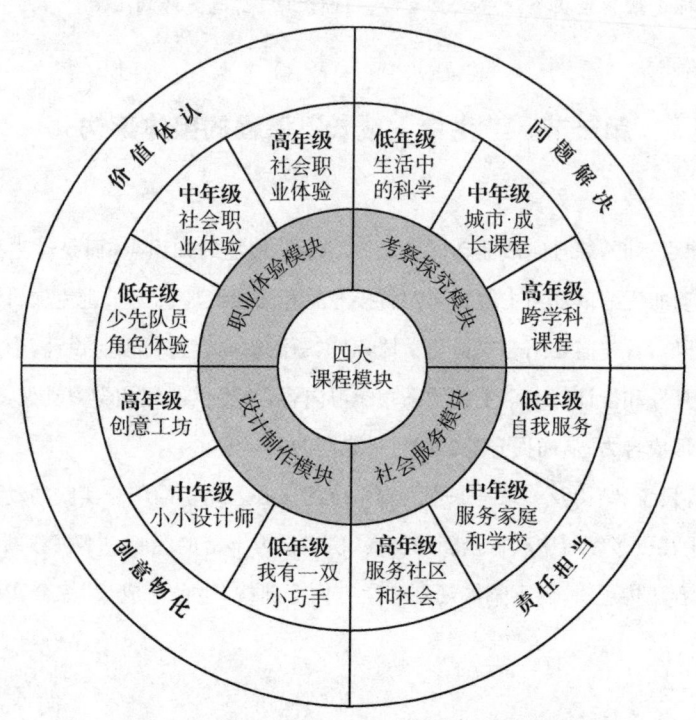

图2-1 江宁学校综合实践活动课程结构图谱

我校的综合实践活动课程由四大课程模块组成，每一模块之下按照年段差异形成主题序列，并与课程目标相对应；在每一个主题之下，结合学生差异性、个性化的需求，设计、形成学生的学习活动。

（1）**考察探究模块**：侧重对应综合实践活动课程的目标指向是问题解决，在低年级开设"生活中的科学"、中年级开设"城市·成长课程"、高年级开设"跨学科课程"，引导学生基于自身兴趣，在教师的指导下从自然、社会和学生自身生活中选择和确定研究主题，开展研究性学习和社会实践，综合运用知识分析问题，用科学方法开展研究，增强解决实际问题的能力。

（2）**社会服务模块**：侧重对应综合实践活动课程的目标指向是责任担当，依据学生从"我—我们—他们"的认知逻辑，低年级的主题聚焦"自我服务"、中年级聚焦"服务家庭和学校"、高年级聚焦"服务社区和社会"，形成螺旋上升的课程状态，引导学生学会处理生活中的基本事务，在养成自理能力和自立精神的基础上为家庭、学校和社会提供服务，提升责任意识、公德意识和法治意识。

（3）**设计制作模块**：侧重对应综合实践活动课程的目标指向是创意物化，低年级开设"我有一双小巧手"、中年级开设"小小设计师"、高年级开设"创意工坊"，鼓励学生动手操作、手脑并用，灵活掌握、融会贯通各类知识、技巧和信息技术，通过设计制作将想法或创意付诸实践，转化为物品或作品。

（4）**职业体验模块**：侧重对应综合实践活动课程的目标指向是价值体认，与班团队活动、学工、学农等整合，低年级聚焦"少先队员角色体验"、中高年级聚焦"社会职业体验"，引导学生参与场馆活动、红色之旅、职业体验等，获得积极的价值体验，培养爱国爱党的情感，以及发展职业兴趣和生涯规划意识和能力。

二、课程内容建构逻辑

中小学校可以根据育人目标和学校实际构建综合实践活动课程内容框架。

我校"生命·成长"综合实践活动课程的内容结构划分为以下四个层次：

第一个层次是"维度"，根据《指导纲要》规定，课程以自然、社会、自我三个维度为主线，如图2-2所示。第二个层次是"领域"，它是第一个层次的具体化，涵盖学生生活的各方面，体现综合实践活动课程设计的完整性和系统性。第三个层次是"主题"，它是"领域"的下位概念。学生开展具体的综合实践活动须从领域中选择和生成主题。第四个层次是"单元"，它是综合实践活动课程内容框架中最下位的基础结构，一般为课程希望学生经历或体验的具体内容。

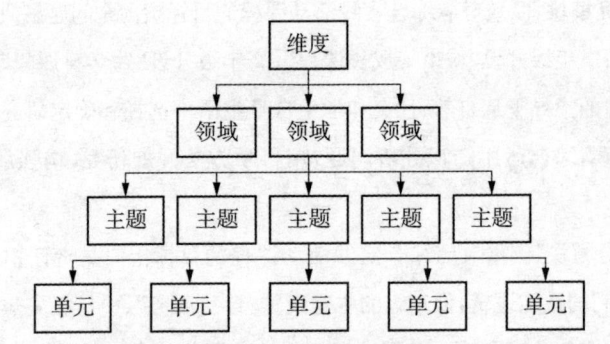

图 2-2　综合实践活动课程"维度、领域、主题、单元"的结构关系

以我校的"城市·成长"主题活动为例，其基本结构如图 2-3 所示：

图 2-3 所示的是 2018 年至 2020 年我校"城市·成长"综合实践活动四个层次的内容构架模型，"维度——领域——主题——学习单元"四个层次的设计勾勒了课程内容的整体框架及相互关系，使学校综合实践活动课程的设计更趋于结构化和系统性。同时，作为一门综合性极强的、缔造与创生取向的课程，课程的内容构架也应具有足够的开放性、选择性

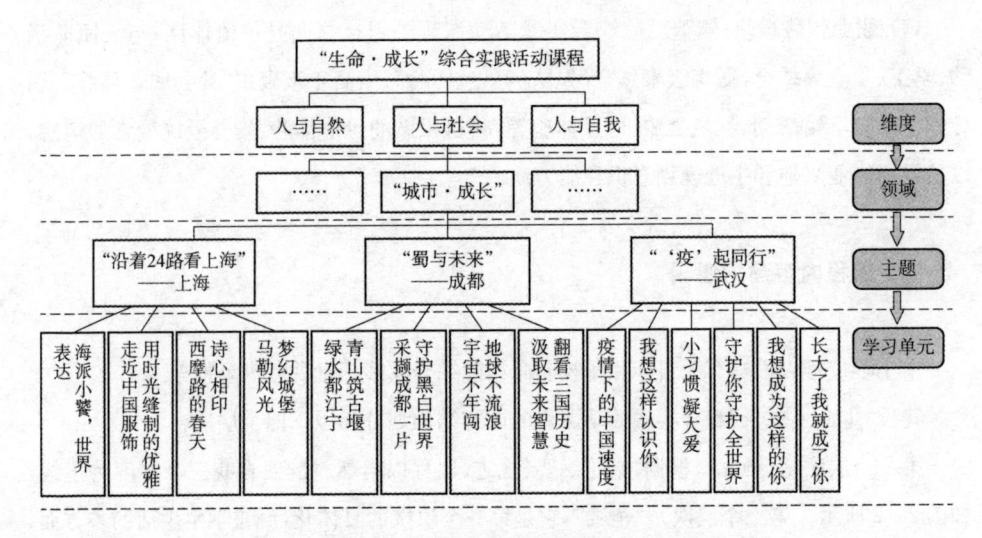

图 2-3　"城市·成长"主题活动结构(2018—2020 年)

和生成性，我们会根据课程资源的开发情况与学生的发展需求分析，不断地生成、补充、完善和优化课程内容，从而满足不同的情况和不同学生的个性化需求。

三、课程内容整体规划

为了使综合实践活动课程内容增强整体性、全面性和衔接性，我校根据学校条件、师资等现状对一至九年级的综合实践活动课程内容进行整体设计与规划，同时处理好学校预设（统筹规划）与动态生成的关系，为课程的开放性和选择性留下一定的空间。我校的"生命·成长"综合实践活动课程内容的整体规划如表2-1所示。

学校坚持课程内容的预设与生成相结合。表2-1中的课程结构与内容规划是从学校层面对综合实践活动课程进行的整体设计，目的是保障综合实践活动课程在目标引领下形成有序的内容结构，避免课程内容的松散性和随意性导致培育学生素养的聚焦度不够，但并不是以单一、僵化、固定的模式去约束所有班级的具体活动过程。在具体实施过程中，学校允许和鼓励师生在每一模块之下选择和生成有价值的活动主题，选择适当的活动方式创造性地开展活动，以增强课程内容的开放性，为学生创造性的发展开辟广阔空间。

第二节 "生命·成长"课程的内容组织

学校在确定跨学科的课程主题内容时，模式都不是机械的，内容的选择也是灵活多样、富有个性的，但也必须遵循综合实践活动课程的基本特征，体现出基本的原则和典型的程序。

一、课程内容的组织原则

1. 跨学科性

定位于促进学生跨学科学习的综合实践活动课程，其跨学科体现在以下两个方面：一是实践任务是复合的，它以主题方式展开，融合了多门学科的相关内容，能够促进学生从多

表2-1 "生命·成长"综合实践活动课程内容的整体规划

年段	课程目标简述	年级	考察探究模块			社会服务模块			设计制作模块			职业体验模块		
			主题	内容	课时	主题	内容	课时	主题	内容	课时	主题	内容	课时
低年段 1至2年级	1. 获得积极的情感体验，形成集体意识，初步培养爱国爱党的态度情感； 2. 养成自理能力、自立精神，热爱生活的态度； 3. 有发现问题和解决问题的兴趣； 4. 根据自己的想法或创意进行简单的制作。	一上	生活中的科学	有趣的玩具	4	自我服务	入学适应教育	1	我有一双小巧手	学会收纳整理（书包、课桌）	2	少先队角色体验	民族文化体验	4
							做受欢迎的小学生	2						
		一下		一起"秋游"	4		我的情绪我做主	2		机械手臂制作	2		"积极争戴红领巾"（入队教育）	3
				奇特的图形	4		教室环境保护	2						
		二上		春天的味道	4		苗苗值勤岗	2		学会收纳、整理（书桌、衣橱）	2		优秀卡通人物品质体验	4
				重要的发明	4		敞开心扉交朋友	1						
		二下		童拾秋忆	4		好习惯助成长	2		弹力小车制作	2		"我是光荣的红领巾"（入队仪式）	7
				壮美的山河	4		集体劳动小能手	2						

续 表

年段	课程目标简述	年级	考察探究模块 主题	考察探究模块 内容	课时	社会服务模块 主题	社会服务模块 内容	课时	设计制作模块 主题	设计制作模块 内容	课时	职业体验模块 主题	职业体验模块 内容	课时
中年段 3至6年级	1. 获得积极的价值体验,初步形成组织观念,想,具有爱国爱党的情感; 2. 具有自理能力,自立精神和积极参与学校生活和社区生活的意愿; 3. 善于发现和提出问题,形成初步对问题的解释; 4. 能够将想法或创意制作成作品,学会运用信息技术制作数字作品。	三上	城市·成长	探秘城市交通	4	服务家庭和学校	重阳节敬老	2	小小设计师	制作红绿灯模型	2	社会职业角色体验	渐渐消失的职业	2
		三上		秋日拾趣一路童行	4		"爱在江宁"义卖	3						
		三下		上海的桥	4		红领巾值勤岗	3		一起来搭一座桥	2		我是"小小消防员"	4
		三下		我和春天有个约会	4		小河长保护环境	2						
		四上		上海的房子	4		"爱在江宁"义卖	3		校园文创(结合校园特色制作文创作品)	2		未来职业畅想	2
		四上		爱在金秋	4		学雷锋"尚"	2						
		四下		斑马苏河(走近苏河探秘活力水岸1)	4		我做环保宣传员	2		田园养护(掌握一种栽培技巧)	2		我眼中的未来职业	3
		四下		踏着生活的鼓点,向春天出发	4									

续表

年段	课程目标简述	年级	考察探究模块 主题	考察探究模块 内容	课时	社会服务模块 主题	社会服务模块 内容	课时	设计制作模块 主题	设计制作模块 内容	课时	职业体验模块 主题	职业体验模块 内容	课时
高年段7至9年级	1.加深有积极意义的价值体验,形成积极的劳动观念和生涯规划能力; 2.初步形成对自我、学校、社区、社会的态度和责任意识,法治观念和公德意识。	五上	跨学科课程	半马苏河(走近苏河探秘活力水岸2)	4	服务社区和社会	"爱在江宁"义卖	3		制作苏州河(长寿路段)沙盘模型	2		躬耕学农事,实践见真知	7
		五下		上海阿拉街	4		生活中的趣味服务	1		小小厨郎(学会独立制作一道美食)	2		我的未来职业邮票	3
		六上		三月加期好春天	4		社区公益行	2						
							认识未来的自己	2						
		六下		《24路看上海》系列之城市文化	4		《24路看上海》系列之我和城市共成长	4		《24路看上海》系列之城市设计	4	社会职业体验	《24路看上海》系列之城市演绎	4
							今天,你"玩"手机了吗?	4					阿卡贝拉	4
		七上		《未来城市创意设计》系列1之城市探秘	4		《未来城市创意设计》系列1之城市与人和谐共生	4	创意工坊	《未来城市创意设计》系列1之未来设计我规划	4		《未来城市创意设计》系列1之小小城市管理者	4
		七下		《未来城市创意设计》系列2之普陀探秘	4		《未来城市创意设计》系列2之我与普陀共成长	4		《未来城市创意设计》系列2之新普陀创意规划	4		《未来城市创意设计》系列2之我是普陀管理员	4

第二章
结构与内容：
弥合两个世界

续 表

年段	课程目标简述	年级	课程模块								
			考察探究模块			社会服务模块			设计制作模块			职业体验模块		
||| 主题	内容	课时	主题	内容	课时	主题	内容	课时	主题	内容	课时
	3.提出有价值的问题，运用科学方法研究并形成基本规范的研究成果； 4.具有创意实现能力，运用信息技术解决问题以及数字化产品的设计与制作能力。	八上		《半马苏河》系列之苏河历史	4		《半马苏河》系列之我为苏河	6		《半马苏河》系列之苏河生态微景观设计制作	4		《半马苏河》系列之苏河管理人人参与	3
		八下		跨学科案例研究	8		青少年情绪管理和社交技能	3		H5微杂志设计与制作	3		职业体验	3
		九上		跨学科案例研究	9		社区志愿者	3		橡皮印章设计	3		职业生涯畅想	2
		九下		跨学科案例研究	9		社区公益行	3		毕业纪念品设计	3		职业生涯规划	2

学科视角理解真实的生活问题，促进个人、社会、自然内在整合；二是学生探究的过程是基于真实问题的学习，学生在问题解决的过程中综合运用各学科的知识、技能和思维方式，为学生建构知识体系和发展能力提供了平台。

综合实践活动课程的内容设计上要体现两个要求：一是设计综合性主题视角不能太小，活动主题应避免聚焦知识体系，要使其具有一定的开放性与包容性，可以帮助学生获得多方位的启示，主题的多样性和复杂性可以方便学生从不同角度、层面思考内容；二是内容的选择与组织应具有个性化与时代性的特点，有利于学生开展跨学科整合，融合多个领域的内容，在此基础上整合设计。强化与真实世界、生活实际的联系，实现知识与情境的融合，内容的展现可以有所侧重，不追求全面。

2. 开放性

综合实践活动课程的开放性主要体现在三个方面：一是开放的目标，课程面向每个学生的综合发展，面向每个学生的个性化发展；二是开放的内容，课程内容不拘泥于书本知识、课堂与学校环境，倡导学生开展探究式的学习活动，充分利用各种资源；三是开放的过程，课程内容的组织、形式的选择提倡为学生提供适切的学习帮助和差异化的发展服务。

内容设计上首先要处理好预设和生成的关系。在设计中要预留突发性事件的活动空间，将它作为一个变量设置在活动设计中。这需要教师有开放的心态，有善于捕捉细微差异的慧眼和及时反应的机智，从课程实施的生成中发现符合课程理念的要素，围绕它进行再设计；其次是设计要着眼于学生，着眼于未来，主题的内容能涉及社会的发展和变化，主题的选择要有一定的弹性和生成性。活动计划可以逐步完善，同时，随着外部环境的变化，要适当地调整、改变内容，为活动预留空间。

3. 真实性

综合实践活动课程的真实性首先体现在它是一门"源于生活、发现生活、服务生活"的课程，重视学生的直接经验，从学生的真实生活和个体实际出发，鼓励学生从生活中发现问题。其次体现在它强调在问题情境中发展能力，关注学习任务与现实生活的有机联系，促使学生将书本知识与生活经验联系起来、将学科学习与解决问题联系起来、将学校课堂与社会联系起来。

内容设计上首先要聚焦生活各领域，设计的主题要关注学科教育不太关注的家务劳动、职业指导等，将家庭、社区等学生成长的环境作为学习场所，促进学生在与环境的互动中不断成长。其次，活动主题要能促进学生思考并解决现实生活中遇到的问题，吸引学生主动参与、积极思考。再次,活动设计要符合学生的年龄特征,遵循学生可持续发展的要求,根据不同年龄阶段的学生成长需要,循序渐进。

4. 实践性

行是知之始,知是行之成。综合实践活动课程的实践性特征体现:一是有助于实现知行合一,即发展学生发现问题、分析判断、概括迁移等能力;二是有助于学生在实践中不断加深对现实世界和个体生活的认识与理解,帮助学生经过深度思考,形成整体概念,发展认知能力,从而提高学生融入社会、适应社会的综合能力。

活动设计要注重实践方式,将各种活动的实践要素体现出来。倡导学生通过考察探究、社会服务、设计制作、职业体验等方式"动手做""反思""实验",在活动中发现、分析和解决问题。活动设计要与学科知识的综合运用联系,以用促学,它与学科学习并不对立,而是互相促进的。学生经历了实践活动后,能够用所学知识指导自身实践,也能从活动中发现自身知识结构的不完善,激发学生进一步学习的愿望与动力,从而实现知行合一。

二、课程内容的开发路径

与学科课程相比,综合实践活动课程的最大特点是没有国家出版的正式教材,学校实施综合实践活动课程遇到的首要难题就是课程内容从哪里来的问题。《指导纲要》提出学校和教师要基于学生发展的实际需求,设计活动主题和具体内容,并选择相应的活动方式。学校成为综合实践活动课程内容开发的主体,这对基层学校来说无疑是一项挑战。在对学校综合实践活动课程内容进行总体规划设计时,主要从以下几个方面思考:

第一,总体设计要考虑学生的素养培育,对接课程目标。综合实践活动课程的内容设计要尽量考虑学生全面发展的需要,不能仅仅考虑学校课程资源的优势。

第二,从学校实际出发。我们要从学校已有的优势项目、物资设施、教师能力特长、社区资源等方面出发,充分考虑课程受到诸多限制的现实,能够用切实的行动来落实这些设计。

第三,要有机整合学校的各类活动课程。学校的活动课程很多,比如科技创新活动、学校社团活动等,在规划设计的时候,可以有机整合学校的活动类课程,既可以形成教育合力,又可以减轻师生负担。

第四,总体规划设计与动态生成相结合。规划使未来更好地生成,在进行课程内容设计时,要给学生和教师动态生成课程的内容留有空间。

基于以上思考,我们从四种途径进行校本综合实践活动课程内容的开发与设计。

1. 学校传统活动的课程化设计

综合实践活动课程并非无本之木,它是对学校以往各项活动经验的继承与发展。学校的传统活动如班团队活动、专题教育活动、社会实践活动、艺术节活动、科技节活动等根植于学校,在长期的运作中,无论从活动内容还是组织形式上都为综合实践活动课程的实施积累了经验。但同时,某些传统活动可能存在碎片化、形式化和浅表化倾向,育人效果不及预期。为此,我们可以运用综合活动课程的理念对学校传统活动进行改造,通过聚焦主题、重构内容、提升活动深度,重视学生的主动参与,引导学生观察生活、手脑并用、持续探究,对活动进行评价反思和完善等,使学校的传统活动整合成为综合实践活动课程内容。

例如,"爱心义卖"是我校每年开展的传统迎新活动,学生捐赠物品在校内开展爱心义卖,学校将所筹得的款项捐赠给启星学校关爱特殊儿童。我们通过改造将这一传统活动升级为"青宁"公益志愿活动课程(见表 2-2)。

表 2-2 "青宁"公益志愿活动课程

课程目标	培养青少年"责任担当",增强学生服务他人、服务社会的意识和情怀,帮助学生理解并践行社会公德,成为负责任的现代公民
课程内容	1. 关爱服务计划:针对残障人士、社会弱势群体以及流浪动物等对象提供服务活动 2. 环保达人:学生展开的以绿色生活、低碳环保为主题的服务 3. 校园公益:学生以各类校园活动为基础,以志愿者身份投身活动策划及现场秩序维护,如策划组织英文版爱心义卖等
课程实施	在 6—9 年级开展,采用线上线下结合的形式多元化地让更多的学生参与到"青宁"公益志愿活动系列活动课程中。活动方式可以以小组合作形式,也可以个人单独进行。小组合作范围可以从班级内部,逐步走向跨班级、跨年级、跨学校或跨区域等。教师根据实际情况灵活运用各种组织方式,为学生提供亲身经历与现场体验的机会,使学生在参与社会公益志愿服务活动过程中既有独立思考的空间,又充分发挥合作学习的优势
课程评价	为每一位参与活动的学生建立"青宁"公益志愿活动档案袋。其中做好写实记录,包括活动主题、持续时间、所担任的角色、任务分工完成情况等。及时填写活动记录单,并收集相关事实材料,如活动现场照片、作品、经验总结、实践单位证明等

虽然并不是每一项传统活动都能改造发展成比较规范的课程形态,但是学校的各项活动可以用来丰富综合实践活动主题的内容,同时也为各类活动的课程化提供平台。与学校各项活动整合设计主题,成为解决综合实践活动课程继承与发展问题的有效策略,在实践探索中我们运用了以下几种方法:一是可以直接将学校的各类活动作为主题,在内容与组织形式上进行改造发展;二是将全校性的活动分解成各班、各组的主题任务;三是将学校各类德育及传统活动作为主题设计中的一个部分;四是从学校组织的各项活动中延伸出主题设计。传统活动的课程化改造不仅有利于避免学生活动的频繁、肤浅和低效,有利于培养学生的综合素质,还可以减轻学校和教师的负担,我校传统活动的改造示例见表2-3。

表2-3 我校传统活动的改造示例

学校传统活动	综合实践活动课程主题
春游、秋游	带着课题去春游(秋游)
班团队活动	环保小卫士、弘扬传统文化、关爱孤寡老人、节约粮食、拒绝浪费
节日活动	策划年夜饭、设计我们的节日、传统节日研究
科技节活动	智能改善生活、新颖的发明、奇妙的材料、超级跑鞋制作、头脑OM
安全教育活动	地震综合课程、交通安全伴我行、城市火灾与人类活动
社会实践活动	"城市·成长"综合实践活动课程、"青宁"公益志愿活动课程

2. 城市特色资源的课程化开发

综合实践活动课程要面向学生完整的生活世界,引导学生把自己成长的环境作为学习场所。学生生活在城市中,城市的自然环境和社会环境对学生的发展有着深刻的影响,城市的历史传统、文化底蕴、时代风貌与发展特征具有重要的教育价值,学生与城市的深度互动是促进学生更好成长的动力与引擎。在综合实践活动课程开发中,我们以不同城市的特色资源为依托,以教育性、实践性、开放性、综合性为原则设计活动主题或模块,再分别确立各主题或模块的活动内容,形成了"城市·成长"综合实践活动课程。"城市·成长"课程的主题设计与生成基本采用了以下方法。

首先,分析城市特点与发展状况,从城市的发展历史、文化设施、地理环境、人口素质特征、教育场馆等方面系统分析,借此发现该城市活动主题的区域性特征。初步确定可以开发利用的课程资源,并确保资源的可获得性。

其次，考虑学生的需求以及主题对学生的价值。教师采用问卷调查、访谈调查、头脑风暴等多种形式去了解学生关心什么，对什么感兴趣，为学生提供丰富多彩的、有益于其个性发展的选择性内容。在初步确定主题后，教师同伴还需要以"提问"的方式澄清主题的价值，例如，这些主题是否贴近学生的现实生活？是否符合学生现阶段的认知能力？通过这个主题的学习学生能够获得什么？是否指向学生的素养培育目标？等等。

接下来，师生需要通过共同协商，并综合考虑各因素来确定主题。尤为重要的是，教师开发小组要从整体考虑主题的价值、主题的可操作性和可行性、主题学习中知识的迁移与运用程度、学校课内学习与课外实践活动的结合点等，最终形成活动主题。

最后，主题的调整与完善。综合实践活动具有显著的"生成性"特征，强调学生与具体情境的交互，具有一定的"可变性"，要求教师在课程实施过程中根据学生的发展表现和需求，灵活地对主题设计进行调整、优化和完善。

下面，以我校的 IBUS 课程为例来呈现主题设计的具体过程与方法。

【案例 2-1】 IBUS 课程主题设计

"一座城市有一座城市的品格。上海背靠长江水，面向太平洋，长期领中国开放风气之先。开放、创新、包容已成为上海最鲜明的品格。这种品格是新时代中国发展进步的生动写照。"习近平总书记在首届中国国际进口博览会开幕式上的这一番讲话，既是对上海城市品格的现代表达，也贴切反映了改革开放以来广大民众日用而不知的自我意识。作为土生土长的上海人，学生对上海城市品格的认识与感受又有多少呢？我们借助什么样的媒介和载体来让学生更好地感知上海城市的历史、地理、文化？如何激发学生热爱上海、建设上海的责任意识？通过什么样的内容和方式来培养学生的实践与创新能力？在对这些问题的追寻与思考中，我们发现，公共交通是城市日常出行的主要方式，与市民生活息息相关，与城市运行和经济发展密不可分。从我校门口经过的 24 路公交车就是认识上海的一个很好的窗口，经过实践，IBUS 课程诞生了。

"IBUS"一词是由"我(I)""巴士(Bus)"两个英文单词组成，意为"我乘巴士""我爱巴士"，但更深层次上，"IBUS"一词隐含着我们对这一课程的理解与定位，"IBUS"由"我(I)""借助、通过(By)""使用(Use)""学科(Subject)"四个英文单词的首字母组成，寓意学生通过借助资源，应用工具和多种学习方式开展学科整合学习。

IBUS 课程由四大构成要素：

（1）主体参与。IBUS课程坚持"以儿童为中心"的价值理念,让学生成为课程的主体。从学生的真实生活和发展需要出发,设计以学生为中心的活动内容,促使学生在自主选择、主动参与和深刻体验中实现个性化学习。

（2）资源地图。从人文、历史、建筑、社会发展等要素入手,挖掘上海城市特色资源,形成以上海24路公交线路为索引的资源地图,为学生开展探究活动提供充足的资源和开放性空间。

（3）学习方式。IBUS课程强调学生乐于探究、勤于动手和勇于实践,注重学生在实践性学习活动中的体验与获得,超越单一的接受学习,综合开展主题式项目学习、参与式体验学习、研学式行走学习,实现多种学习方式的综合运用。

（4）学科整合。来源于现实生活的问题是一种多学科交叉问题,在IBUS课程学习过程中,面对现实生活中的问题,学生需要综合运用多种学科知识来理解和分析,在实践活动中实现知识的整合和建构、拓展和加深。

3. 由学生感兴趣的问题生成主题

综合实践活动课程强调学生的主体参与,尊重和倾听学生的声音,鼓励他们提出真实世界中的问题,让学生成为活动主题的主要设计者、实施者和组织者,对课程目标的达成至关重要。因此,在课题研究中,我们重视为学生创设安全的提问环境,引导学生基于自己身边、日常的真实问题来生成项目,开展深度探究,形成学习成果。

例如,在奇思创客课程中"智能改善生活"主题是这样产生的:老师首先提出驱动性问题"生活中,我们会观察到很多不便的地方,如何运用所学的知识去改进这些问题,怎样的设计才是好用的设计呢?"在这一问题的引导下,学生通过一段时间的观察,提出了许多有趣的问题,例如:

> ➤ 我的太奶奶患有听力障碍,家人常常担心她在生活中遇到危险而不自知,能否有一个提醒危险的报警装置,帮助老人防患于未然?
> ➤ 我小姨最近在给孩子调奶粉时遇到了难题,冲泡奶粉的温度太难掌控了,会给喂养带来麻烦,能不能设计一种能实时反映即时温度的奶瓶呢?
> ➤ 雨天带着滴水的雨伞进入室内场所的时候,会弄湿自己或他人的衣物,也会造成地面湿滑,有使人滑倒的危险隐患,能不能设计出一种雨伞脱水装置?

> 在我们身边切菜伤手的事情时有发生,轻则疼痛流血,重则影响手的功能。有没有很好的方法来预防切菜伤手事件的发生?
> 在家里我总是能听到爷爷奶奶的自我疑问:"我今天有没有吃过药啊?"能否设计一款带有老年人忘记吃药提示装置的药瓶,来帮助爷爷奶奶解决这个小烦恼呢?
> ……

面对学生提出的各种各样的问题,老师引导学生进一步思考:"我提出的问题是什么?关于这个问题我的假设是什么?"通过班级成员头脑风暴、开展问卷调查、进行发展现状分析等来遴选哪些问题是值得探索的问题,最后形成了"一种根据温度变色进行提醒的奶瓶""防伤手菜刀设计""针对老年人忘记吃药的旋转星期瓶盖""商场雨伞旋转脱水装置"等子研究项目。学生在教师指导下进行探究性实践,解决项目问题。

学生对自己提出的原始问题具有很浓的兴趣,这是驱动学生开展探究的动力源泉,但是,在现实中并不是学生提出的所有问题都能直接成为主题。学生提出的问题,往往是"原始状态"的问题,表现出多、杂、乱、不成系统的特点,有些问题过于深奥或不具备研究的条件,有些问题又过于浅显不具备研究的价值。此时,教师需要引导学生理清问题间的关系,发现问题的实质,将提出的问题进行整理、筛选、归纳,转化为活动主题。

4. 跨学科活动的优化与拓展

上海二期课改后,各学科的教学内容相继推陈出新,知识面广,信息量大成了新教材的一大特色。在教学的过程中,教师也发现,其实各科教学内容本身就是一个综合性的整体,它们之间相互影响、相互渗透、相互联系。学生对某一知识体系的学习单靠某一门学科是难以完成的,这就需要其他相关学科的支持与配合,从不同的角度去探究解决问题的对策。基于此,多年来,我们坚持开展跨学科统整活动,整合课程促使学生有意义学习,即围绕某一主题从各学科的视角设计并开展一系列的综合实践活动和项目学习,将已经学过的或正在学习的学科知识融合在具体的情景中,将高度统一的国家课程与学生需求相结合,提高课程对学生发展的适应度。

在综合实践活动课程理念的引领下,我们对这些跨学科活动进行优化设计,拓展成为跨学科项目学习,让学生围绕复杂的、来自真实情境的、具有一定挑战性的项目主题,在精心设计任务与活动的基础上,进行较长时间的开放性探究,最终建构起知识的意义和提高自身能力。"沿着24路看上海"就是我校综合实践活动课程中开展跨学科项目学习的典型案例。

上海市24路公交沿线景点具有浓厚的历史情怀与人文积淀，见证了上海市这座城市从老城厢到繁华都市的历史变迁，是探寻上海"城市发展梦"的良好载体。我校依托学校的资源和区位优势，在中小学段分别开展了"沿着24路看上海"跨学科项目学习。学生自主选定项目学习主题、组建小组、拟定计划、学习实践、制作作品和成果运用，在充分讨论、亲身实践，合作完成任务过程中实现知识的整合和建构、拓展和加深，以及综合素养的提升。

表2-4 "沿着24路看上海"跨学科项目学习活动安排

项目学习主题	活动地点	支撑学科	学生主持人	指导教师
"尘烟故梦　心静为安"	张爱玲故居	历史、英语	钱新宇	张老师
"足尖上的上海"	哈同花园	地理	陈维新	杭老师
"陆具岭涧洞壑之胜，水极岛滩梁渡之趣"	豫园	语文、历史	姚佳怡	冯老师
"城市印记"	陕西北路	综合	林鸿轩	张老师
"感受伟人"	周恩来故居	道德与法治、历史	李沁怡	朱老师

根据活动主题所涉及的学科组建教师团队，挖掘各科教材中与24路沿线各类资源相应的知识点，将各门学科中与主题相联系的内容抽取出来，设计《"沿着24路看上海"跨学科项目学习探究活动一览表》。通过多学科的统整，拓展学生的学习平台，构建起丰富多彩的、满足学生需求和兴趣的、有益于其个性发展的可自由选择的内容，让学生在亲身实践中获得最好的理解和整体的学习。

表2-5 "沿着24路看上海"初中段跨学科项目学习探究活动一览表

活动地点	支撑学科	活动内容	活动实施
张爱玲故居	历史、英语	1. 了解张爱玲的生平 2. 知道张爱玲的文学历程 3. 实地感受故居闹中取静的环境氛围 4. 明白个人的发展与社会发展的关系	1. 小组成员乘坐24路公交车到张爱玲故居门口集合 2. 根据事先确定的考察内容，确定考察张爱玲故居的内容，找寻历史遗迹，感受故居闹中取静的环境氛围 3. 按照约定时间集合，交流心得体会。解决仍未解决的问题

续　表

活动地点	支撑学科	活动内容	活动实施
哈同花园	地理	1. 了解哈同先生的生平 2. 知道从哈同花园到上海展览馆的历史演变历程。感受哈同花园悠久的历史与变迁，认知社会的进步，感受社会发展的韵律 3. 了解哈同花园在当时所产生的影响 4. 以哈同花园为例，结合地理教材中社会区域经济发展所需要的条件，拓展和深化相关地理课程知识，体会地理课程的魅力 5. 通过对哈同花园的了解，衍生出同学个人的学术小课题	1. 小组成员乘坐24路公交车到上海展览馆门口集合 2. 根据事先确定的考察内容，确定考察上海展览馆内容，找寻哈同花园的遗迹，并与有历史价值的特色建筑拍照留念 3. 按照约定时间集合，交流心得体会。解决仍未解决的问题
豫园	语文、历史	1. 以豫园为契机，品味豫园建筑，从建筑的横向坐标中感受：南方的园林式建筑和北方以故宫为代表的宫廷皇家建筑的区别 2. 用各种设备摄录下豫园六大景区的独特之处 3. 观赏豫园镇园之宝：玉华堂前的石峰——玉玲珑，被誉为江南三大名石之首，欣赏其"皱、漏、瘦、透"之美 4. 豫园现今的商业布局，从历史的纵向坐标中探微明万历五年到清嘉庆、道光年间，再从鸦片战争到1949年前后的历史变迁，感受上海的"海上文化"	1. 通过网络上寻找资料了解上海豫园的来历 2. 阅读潘允端《豫园记》相关文字，初步了解潘允端其人、建造豫园的始末 3. 豫园"陆具岭涧洞壑之胜，水极岛滩梁渡之趣"可分成六大景区，每个景区都有其独特的景色，例如豫园假山：以武康黄石叠成，出自江南著名的叠山家张南阳之手，享有"江南假山之冠"美誉
陕西北路	综合	1. 亲自走一走陕西北路（新闸路到北京西路段） 2. 参观上海老建筑，感受老建筑的风采 3. 选择性地拍照，留下影像资料	1. 学生乘坐24路公交车到陕西北路北京西路 2. 亲自走一走陕西北路（新闸路到北京西路段），感受上海老建筑的风采 3. 选择性地拍照，留下影像资料
周恩来故居	道德与法治、历史	1. 了解周恩来先生的生平 2. 知道周公馆的历史演变 3. 树立"为中华之崛起而读书"的决心	1. 小组成员乘坐24路公交车到孙中山故居纪念馆门口集合 2. 根据事先确定的考察内容，带着问题走进馆内，找寻伟人的足迹，学习相关知识 3. 约定时间交流彼此的心得体会，联系实际，说说"为中华之崛起而读书"的实际行动，并写下来

这种打破学科界限、将与生活有关的问题或事物作为组织教材的中心,将有关教学内容与学生生活的知识和技能融合成一个项目进行学习的方式,使学习得以真实地发生。学生将思维、知识、行动、文字和情感表达等有机结合在一起,在完成真实任务的过程中进行有意义的、综合性的深度学习。

三、课程内容的组织步骤

综合实践活动的主题、模块内容聚焦于单一学科不能解决的复杂问题,这就要求主题、模块的设计者尽可能地考虑到与实践问题相关的潜在学科及学科中的知识、能力具体是哪些,通过课程内容的安排和实施环节的设计,使学科与主题、模块之间构成关联,从而实现学科之间的融合。

培养学生关键能力提倡学生从不同学科的角度研究同一问题(主题),提升学生对知识的综合运用能力。让学生在对问题的不断探究、论证中积累经验,经验又转化为适应社会的能力,也实现了素养培育要求与主题、现象模块实施之间的关联。

为实现这两个关联,在江宁学校实践中将主题、现象模块内容的设计分解为以下环节(如图2-4所示),我们称之为:"一确立、两对应、三环节、六步骤"。

环节一 主题的确立 → 环节二 主题模块内容与学科知识、能力的对应 → 环节三 主题模块与素养要求的对应

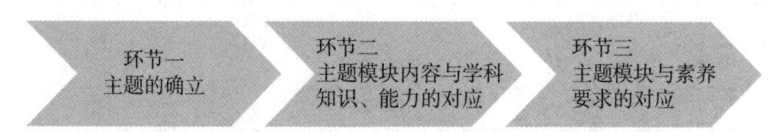

图2-4　江宁学校课程主题内容设计环节

1. 环节一:主题的确立

步骤一:选择并明确主题模块的教育价值与培育目标

跨学科的现象一般集中在与人类生活密切相关的领域,如环境、生态、营养、生命等。选择这些现象的主要目的不在于让学生解决当前人类所面临的与生存发展密切相关的问题,而是使学生在探索解决现象后面问题的过程中能够积累经验、拓展视野、发展能力。因此选择的现象及其体现的主题要尽可能贴近学生生活,有生活场景,强调学生通过与学习环境互动建构知识体系,减少死记硬背。

教师选择现象的过程也是明确课程价值与培养目标的过程,因此要考虑以下关键问

题：(1)现象、主题模块的主要观点对于学生的思维和发展学生认识世界的方式有多大的价值；(2)各学科课程教师是否认同模块涉及的各学科中的重要概念；(3)把概念集中起来教学比分科教学好在哪里；(4)该模块对发展学生多样的认知方式和个体的全面发展有什么帮助。

以江宁学校"头脑OM"课程为例，对其具体内容进行分析：模块主要涉及工程、技术、艺术与科学四个领域，由三个学科的三位教师分多个阶段主持，一个周期的跨度为一年。模块主要内容涉及车辆、建筑、旅游、戏剧、广告、金融、环保等学科或专业。强调在生活情境中解决问题，关注学习与生活的有机联系，促使学生将书本知识与生活经验联系起来、将学科学习与解决问题联系起来、将学校课堂与社会联系起来。

模块价值及育人目标：一是动手与动脑相结合、学习内容与已有经验的结合、书本知识学习与社会实践的结合、理解自然与解决问题的结合，把所学的各学科知识与身临其境的、具有任务驱动的、和个体生活相关的问题结合，通过问题的解决帮助学生获得对创造性思维的基本理解和具体体验；二是科学与艺术相结合，通过学生自己给解题方案确定一个主题，并进行幽默的、创造性的艺术表演，对学生的表演及展示的作品评价要加入审美方面的要求，促进学生作品的艺术性和美感的提升；三是科学精神与人文精神，通过活动开发学生创造力，着重培养学生两种精神：即创新精神(鼓励与众不同)和团队精神(鼓励团队合作、共同努力)，同时培养学生学会思考科技与社会的关系，能用科技解决社会问题。

2. 环节二：主题模块内容与学科知识、能力的对应

跨学科所打破的是对各门学科联系的阻断，它的目标是基于对不同学科壁垒的突破而实现的多学科交融，而学科依然是跨学科与学科二者关系中的根基，学科与跨学科在知识层面的最大区别在于分散性知识及整合性知识。因此，模块内容设计应该将各相关学科整合在一起，强调对知识的应用和对学科融合的关注，即使用"整合的课程设计模式"。

步骤二：将主题与课程标准对照

跨学科的现象、主题模块不是随意开设的，必须符合学校的培养目标和教育基本原则。因此教师要仔细研读课程标准，寻找主要学科领域与涉及目标所需的技能和知识的交叉领域，了解它们的分布、序列和逻辑关系，寻找各学科知识体系和能力发展目标之间重合、交叉、相关的部分。如表2-6所示，学校教师将垃圾分类主题与相关学科的课程标准作了对照。

表 2-6　江宁学校"垃圾分类"主题与相关学科的课程标准对照表①

学科	核心知识	课程标准要求
科学	能源	认识人类利用和开发新能源的途径与前景;评价新能源的开发对自然环境及社会发展的影响
	水质污染	了解水质污染的知识;通过合理分析观察到的现象,推断造成水质污染的原因;关注水质污染问题,积极参与保护水资源、改善水质污染的活动
	空气污染	了解空气污染源的种类;关注空气污染对人体健康的影响;具有防治空气污染的意识
	废弃材料和材料开发	关注废弃材料所带来的环境问题;了解有关可降解塑料和天然复合材料等新材料的知识;乐于参加防止废弃物污染环境的活动
	人与环境的可持续发展	认识人类过度利用自然资源对环境的影响;人类生产活动的影响;可持续发展的环境对人类行为的要求;了解环境保护意义及一些相关的科学技术;养成保护环境的责任感和行为习惯
生命科学	城市生态	知道上海市城市垃圾的主要分类;了解上海市城市垃圾处理方法
化学	空气与水	知道空气污染的主要原因与防治措施;知道水被污染的原因及过滤、吸附、消毒等净化方法
	碳及其氧化物	知道二氧化碳的主要用途;知道二氧化碳是引起温室效应的主要物质
地理	资源开发与保护;环境污染与治理	搜集资源、环境、发展等问题的有关资料,进行相应的主题活动;利用网络进行跨班级、跨学校、跨地区的讨论,议一议当年世界环境日的主题
	环境问题与环境保护	以某一环境问题为对象,开展实践活动;运用互联网和各种媒体,搜集我国环境污染及治理的事实材料
	环境及卫生	围绕"社会或村镇地理"这一主题,选择人口、环境、道路、交通、工业、农业、商贸、文教、卫生、旅游等专题,开展社会调查,写出调查报告进行交流

---

① 本表中"垃圾分类"主题对照的课程标准为 2022 年新课程标准颁布之前的版本。

步骤三:搭建知识网络

根据跨学科的主题、现象的核心概念可以搭建起一个知识网络图,首先把核心概念,如垃圾分类,置于网络图的中心;其次,围绕此核心概念将相关的每一门学科及涉及的知识排列并与概念相连;最后,教师按照网络图开展课堂教学,通过学习活动使学生发现并理解每一门学科与核心概念有着密切而多样的联系。

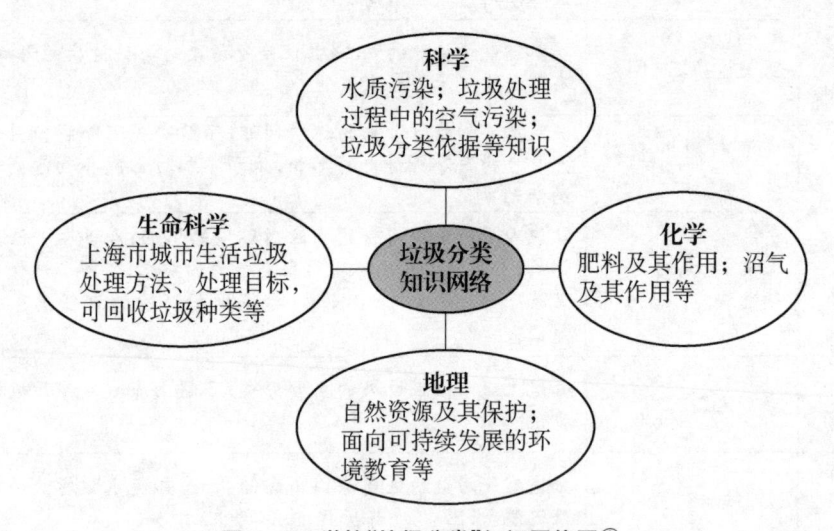

```
                    科学
          水质污染;垃圾处理
          过程中的空气污染;
          垃圾分类依据等知识

   生命科学                              化学
  上海市城市生活垃圾      垃圾分类        肥料及其作用;沼气
  处理方法、处理目标,    知识网络         及其作用等
  可回收垃圾种类等

                    地理
          自然资源及其保护;
          面向可持续发展的环
          境教育等
```

图 2-5　学校"垃圾分类"知识网络图①

步骤四:提出和阐述实质性问题

模块课程学习的关键是实质性问题,即指教师认为学生应该掌握的、要予以评价的与知识相关的问题。实质性问题将学科进行了关联和贯通,学生可以从不同的课程内容学习中多视角地反复认知同一概念。实质性问题帮助学生发现与知识网络相连的各具体学科间的共通之处,从而使他们对主题和核心概念的理解更加深刻。我校的"垃圾分类"模块,经教师和学生共同讨论、梳理出本主题的实质性问题——人类与自然是如何共处的(如表2-7所示),从而将各学科知识关联。

---

① 本图中"垃圾分类"的相关学科知识根据 2022 年新课标之前的教材内容梳理。

表 2-7 江宁学校"垃圾分类"主题下的实质性问题

实质性问题	学科	与主题相关的本学科知识梳理	共同的核心知识与问题
人类与自然是如何共处的	科学	水质污染源——城市生活污水排入河流和海洋、生活垃圾漂浮河面、海面;水质污染破坏生态环境、威胁生命安全、造成经济损失。垃圾处理过程排放空气污染物,空气污染对健康生活的严峻挑战。垃圾分类中依据的物质分类知识	人类与自然的相处方式是不同的;不同人群从自身利益角度选择共处方式并产生不同结果;推动人类与自然和谐相处的关键是保护环境
	生命科学	上海市城市生活垃圾处理方法;上海市城市生活垃圾处理目标;可回收垃圾的种类	
	地理	环境污染的现状及治理	
	化学	肥料及其作用;沼气及其作用	

步骤五:确定活动计划、设计活动形式

课程活动计划的确定涉及课程实施各要素的安排,如时间、空间、人、财力等,具体包括以下内容:(1)课程实施要用多少时间;(2)用于各学科教师共同制订活动计划、教学方案以及问题探讨的时间分别要用多少;(3)跨学科学习适用的学习方式有哪些;(4)可以咨询或帮助教师及学生的专家、机构、组织有哪些;(5)跨学科学习需要用的物质资源和学习环境;(6)实施跨学科学习的经费预算等。

学生学习活动形式的设计涉及学生学习的各环节的安排,如调查、考察、演讲、实验、制作、研讨等,具体包括以下内容:(1)深入社会的考察;(2)通过互联网寻找相关信息或数据等;(3)各类实验室里面观察以及动手操作,理解相关知识;(4)学习统计方法并运算;(5)寻找有关资料,选择典型案例,仔细阅读并从不同角度公开讨论、辨析;(6)设计改进的方案,制作模拟成品。

3. 环节三:主题模块与素养要求的对应

步骤六:设计评价关键要素与评价方式

课程内容的设计包含评价的设计,它使教师和学生明确现象、主题的价值和素养发展目标。由于综合实践活动课程既是一种综合性教育,也是一种发展性教育,因此不能单一采用结果性评价,而要结合过程性评价和发展性评价,发挥评价完善学生学的习惯、学的方法的作用。评价分为对学生发展和对课程本身两种评价。

对学生发展的评价旨在评估三个方面:一是跨学科问题涉及的相关知识;二是具体的学

科知识（数学、自然科学、语言、艺术等）；三是学习态度、学习过程与方式。测评需要考虑以下几个问题：本课程是如何影响学生获取并掌握知识的，主要表现在哪些方面？本课程是如何影响学生素养发展的行为、态度的，主要表现在哪些方面？不能将综合实践活动课程直接与学生短期的学业成绩挂钩评价，而是要通过学生在课程结束后的后续反馈、自我评估，以及教师对学生在课程中知识、态度、行为的前后改变进行科学分析，评价关注的是课程对学生的长期影响。

对课程本身的评价关键在于影响综合实践活动课程的选择、完善和发展，以下三个方面是评价的关键：一是这个模块所涉及的学科或领域必须超过两门及以上，组成模块的核心可以是主题的、概念的或问题为中心的；二是已设置的模块是否会被现有学科课程或学科实践活动课程替代；三是已设置的模块在实施中是否切实可操作。

第三节　活动主题的设计

综合实践活动课程是为学生设计的一段学习旅程，设计起点——活动或者任务是"不清晰的""开放的"，活动主题是可选择的，涉及的知识范围和顺序可根据师生合作制定的主题或探究的问题而定，知识作为组成主题和问题的资源也丰富多样，跨越了学科界限。因而作为课程内容的基础层级——主题的设计尤为关键。

为了实现学校对综合实践活动课程内容的统筹规划，同时，又赋予学生选择活动主题的权利，我校采用"大主题"规划，"小主题"生成的主题设计方式，"大主题"即学校整体规划的综合实践活动课程内容中预设的主题，以此保证学生具有共同的活动基础；"小主题"即在学校整体规划预设的主题下，课中生成、确定的各学生小组的活动主题，确保留给学生自主选择和生成自己的活动主题的空间。

《指导纲要》推荐了152个活动主题，对每个活动主题都作了简要说明，给全国中小学提供示例，学校可以从中选择适合的专题，也可以自定其他学习主题。基于主题的课题内容选择和组织虽然不一定具有较强的逻辑关系或价值关系，但也并非是"拼盘式"或者"大杂烩"的组织，需要对综合课程的主题进行选择与设计。主题的选择和设计是一项持续进行的工作，可以有多种方法：递进式、综合式和探究式，等等。为了保持课程相对完整的科学体系和聚焦核心的持续连贯，不论用什么方法去设计，课程的内容都需要有一条或明或暗的主干线贯穿其中，而主题就是主干线与内容能保持连接的关键点。

● 递进式

引导学生将课程主题的范围不断缩小，逐步确定自己所要真正具体学习和研究的内容。学生可以围绕一个课程总主题，例如"饮食与健康"，将这一级主题展开分成若干个次主题，将总主题逐步细化为二级主题，包括：各民族饮食习惯、食物的营养价值、社区菜场的特点、中国八大菜系、食品健康与安全等，在每个二级主题下，学生可以自主生成三级主题，如"饮食习惯"二级主题下可以生发出"八大菜系的由来""南方与北方的差异""满汉全席的故事"等多个三级主题，最终选择适合自己研究的课题，体现了内容的个性化。

● 综合式

主题本身是个核心概念，它的内涵涉及方方面面，覆盖学生所学过的或者可拓展学习的各门学科知识，符合课程综合性的特点。内容组合呈现为一个有机的、跨学科的内在统一体，如在"地震"的活动主题中，内容涉及地震的发生、科学预测以及灾难防范等，这些和学生已经学过的地理、物理、生命科学等多门学科知识都有关联，虽然覆盖的学科之间不存在先后顺序和层级关系，但通过"地震"主题的课程设计可以让学生获得有关地震的多方面认识。

● 探究式

学生现实生活中会遇到各种各样的社会问题或者生活问题，这些问题可以转化设计成"案例研究"或"专题探讨"的主题，同时，随着学生探究的深入，这些主题会被分解为各社会领域或行业的问题，形成互相关联、相互影响的系统问题，在问题的层层推进中也将主题的内容串联起来。如研究"有害垃圾处理"主题，学生会涉及生物工程、环境保护、社区管理、社会治理、法律法规等系列问题，这些问题的解决方式各不相同，在此过程中能帮助学生形成系统的思维方式和综合运用知识的素养。

根据综合实践活动课程主题内涵的不同，我校的实践分以下三类：现象中心、核心概念中心及任务驱动（问题解决）中心。以学校设计并实施的"地震""垃圾分类""未来城市设计"三个课程为例，以下阐述三种主题模块的不同做法、特点以及存在的局限。

一、以现象为中心的主题设计

现象中心的课程内容着重于强调三个方面：一是对信息、数据和事实的把握，二是对活动的感受与体验，三是深层次理解现象的能力发展。它采用关联思维的方式，以某一研究现象为主题,如:地震为中心,将涉及的各学科知识技能组织融合在一起,完整设计系列活动,让学生在各类活动中灵活运用各科所学的知识加深对主题的认识,去解决简单的实际问题或教师设计的任务。实践中我们发现现象中心的设计有以下特点。

1. 现象中心的主题设计特点

(1) 围绕现象,综合实践活动的内容设计尽可能将各学科领域形成一个有机整体,综合实践课程与学科课程之间既有相对的独立性,又存在紧密的联系。在设计并实施综合实践活动过程中,教师既要避免学科化倾向,又要协同研究找到知识整合之处,关联是设计的难点。

(2) 通过地震综合课程的实施,增进了不同学科内容之间的意义联接,目的在于帮助学生形成完整的知识体系,加强对主题的全面认知,同时也拓展学生的视野,丰富学生经历和体验,培养学生合作学习、主动探究的能力。

(3) 根据学校、教师和学生的实际情况,可以将现象中心的设计细分为:同主题跨学科分别开展教学、同主题跨学科协同开展教学、同主题跨年段分别开展教学等类别。主题和活动形式的选择灵活多样,因校、因人制宜。

2. 主题生成的策略

(1) 提前规划

学期结束或学年结束时召集学校课程管理部门一起研讨下一个学期或学年的课程,根据整体的育人框架和年度的实际情况,如重要事件、节假日等,在此基础上进行主题的策划,建构整体化、系列化的活动。使学校课程脉络清晰,促进学生不断成长,也使教师的教学计划有序、目标明确,围绕教学构思做好准备。

(2) 及时生成

根据社会和学校生活的热点、难点,学校课程管理部门共同研究、策划,将热点变成主题、将难点变成问题,联系学科内容和学生的基础设计成课程内容,使主题不显得空洞无力,不脱离学生生活,也使教学受到学生欢迎,让学生在观察社会、体验生活、探究问题的过程中,提高了认识。

(3) 开展调研

在对课程主题进行筛选和设计前,可以针对教师和学生,特别是学生开展课程需求调研,帮助课程管理者和教师了解课程的时代需求和学生兴趣,针对性地选择、设计相关主题,使得课程的内容紧扣时代脉搏、贴近学生思想实际和学习兴趣,有助于提高课程的实效性。

3. 现象中心的主题设计的局限

(1) 对深度思维关注较少,对理论性思维的培养与发展不够。把特定的现象——课程主题作为手段,在学习的过程中帮助学生发现一般性的理论,并用此理论迁移,去理解、解释其他现象的做法欠缺。

(2) 现象中心的学科关联缺乏一个核心概念或实质性问题来聚集、合并各学科相对分散的焦点,学生虽然经历了各项活动和多样体验,但认知层次的提升却不足,学生完成任务后的学习较多停留于感知水平的意义。

4. 案例——"地震"课程的设计

(1) 课程背景

2008年5月12日的汶川地震,2010年4月14日玉树地震,2010年1月12日海地地震……当这些消息传到了校园,全校师生通过电视、报刊、网络了解到灾区人民受到的重大灾难,大家心情都非常沉重。如此大的灾情是学生从未遇到过的,在关注灾情之后老师们有了想法:我们何不因势利导,把"地震"作为课程的主题,多角度、多层次地挖掘"地震",充分体现生活即资源、生活即课程的理念? 由此,学校八年级各科教师共同携手,构建了以地震为主题,融知识、技能、思想、情感为一体的综合性课程模块。

(2) 内容设计

通过以"地震"现象为中心的多角度剖析,结合各学科知识点,教师精心筛选、设计,围绕地震这一现象形成了各自的教学内容与作业设计(如表2-8所示),期望学生对地震形成全面的认知。

表2-8　江宁学校"地震"综合课程各学科教学内容列表

科目	题目	设计目的	作业设计
语文	《地震中的父与子》	通过语言的描写,升华亲情	1. 列书目,拓展阅读地震的有关作品 2. 写慰问信
	《聊斋志异》——地震		
英语	A doctor for animals		诗歌朗诵会
数学	结合地震的数据统计与分析	体现生活中的数学理念	数学小报
物理	地震波	正确认识地震的物理原理	相关练习册

续　表

科目	题目	设计目的	作业设计
地理	中国的地震带	了解中国地震带的分布及地震预报的科学方法	制作简易的地震报警系统
	地震预报		
历史	历史上的几次大地震及影响	了解我国历史上的大地震发生时间与背景	课外拓展阅读
劳技	古代建筑的防震措施	知道我国古代建筑的防震措施	制作一个防震建筑
思品	海地地震与玉树地震后20天的比较	通过对比，体现中国人民在灾难面前的巨大力量	写一篇心得体会
	了解"5.12""4.14"地震灾情和救灾的感人事迹		
体育	灾难逃生演习	训练逃生的技术，增强自救的本领	设计在家庭、社区、公共场所等地发生地震时逃生预案
化学	地震后的实用化学	学会科学地运用化学药理知识进行	设计水的净化器
卫生	地震中如何自救和他救		
	震后防疫		
科学	地震对自然生态系统的影响	了解环保生态系统	课外观看纪录片
美术	做爱心卡、捐款箱	培养爱心与亲情	向灾区儿童邮寄慰问卡
计算机	制作防震抗灾宣传电子刊（画报）		学生根据地震图片，配以200字的感言
拓展	《蓝光闪过之后》《唐山大地震》电影赏析	多角度感受地震	写观后感
社会实践	1. 参观上海世博园E片区的远大馆	体验地震情景	
	2. 参观上海佘山地震馆	了解地震有关知识	

教师以讲座、参观、体验、小组探究等形式开展上述内容，课程实施的场所包括课堂、校园、社区、科技馆等，教师对涉及的学科内容进行有效拓展，各学科围绕课程标准的知识、技

能、情感三维目标的发展各有侧重(如图2-6所示)。

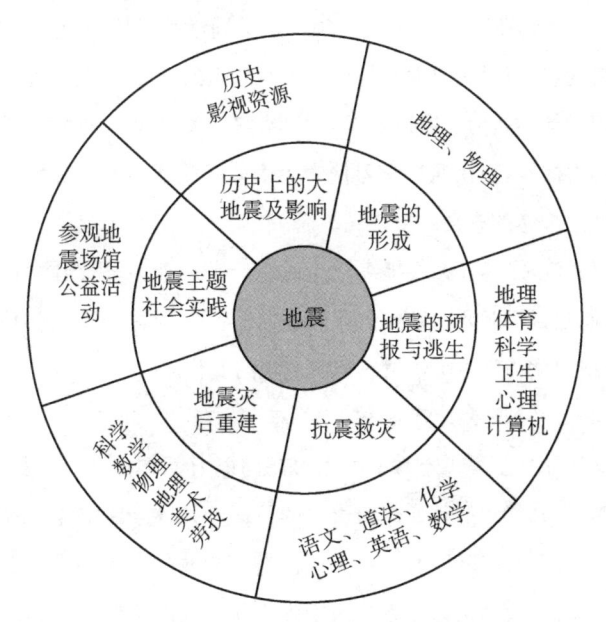

图 2-6 以现象为中心的主题设计——"地震"综合课程

二、以概念为中心的主题设计

以核心概念为中心的综合实践活动课程通过建立超越学科界限的核心概念及其表现出来的实质性问题,使主题与不同学科之间的联系更易理解和实践,它着眼于知识关联性的建构及意义的拓展,即重要的概念性或通则化的知识掌握,这种概念可以化解在各学科中被找到,也使学科彼此之间发生相应联系。为避免学习流于对广泛的"事实"或片段性"现象"的认知,要加强对核心概念的理解、把握和迁移,从而提升学生的思维层次。

1. 以概念为中心的特点

实践中我们发现概念中心的设计有以下特点:

(1)对于那些属于单一学科所特有的概念或通则,跨学科的课程单元设计就没有做的必要性了。因为,核心概念中心的课程中的概念一般而言大都具有跨学科的内涵,能将各学科的碎片式知识或各种事实联系在一起。例如"适应""社会影响""变化"

"循环"等。

（2）对于促进学生更好地理解、应用各领域中不同学科具体的、独立的知识和技能，核心概念起到了重要的组织作用，因为它是对事实性知识的学习，它是最基本的原理：核心概念中心的课程学习设计不是为了取得知识的多少，它更关心学生在发现、理解、感悟的过程中如何建立自我的主体性，强化通过学习使学生个体的生活与生命和世界发生关联，或在真实世界里找到学生个体的意义。

（3）核心概念中心的课程，关注提高学生的综合分析能力、思维能力以及价值判断能力，因此要求教师制定目标时要明确如何促进学生思想与感觉、观念与实体的连接，学习的结果如何呈现，最终内化为学生个体情感和价值观的变化。

2. 以概念为中心的主题设计策略

（1）以核心概念为中心，梳理各学科核心知识与能力要求

借助核心概念，教师能很好地实现跨学科的目标，不仅是知识内容的整合，更重要的是实现学生理解概念的深度、广度以及思维方式的转变。通过选择课程焦点聚集课程内容，并整合不同学科，同时用头脑风暴等方式组织师生从不同的角度、不同的领域对焦点展开多学科、多视角探讨，是核心概念选择的两个环节。

（2）寻找引导性问题，以确定学习范围和顺序

核心概念一般包含了以下几个方面：课程内容的概念、各学科本质、过程以及方法的概念。因此它所表现出来的基本问题，关系到如何设计、组织教学活动，如何实现预设的教学效果。概念的基本表述有利于教师和学生去理解核心概念，它有两个环节：一是找到各学科共同的核心知识与关键问题；二是比对课程目标和选择课程实施形式，寻找、组织课程资源。

（3）以跨学科大活动为载体，引导学生理解概念发展思维

围绕整体性目标设计教学活动以实施单元教学，形成课程单元学习的框架及顺序。整合不同视角的丰富活动，由各学科和各环节的不同活动组成，活动之间紧密联系，例如通过实验室和实地活动为师生提供亲身实践和调查研究的机会。活动中师生共同以团队的形式解决一系列综合问题，通过建立研究问题的模型，学生更容易掌握科学研究方法，增强对跨学科学习环境的体验，逐步提高在真实性学习环境下解决跨学科问题的能力。

（4）以适合学习者不同认知发展阶段的方式来表达核心概念

在教学中教师要循序渐进、不断拓展和深入，根据教学内容的特点以及学生的认知特

点和发展基础,可通过增加内容维度、认识深度和复杂性来反复呈现核心概念,以持续、递进的方式来促进学生的理解、迁移。围绕核心概念往往存在多个具体知识,每个具体知识需要学生理解和把握,以便更好地应用于解决问题,因此教师还要针对具体知识点开展练习。

3. 以概念为中心的主题设计的局限

(1) 核心概念和实质性问题的筛选、确定有一定的难度。用于对诸如宇宙、地球、生命等综合性主题,探索其相互联系及因果关系,用跨学科方法来研究涉及的学科、领域很广泛,对教师的专业水平和教师本身的学科视野、研究能力提出较高的要求,对目前的教师有较大的困难,需要依托外部专业力量。

(2) 以核心问题为中心的主题,以其表现出来的实质性问题为线索串起整个课程,它能整合各学科的核心知识与具体问题,能组织不同学科教师从不同学科角度去理解实质性问题,最终帮助学生形成对复杂的学科知识、问题以及诸如"信息筛选"和"研究方法"之类的概念的认知。这些课程依赖于多学科的教师团队的专业水平和合作精神,也有赖于学校课程管理的机制健全,缺乏这些课程将无法有效开展。

4. 案例——"垃圾分类"的设计

(1) 课程背景

2019年上海准备实施垃圾分类,出台了专门的管理条例以主导、规范人们的行为,其实施将打破人们以往的生活方式,在社会引起极大的反响。2018年,上海市推出了中考改革方案,提出在理化合卷中增加跨学科考核部分,对此教师们普遍感到束手无策,没有终点和方向。学校将这两件事合在一起思考,在调整2019年学校课程结构、增加跨学科综合实践活动课的安排情况下,组织教师着手设计跨学科课程,"垃圾分类"是其中的一个模块。

(2) 内容设计

学校将此课程设置在六、七、八年级,开展跨年级跨学科的分别教学和同年级跨学科的协同教学。相关学科的教师们在共同研讨和分科讨论的基础上,设计了教学内容。在此过程中,有价值的环节有两个:一是各学科的教师,如地理、科学、化学等,再集中研讨后将与主题的相关学科知识进行了梳理,形成完整的知识图谱(如表2-9所示);二是在此之后,各学科教师又聚在一起研讨,将上述的知识体系进行比照、分析、聚合,并在此基础上提炼了本主题的实质性问题,并根据实质性问题再次将各学科的关键问题及知识、技能进行梳理,形成体系(如表2-10所示)。

表 2-9　江宁学校与"垃圾分类"相关的学科课程标准梳理表[①]

主题	学科	学科核心概念	年级	学期	单元	内容表述	课程标准要求
垃圾分类	科学	能源	六	第二学期	五	节约能源及开发新能源	认识人类利用和开发新能源的途径与前景;评价新能源的开发对自然环境及社会发展的影响
		水质污染	六	第二学期	六	水质污染的原因、危害和防治;水质污染的现状与治理;改善水质,人人有责	了解水质污染的知识;通过合理分析观察到的现象,推断造成水质污染的原因;关注水质污染问题,积极参与保护水资源、改善水质污染的活动
		空气污染	六	第二学期	七	污染空气的污染源;空气污染与有关疾病	了解空气污染源的种类;关注空气污染对人体健康的影响;具有防治空气污染的意识
		废弃材料和材料开发	七	第二学期	十三	可降解的塑料;天然复合材料;新材料的应用	关注废弃材料所带来的环境问题;了解有关可降解塑料和天然复合材料等新材料的知识;乐于参加防止废弃物污染环境的活动
		人与环境的可持续发展	七	第二学期	十五	合理利用自然资源;影响现代环境变化的主要因素;全球性环境问题;环境的可持续发展对人类行为的要求	认识人类过度利用自然资源对环境造成的影响;关注人类的生产活动对环境造成的影响;认识可持续发展的环境对人类行为的要求;了解环境保护意义及一些相关的科学技术;养成保护环境的责任感和行为习惯
	生命科学	城市生态	八	第二学期	六	城市环境保护	知道上海市城市垃圾的主要分类;了解上海市城市垃圾处理方法
	化学	空气与水	九	第一学期	一	空气的组成;水的污染和净化	知道空气污染的主要原因与防治措施;知道水被污染的原因及过滤、吸附、消毒等净化方法
		碳及其氧化物	九	第一学期	二	二氧化碳的用途及其对人体和环境的影响	知道二氧化碳的主要用途;知道二氧化碳是引起温室效应的主要物质

① 本表中"垃圾分类"相关学科课标准为 2022 年新课程标准颁布之前的版本。

续　表

主题	学科	学科核心概念	年级	学期	单元	内容表述	课程标准要求
	地理	资源开发与保护；环境污染与治理	六	第二学期	四	自然资源的特点；保护和合理利用自然资源；环境污染的危害；环境污染的"肇事者"；环境污染的全球化；环境污染的防治	搜集资源、环境、发展等问题的有关资料，进行相应的主题活动；利用网络进行跨班级、跨学校、跨地区的讨论，议一议当年世界环境日的主题
		环境问题与环境保护	七	第二学期	四	城市水污染和缺水问题；大气污染和南北差异；垃圾数量能不断增加；城市环境治理初见成效	以某一环境问题为对象，开展实践活动；运用互联网和各种媒体，搜集我国环境污染及治理的事实材料
		环境及卫生				上海市、区（县）乡土地理的环境专题	围绕"社会或村镇地理"这一主题，选择人口、环境、道路、交通、工业、农业、商贸、文教、卫生、旅游等专题，开展社会调查，写出相关调查报告进行交流

表 2-10　江宁学校"垃圾分类"跨学科实质性问题①

实质性问题	学科	与主题相关的本学科知识梳理	共同的核心知识与关键问题
人类与自然是如何共处的	科学	水质污染源——城市生活污水排入河流和海洋、生活垃圾漂浮河面、海面；水质污染破坏生态环境、威胁生命安全、造成经济损失。垃圾处理过程排放空气污染物，空气污染对健康生活的严峻挑战。垃圾分类中依据的物质分类知识	人类与自然的相处方式是不同的；不同人群从自身利益角度选择共处方式并产生不同结果；推动人类与自然和谐相处的关键是保护环境
	生命科学	上海市城市生活垃圾处理方法；上海市城市生活垃圾处理目标；可回收垃圾的种类	
	地理	环境污染的现状及治理	
	化学	肥料及其作用；沼气及其作用	

---

① 本表中"垃圾分类"相关学科知识为2022新课程颁布之前的教材内容。

三、以问题解决为中心的主题设计

学生在解决问题当中,可以发展独立判断的能力。以问题解决为中心的课程目标指向的是创设学生参与解决实际问题的机会和情景,使学生在活动中培育参与社会的兴趣与能力,发展独立思维能力,并形成社会责任感。

1. 以问题解决为中心的主题设计特点

(1) 以问题解决为中心的课程是指学生通过项目化学习的方式解决具体问题,在完成项目任务的过程中发展综合能力。课程的目标、内容组织、评价要点及形式安排体现项目化学习的特点。

(2) 以问题解决为中心的课程中的项目是载体,完成能力培养目标是课程的价值取向,课程强调培养学生在试图解决问题的过程中发展相应的方法和能力,包括如何收集、筛选信息、如何梳理相关知识,如何规划任务完成计划,如何加强过程控制和及时调整方案,如何加强成员沟通与合作等。

(3) 以问题解决为中心的课程要建立由学生自评、同学互评、教师评价等多元主体组成的,与包括学习单(如手绘图、学习过程记录、心得、团队任务分工、任务解决方案等)、研究报告(文本)、作品、记录学生研究过程的视频(包含设计、制作、交流、展示、团队协作等)等一起形成的证据充分、真实可信的评价体系。

2. 以问题解决为中心的主题设计策略

(1) 选择与学生的实际能力相适应的项目

教师要根据学生的学习生活状况来确定驱动性问题,这样才能激发学生的学习积极性。首先,教师要认真研究综合实践活动课程的教学目标,并确保所选的实践主题能够符合课程的教学目标。其次,认真分析学校资源优势,活动设计能体现学习者与具体实践情境之间的交互作用。第三,尽可能采取项目学习模式,设计的项目学习任务与学生的实际情况相接近,学习内容不脱离学生生活实际,从而使项目学习活动能够顺利完成。

(2) 详细规划项目活动

实施之前,教师需具体策划、安排项目活动,内容涉及学习团队中的人员、学习目标、项目任务和评价方式等内容。同时,要明确实施中可以不受项目规划束缚,鼓励学生深入探究课程的内容,从而不断发现规划中未写明的问题,在和学生进行沟通中鼓励学生及时改变、调整原有方案,引导学生在任务式学习、项目实施过程中发散思维。同时积极做好处理偶发事件的预案,使项目学习活动的既定目标不发生太大的偏差。

(3) 制定项目活动方案

为了提升项目活动方案的可操作性,合理安排项目活动,需要制定包括以下内容的活动方案:一是对学生进行合理分组,确保每一个学生在项目学习中的优势得以发挥,从而增强学生的自信。二是引导学生探究合作,根据项目学习模式方案,引导学生自主提出问题。三是合理安排综合实践活动课程项目学习资源,发挥教师的主导作用,鼓励学生寻找解决问题的方案。具体翔实的项目学习活动方案能有效保障综合实践活动课程教学得以顺利实施。

(4) 提供展示作品的平台

结束每一个学习任务后,教师要引导学生自我总结、展示成果,创设学生成果展示的机会,如可以组织学生将自己的作品在班级里展示,组织学生拍摄作品制作过程的视频进行播放等,这能使学生更喜欢参与项目学习,同时也展示学生的其他相关素养:如阐述逻辑性、表达的清晰度、演讲的说服力等,结合其项目完成的总体情况能使教师给予学生完整评价,特别是对学生参与活动前后的态度、能力变化要予以评价。

3. 以问题解决为中心的主题设计的局限

(1) 教师在以问题解决为中心的主题中的角色与传统的教学角色有很大差异,教师的主要角色主要表现在以下几个方面:一是设计活动、激发动机和鼓励反思;二是通过搭建脚手架,反馈与指导,激活思维来促进学习。在学生的学习中教师不能仅仅旁观,此外,教师要对学生探讨问题的全程保持关注,且了解、促进和评价学生的发展,为学生提供适当的帮助。教师尚不能适应角色的转变。这样的要求和传统课堂教学中教师发挥主导作用的方式有较大不同,教师在实践中不断调整,但依然有不少老师"找不到感觉"或者急于帮助学生解决问题而超越角色要求。

(2) 学生为主体的教学组织实施是课程取得实效的关键。项目化任务(问题解决)中心的课程对转变学习方式,体现学生的主体性,有着重要的意义。通过实践,我们认为实现实效性有以下几个关键问题:不能替代学生确定问题,要让学生自己发现问题、提出问题。师生可以共同讨论解决问题的方案,教师要循循善诱,及时鼓励,引导学生自主寻求问题解决的方案并完成方案中的任务。

4. 案例——"未来城市"的设计

(1) 课程背景

2015年上海举办"未来城市"设计大赛,主题是"固废垃圾的处理"。学校要指导学生想象、设计、创造未来的城市。学生们一起设计虚拟城市,利用可循环材料构建一个物理模型,撰写设计方案、阐述遇到的困难及解决方案,并用英语演说团队的构想。学校由此构建了以"未来城市设计"为主题的课程,以设计项目为驱动,以完成"城市构想与模型搭建"任务并解决所遇到的各种问题为中心,发展学生设计、合作、工程技术、表达等多方面的综合能力。

(2) 课程内容

教师们针对主题为一个具体项目的特点,详细规划了课程的目标、相关学科和专业的课程内容、学习形式和时间安排,如表2-11所示。

表2-11 江宁学校"未来城市设计"主题课程内容

主题(任务)	课程内容	涉及学科及专业	内容安排	学习形式	时间安排	基本能力培养要求
未来城市设计	设计软件的使用	信息技术、数学、美术(工艺设计)等	Simcity软件游戏;建造运营城市	授课、完成作业	8—10课时	软件应用能力;分析能力
	垃圾处理原理与技术;城市设计	科学、化学、生命科学、地理、社会学、建筑学等	废弃物产生、分类、收集、输送、处理4R原则	授课、参观、讨论、咨询答疑	8—10课时	科学知识的理解能力;对相关技术的应用;沟通、质疑的能力
	模型搭建	数学、工程学、美术、劳动技术等	比例换算、制作底座、地形、建筑物、绿化、美化	小组合作	36课时	计算能力;使用工具制作模型能力;分工合作能力
	语言表达	语文、英语、艺术等	撰写论文、演讲稿,形体设计,肢体语言设计,宣传册设计	撰写、演讲、辩论	10—14课时	运用两种语言表达能力;逻辑思维、沟通能力;自我表现力

以问题解决为中心的课程,是将问题及任务作为课程内容设计的靶向,围绕解决问题所需要的知识、能力以及解决问题必备的核心能力建构起课程内容及形式。结合学生实际基础以及相关学科的知识体系,教师将总任务分解为分任务并设计成较小的模块课程(如

图 2-7 所示），便于教师分工合作，也有利于帮助学生建构起解决问题所需要的知识体系和核心能力。

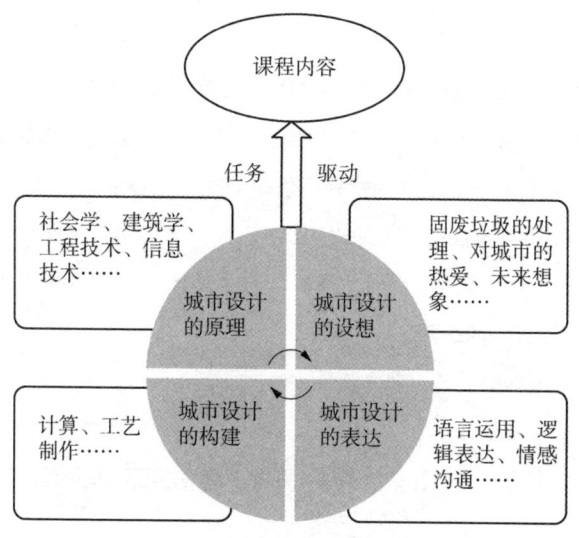

图 2-7 江宁学校"未来城市设计"教师的思维图

四、主题活动方案的要素与设计

"主题"是综合实践活动课程的基本组织单位，它承载着课程目标的实现，在很大程度上决定着教学活动的内容和方式，而主题活动方案是将课程思路转化成可实施课程的行动指南。因此，在确立"主题"的基础上还需要精心设计主题活动方案，以确保主题活动的质量与效率。在"生命·成长"综合实践活动课程的实践中，我们对于每一个主题都精心设计了可操作的活动方案。

1. 主题活动方案的基本要素

经过我们的实验，比较实用的一个主题活动方案主要包括以下几个要素：

主题背景：回答所选择主题的理由，主要阐述主题形成的经过或起因，简要分析主题的内在价值。

主题目标：活动目标即活动可能达成的效果，可以采用分维度设计，也可以采用集中设计的方式，目标设计得具体、相对集中，将有利于在活动后运用所设计的目标对活动效果进行评价，更具可操作性。

主题内容: 主题内容是对该主题活动主要内容的概述和解析,旨在说明本主题聚焦的主要问题、学习单元的整体设计与思考,及其之间的关系、学生学习活动的主要内容等。

教学大纲: 教学大纲是具体可操作的教学指南,是分课时、分活动的具体教学过程安排:包括每一单元的教学要求与内容、教学实施安排、教学实施环节等。

开课时间与对象: 主要包括该主题的课时安排、活动时长以及适用年级等。

指导教师(团队): 许多主题活动的指导不是一个教师能够承担的,它往往需要根据主题活动的需要,组织相关教师形成指导教师团队,分工合作,共同负责主题活动的开发与实施。

活动实施保障: 主要包括该主题活动开展需要的其他部门人员支持、经费保障、软硬件设备、场地等其他各种资源的保障。

2. "沿着24路看上海"主题活动方案

【案例2-2】 "沿着24路看上海"主题活动方案

一、主题背景

上海24路公交线路始于普陀区长寿新村,终于黄浦区豆市街复兴东路,全线共19站,途经我校所在的西康路、陕西北路区域,以及上海老城厢豫园。24路沿线景点具有浓厚的历史情怀、人文积淀与丰富的爱国主义教育资源,见证了一座城市从老城厢到繁华都市的历史变迁,是探寻上海"城市发展梦"的良好载体。我校依托24路沿线的区域优势,充分挖掘特色资源,从习近平新时代中国特色社会主义思想的精神实质和丰富内涵出发,紧密结合理想信念教育、社会主义核心价值观教育、中华优秀传统文化教育、心理健康教育等内容,凝练主题,开发设计了"沿着24路看上海"课程。

二、主题目标

1. 感受24路公交沿线人文景观的文化精髓,品味兼容并蓄、大气谦和的海派文化,认识传统文化的历史渊源,体悟中国传统文化意境与魅力,提高对民族文化的认同感与自豪感,增强文化自信,进一步继承和弘扬中华优秀传统文化。

2. 了解中国共产党的历史和中华人民共和国的历史,知道"中国梦"的内涵,认同"没有共产党就没有新中国,只有共产党才能救中国,才能发展中国",感受党的百年奋斗历程,感受伟人爱国情怀,培养热爱党、拥护党的意识和行动,立志为中华崛起而奋斗。

3. 了解上海的改革成就与未来发展蓝图,将个人梦融入"中国梦",积极履行社会责任,热心公益和志愿服务,积极参与跨文化交流,初步学会规划个人的职业生涯,坚定理想信念,励志刻苦学习,积极投身实践,为把我们的国家建设好、发展好而努力奋斗,共圆中华民族伟大复兴的中国梦。

三、主题内容

"沿着24路看上海"课程以"传承—明志—逐梦"为主线,以24路沿线资源为依托,以跨学科探究、课内外贯通为主要形式,设计教学内容。本课程包括三个单元:

第一单元 传承,聚焦中国传统文化,提高学生对民族文化的认同感与自豪感,增强文化自信,进一步继承和弘扬中华优秀传统文化。

第二单元 明志,聚焦爱国主义教育,将爱党爱国爱人民的种子植入学生内心,引导学生坚定中国特色社会主义道路自信,立志做担当民族复兴大任的时代新人。

第三单元 逐梦,聚焦责任担当,引导学生将个人梦融入中国梦,坚定理想信念、励志刻苦学习,积极投身实践,为把我们的国家建设好、发展好而努力奋斗。

每一单元的学习内容均包含相关学科内容的课堂学习、跨学科探究学习、实地探访24路沿线资源点三个部分。本课程的教学采用跨学科整合的实践活动推进模式,通过跨学科整合使实践活动的主题更鲜明、教育内容更丰富;参与活动涉及历史、地理、语文、道法等学科,老师们共同开发课外资源,建构学习情境,增强学习内容的生动性和感染力,让学生经历多样化的学习体验,促使学生在亲身实践中获得最好的理解和整体的学习。

四、教学大纲

(一)教学要求与内容

	第一单元 传承
基本要求	通过课堂学习、开展跨学科主题探究、进行实地探访等活动,让学生感受24路公交沿线人文景观的文化精髓,品味兼容并蓄、大气谦和的海派文化,认识传统文化的历史渊源,体悟中国传统文化意境与魅力,提高对民族文化的认同感与自豪感,增强文化自信,进一步继承和弘扬中华优秀传统文化。
主要内容	1. 江南古典园林明珠——豫园 2. 海上名门——石库门 3. 走进经典 感受昆曲之美 4. 海派小簋 世界表达 5. 时光缝制的优雅——旗袍 6. 诗心相印——西摩路的春天

续 表

	第二单元　明志
基本要求	聚焦"明志"主题,结合道德与法治、历史、语文等学科相关内容的课堂学习,开展跨学科主题探究,组织学生实地探访24路沿线的爱国主义教育基地,将爱党爱国爱人民的种子植入学生内心,引导学生将个人梦融入中国梦,坚定中国特色社会主义道路自信,坚持爱国、励志、求真、力行,立志做担当民族复兴大任的时代新人。
主要内容	1. 百年孙中山　精神永传承 2. 重温"红色起点"　传承"红色基因" 3. 追寻周总理足迹　凝心聚力向复兴 4. 中国人中国梦
	第三单元　逐梦
基本要求	以道德与法治相关内容的课堂学习为基础,充分挖掘24路沿线特色资源,结合学校的心理健康教育(职业生涯教育)、社会实践活动、专题教育等,通过丰富多彩、生动活泼的教育形式,将社会主义核心价值体系教育融入教育全过程,引导学生深刻领会"中国梦"的实现需要坚定理想信念,励志刻苦学习,积极投身实践,为把我们的国家建设好、发展好而努力奋斗,共圆中华民族伟大复兴的中国梦。
主要内容	1. 上海2035蓝图 2. "一带一路"与我们 3. 少年当自强　青春勇担当 4. 职业规划与体验——遇见未来的自己

(二)教学实施安排

单元	主要内容	24路沿线资源	支撑学科	学习活动	课时
第一单元 传承	1. 江南古典园林明珠——豫园	城隍庙豫园	语文、历史	课内:太平天国历史;《苏州园林》《豫园记》 课外:实地游览豫园	课内2课时
	2. 海上名门——石库门	建业里、大同里、自在里、张园(太古汇)	语文、历史、道法	课内:胡同与石库门;石库门的起源;租界;家庭生活 课外:项目化学习"如何保护石库门"	课内1课时 课外4课时

第二章
结构与内容：
弥合两个世界

续 表

单元	主要内容	24路沿线资源	支撑学科	学习活动	课时
	3. 走进经典 感受昆曲之美	上海昆剧院（京昆艺术中心）	语文、历史、音乐	课内：《牡丹亭》赏析；中国戏曲；昆曲溯源 课外：实地探访昆剧院，听、赏、体验学习昆曲	课内2课时 课外6课时
	4. 海派小饕 世界表达	美新点心店；西区老大房；泰昌西饼；哈尔滨食品厂；新镇江酒家；第六粮油便利	乡土地理、历史、研究型课程、拓展型课程	课内：营养知识讲座，包汤团DIY；中西糕点对比；调查问卷设计 课外：实地探访、考察、深度访问、问卷调查	课内2课时 课外3课时
	5. 时光缝制的优雅——旗袍	龙凤旗袍店；亨生西服；白玉兰真丝；第一西比利亚皮草	历史、美术、劳技	课内：盘扣制作；旗袍设计；中国服饰演变 课外：实地探访、街头调查、开展项目化学习	课内2课时 课外6课时
	6. 诗心相印——西摩路的春天	沧州旅馆旧址（现锦沧文华大酒店）	语文、历史	课内：徐志摩、泰戈尔诗歌赏析；诗歌"读写悟仿创" 课外："快闪"——我和春天有约	课内2课时 课外6课时
第二单元 明志	1. 百年孙中山 精神永传承	孙中山故居	历史、地理	课内：辛亥革命；孙中山的革命足迹 课外：实地探访孙中山故居，学习孙中山精神	课内2课时 课外6课时
	2. 重温"红色起点" 传承"红色基因"	中共一大会址	历史、道法	课内：中国共产党建党史；没有共产党就没有新中国；只有共产党才能救中国、才能发展中国； 课外：实地探访一大会址纪念馆，感受党的百年奋斗历程，培养热爱党、拥护党的意识和行动	课内2课时 课外6课时

续 表

单元	主要内容	24路沿线资源	支撑学科	学习活动	课时
	3. 追寻周总理足迹 凝心聚力向复兴	周公馆	历史、道法	课内:为中华崛起而读书;中华人民共和国成立的历史 课外:参观周公馆,感受伟人爱国情怀,立志为中华崛起而奋斗	课内2课时 课外6课时
	4. 中国人中国梦	24路沿线	道法	课内:实现中华民族伟大复兴;"两个一百年"奋斗目标 课外:24路沿线实地探访,完成"我的梦·中国梦"作文	课内2课时 课外6课时
第三单元 逐梦	1. 上海2035蓝图	上海城市规划馆;自贸区;G60科创走廊	道法	课内:全面建成小康社会、上海率先实现现代化 课外:实地参观,了解上海的改革成就与未来发展蓝图	课内1课时 课外6课时
	2. "一带一路"与我们	陕西北路历史风貌区;思南公馆;豫园;嘉佩乐建业里	历史、道法、地理	课内:"一带一路"时政专题;丝绸之路;亚欧大陆桥的建设 课外:与华师大汉语学院"带路"国家留学生开展长期专题研学活动	课内2课时 课外6课时
	3. 少年当自强 青春勇担当	24路沿线	道法	课内:道法《关爱他人》《服务社会》《少年的担当》 课外:24路沿线志愿服务活动	课内2课时 课外6课时
	4. 职业规划与体验——遇见未来的自己	环茂、梅泰恒商务区	心理健康教育	课内:职业探究;职业生涯导航;职业兴趣测评 课外:到环茂、梅泰恒商务区进行职业调查与体验;职业人访谈;时光胶囊	课内1课时 课外6课时

(三)教学实施环节

在具体实施中,我校采取学生全员参与,以小组为单位,课内与课外相结合的方式,组织学生开展相关主题的亲身实践,将相关学科内容整合在一起,开展跨学科项目学习。为了便于操作,我们拟定了四个实施环节,即分四步走:

1. 课内先学。综合实践活动前,教师必须和学生一起制定活动计划,涉及的哪些相关学科知识,学生实施时会遇到哪些困难,教师要利用课堂进行教学,为下一步的活动提供知识基础和技能准备。同时,要求学生搜集资料查询24路沿线的爱国主义教育基地、文化景点、人文习俗与历史文化等相关内容,指导研究学习方法。

2. 实地体验。课外,学生乘坐24路公交车开展跨学科项目学习。在社会实践和学科探究活动的基础上深化活动,设计《"沿着24路看上海"跨学科项目学习活动》,指导学生自由组建小队,拟定探究任务、聘请指导教师、运用"实地考察""查阅资料""调查采访""信息收集与整理"等方法开展活动,让学生在亲身实践中体验、感悟,内化形成个人的思想品质,在反复的体验中修正自己的行为,实现价值引导与自主建构的统一。

3. 小组合作学习。在社会实践和主题探究中,一批学生对24路沿线的历史、人文资源产生极大的兴趣。我们在学校的社团活动中组建"24路社团",开展小组合作学习。由语文、历史、道法等学科教师带教,开展不同专题的学习,让学生在主动的、自主的、带有探索性的社团活动中进一步激发"我爱上海"的情感和努力为城市发展做贡献的责任感。

4. 反馈交流再提高。学生在经历综合实践的过程中,一方面将多学科的知识综合起来灵活运用,另一方面在活动中又自主获得了新的认知与理解。学生在课外实践之后必须再次回归课堂,交流学习过程的自我体验、情感态度转变、思想认识等,进一步明确需要研究的问题或改进的措施,增强学习的动力。

五、开课时间与对象

面向初中学生,在每学年的第二学期开展,可与社会实践活动、探究拓展课、社团活动有机整合。

六、指导教师团队

建立了由校长领衔、政教主任具体负责、以综合文科教研组教师为主要成员的课程研发与实施团队,教师团队成员涵盖道法、历史、地理、语文、心理等多门学科,绝大多数成员为高级教师,具备较强的跨学科教学能力、综合实践活动开发与实施能力。优质的师资队伍为课程的开发与实施奠定了良好的基础。

七、活动保障条件

(一)人员保障

若干实践活动涉及后勤保障,需要总务部门提供人员支持。同时,活动涉及的一些校外场馆、活动基地等,需要学校与相关部门或机构建立联系,安排专业人员参与活动,进行专业指导或讲解。

（二）经费保障

学校一贯重视课程与教学改革，设立专项经费纳入财务预算用于课程开发与实施、教师培训、设备配置、对外交流等，为本课程的实施提供充分的经费保障。

（三）其他保障条件

我校为上海市新优质学校，学校教学设施良好，教学环境不断改善。近十年来，我校不断打造"城市·成长"特色社会实践活动，已经积累了较为丰富的开发经验，挖掘了24路沿线的若干课程资源，与24路沿线的教育基地、场馆等建立了良好的合作关系，这些都为本课程的开展打下了良好的基础。

主题活动的设计方案是一个预设性的方案，在设计时需要全面考虑活动开展所涉及的各种要素，考虑哪些因素可设计，哪些因素不可设计。主题活动实施的过程其实是根据学生活动的生成性特点对设计方案进行不断调整的过程，不可拘泥于设计方案。因此，在实施过程中进行及时的反思，对方案进行调整是很有益的。

第四节 学习支架的设计

综合实践活动课程既要保证学生的学习主体地位，也不能忽视教师引领作用的发挥。在学生解决问题的过程中，教师的指导作用表现在为学生学习提供起支撑、转化、联结作用的支架，这是学生能否在最近发展区内获得发展的关键。

一、学习支架的类型

学习支架又称为"脚手架"，是帮助学生发展学习能力、促进问题解决的一种暂时性支持，如辅助性工具或者策略等。学习支架是建立在一定的学习情境、学生全程参与基础上的，确定相应需求后才为其提供学习支架，只有这样学习支架的作用才能得到更好的发挥。在开展主题学习过程中，教师利用学习支架创设真实的学习情境，引导学生顺利开展各项探究任务。学习支架的表现形式多种多样，可以分为：范例、图表、问题、评价标准、视频、学习手册、任务单、思维导图等形式。根据活动任务的特点以及学习开展过程,我校教师在实践中形成了不同项目阶段的学习支架类型(如表 2-12 所示)。

表 2-12 综合实践活动中的学习支架设计

活动阶段	学习支架的类型	学习支架的作用	具体形式与工具策略
准备阶段	目标引导支架	引导学生进入问题情境,明确项目目标	创设情境:视频、图片等多媒体工具、角色扮演
			问题:头脑风暴、问题链、互动卡片
			范例、案例
实施阶段	小组合作支架	帮助学生建立协作良好的小组	分组规则
			小组人员分工表
			小组合作协议
			小组协作交流工具
	计划制定支架	帮助学生制定项目计划	项目规划表
			指导、建议
	任务型支架	支持学生开展实践探究,完成项目任务	信息收集表、学习任务单、思维导图、调查问卷、访谈提纲、活动记录表……
			方法指导、技能指导、学习资源与情感支持
			项目工作报告表(个人)、项目工作报告表(小组)
	过程性评价支架	帮助学生进行过程性评价	项目评价量规
			自评、互评表
			电子档案袋
总结阶段	项目评价支架	帮助学生评估项目成果	项目成果汇报评价量规
			小组合评价作量规
	项目反思支架	反思自己的项目学习	项目成果展示观众反馈表
			项目工作自检表

例如,在"沿着 24 路看上海"主题活动中,教师在任务单上列出几个问题:"如何在所有车站中选择一个车站?为什么?(信息型支架)哪些内容外国留学生会感兴趣?为什么?(知识型支架)如何安排这些内容?(程序型支架)如果遇到没有想到的意外事件打乱了你

的计划,你如何解决?(情境型支架)"这些问题揭示了任务情境,让学生分步感受、体验复杂的真实情境。在学生不能独立完成任务时,这些问题可以帮助他们认识到存在困惑以及如何思考完成任务的方法,也让学生感受教师的解惑要点,促进学生进一步体悟与理解在解决问题过程中获得的经验。通过上述问题的转化,学生逐步将其内化为个体的技能。

二、学习支架设计要素

在学习支架设计中,教师需要考虑三方面的要素:

一是任务难度分析。探究任务围绕挑战性问题展开,挑战性问题具有一定的挑战性,是源自真实生活的不良结构问题。相对于学生现有的认知水平,探究任务涉及的知识点跨度越大,问题的复杂程度越高,学生解决问题需要的方式越复杂,就需要越多的学习支架支持,以帮助学生克服认知困难,步步深入实践探究。

二是学生的认知特征分析。对学生知识基础与能力水平的准确把握是设计有效学习支架的基础。项目学习目标的要求是学习支架的终点,而学生的初始知识和能力是支架的起点,两者之间的差距就是支架的高度,高度越大,需要为学生搭建的学习支架也越多。同时,通过分析班级内不同学生的认知和能力差异,教师还要有针对性地提供不同程度的支架,以保障学习水平较低或者不同学习风格的学生能够获得足够支持。

三是学习策略与工具分析。学习支架的表现形式丰富多样,随着任务的不同而变化。学习策略与工具的选择应当考虑与任务目标、内容的相关性以及使用的便易性。教师应站在学生视角来设计易懂、易操作且能够最大程度发挥学生主体作用的支架形式,以减少实践的复杂性,同时保留其关键要素来支撑学生学习。

三、案例——"石库门的保护与发展"学习支架系列

"石库门的保护与发展"主题活动要求学生模拟政协委员,针对如何兼顾文化遗产保护与城市发展需求,让石库门焕发新生命这一社会问题,选择一处具体的石库门建筑开展调研与论证,为其量身定制一个保护与创新发展的提案。这一项目对于七年级的学生而言具有一定的难度和挑战性,教师通过搭建学习过程的脚手架,帮助学生获得复杂的认知能力和批判性思维技能。该主题的学习支架如表 2-13 所示。

表 2-13 "石库门的保护与发展"项目规划表

项目名称:留住城市"底色"——石库门的保护与发展		项目时长:7 周	
项目进程 时间节点	目标(学生)	任务/活动	阶段性成果	评估
第1周	了解上海石库门的背景知识,理解整个项目的目标与要求	项目启动:观看石库门纪录片,引入挑战性问题,介绍项目总体计划,明确项目任务	《上海石库门的前世今生》PPT	《上海石库门的前世今生》自评表
第2周	了解上海石库门的历史变迁、整体现状及保护模式	学生通过网络搜索、图书馆查阅书籍、观看石库门纪录片等方式了解上海石库门的诞生与历史变迁,梳理石库门的建筑特点、历史文化内涵、目前的现状及保护模式		
第3周	确定具体的研究对象,完成访谈提纲与调查问卷设计	组建项目小组; 小组讨论选定某一个石库门建筑开展研究,了解该石库门的地理位置、由来、历史变迁等背景信息; 围绕该石库门的保护或者改造,设计居民访谈提纲、调查问卷	居民访谈提纲、调查问卷	访谈提纲、调查问卷的有效性评价量规
第4周	了解×××石库门的保护现状,具有发现问题和分析问题的能力	开展实地考察、居民访谈与问卷调查,了解居民对石库门保护或者改造的看法,发现石库门保护面临的问题并分析成因	形成《×××的保护现状与问题分析》调研报告	调查报告评价量规
第5周	知道撰写"提案"的方法;初步提出解决问题的措施	小组讨论:如何兼顾石库门保护与城市发展需求,设计该石库门保护和创新改造的可行性方案; 教师向学生介绍"提案"的写法,并展示具体案例	形成《×××保护与发展的提案》	提案评价量规
第6周	能够针对具体的社会问题,提出解决问题的措施,并设计相应方案	小组合作完成×××石库门保护和创新改造的提案; 教师反馈,小组修订提案		

续表

项目进程 时间节点	目标(学生)	任务/活动	阶段性成果	评估
第7周	理解文化遗产的保护、传承与创新	小组展示交流提案,并进行项目总结与反思	成果展示	项目成果评价表

表 2-14 《石库门的保护现状与问题分析》任务单

小组名称		小组成员:		
调研途径	□网络检索 □书籍查阅 □实地考察 □人物访谈 □问卷调查 □其他			
调研内容	我们小组选择研究的石库门建筑的基本信息	该石库门的现状		该石库门保护面临的问题
	石库门名称;地理位置;建造年份;历史变迁;现在的用途;价值体现	石库门建筑的完好程度或保护程度;石库门里的居民生活状况;居民对石库门保护或者改造的看法、感受、诉求或希望;该石库门对城市发展的影响;其他……		居民层面 社会层面 政府层面
调研方法	人物访谈	访谈对象:管理人员(居委会、街道工作人员等) 访谈时间: 具体问题:1. 2. 3. ……		
		访谈对象:石库门居民 访谈时间: 具体问题:1. 2. 3. ……		

续　表

问卷调查	调查目的： 问卷题目设计： 1. 2. 3. ……	
调研报告	报告主要内容涵盖： 一、×××的历史变迁与保护价值 二、×××的现状分析 三、×××保护的困境及成因	
	报告的格式规范： 报告标题4号黑体；一级标题一、小四黑体；二级标题（一）小四黑体；三级标题1.小四黑体，正文小四，行距1.5倍	

表 2-15　石库门调研报告自评表

你在完成这个调研的过程中是否进行了仔细的研究？是否对资料进行了分析和总结？请给你自己在下列评价指标上打分，5分表示最高分，完全符合指标描述，1分表示在这个问题上还有待努力。

评价指标描述	1分 不符合	2分 不太符合	3分 基本符合	4分 符合	5分 完全符合
1. 在规定的时间里，我充分地研究了这个主题					
2. 我能运用多种检索方式查找信息					
3. 我现在的调研成果是基于多种信息来源的					
4. 我通过采访相关人员获得了一手信息					
5. 我对我所收集的信息的可靠性进行了筛选					
6. 我觉得我所收集的信息是可以作为证据支撑我的观点					

续表

评价指标描述	1分 不符合	2分 不太符合	3分 基本符合	4分 符合	5分 完全符合
7. 我对我所收集的信息进行了合理的组织、分析和总结					
8. 我用适合的图表将我收集到的信息进行了整理和呈现					
9. 我的调研内容丰富而完整,涵盖了指向调研目的的各个方面					
10. 我的调研报告是规范的,符合具体的格式要求					
总体来说,我给自己的成果打分是:					

学生签名:_____

一旦你签名了,表明你对自己的评价是公正而客观的,是诚实而准确的。

教师签名:_____

表2-16 提案撰写支架

模拟政协"提案"撰写指南

提案者:
所在学校:上海市江宁学校
提案名称:关于×××的提案

一、案由
　　(对提案事由进行准确概括,包括:为什么要提出这份提案,当前的问题有什么必要性和重要性)

二、案据
　　(阐述提出提案的基本依据,分析问题存在的各方面原因,注意所引用材料数据、情况梳理等真实准确,实事求是)

三、方案
　　(针对前面提出的问题,提出有针对性的解决方案、对策与建议等,并且具备必要的可行性和操作性)

表 2-17 《石库门的保护现状与问题分析》调研报告评价量规

评价指标	低于标准	接近标准	标准	超过标准
调研途径的科学性	调研途径不够科学，获得信息的科学性和真实性欠缺	能够运用恰当的途径开展调研，获得的信息比较真实、可靠	能够运用恰当的途径开展调研，获得的信息是真实、可靠、全面的	至少采用三种以上途径进行了充分调研，所获得的信息真实、可靠、非常全面
访谈的有效性	访谈对象选择不够恰当；访谈问题没有体现调研目的；访谈信息记录不够真实、全面	访谈对象选择恰当；访谈问题基本指向调研目的；访谈信息记录比较真实、全面	访谈对象选择恰当；访谈问题指向调研目的；访谈信息记录真实、全面	访谈对象的选择恰当、多元化；访谈问题指向调研目的；访谈信息记录真实、全面
调研内容的科学严谨性	调研内容偏离调研目的和主题；调研内容不够全面、真实；对调研信息没有进行筛选和分析	调研内容基本围绕调研目的和主题；调研内容比较全面、真实；对调研信息进行了比较科学的筛选和分析	调研内容紧紧围绕调研目的和主题；调研内容具有全面性、真实性；对调研信息进行了科学的筛选和分析	调研内容紧紧围绕调研目的和主题；调研内容非常真实，对调研信息进行了科学的筛选和分析，具有逻辑性
报告的规范性	调研报告不太符合格式规范要求；结构缺乏逻辑性；语言表达不够规范	调研报告基本符合格式规范要求；结构具有一定的逻辑性；语言表达比较规范	调研报告符合格式规范要求；结构具有逻辑性；语言表达规范	调研报告符合格式规范要求；结构具有逻辑性；语言表达规范；报告的呈现美观、清晰
调研成果的丰富完整性	调研成果单一、不能全面体现调研目的和主题；对调查资料的分析与综合不够，没有形成科学的调研结论	调研成果比较丰富、基本能够体现调研目的和主题；对调查资料进行了分析、综合，形成了比较科学的调研结论	调研成果类型丰富、能够全面体现调研目的和主题；对调查资料进行深入分析、综合，形成了科学的调研结论	调研成果类型十分丰富、能够全面体现调研目的和主题；对调查资料进行深入分析、综合，形成了科学的调研结论

表 2-18　"石库门的保护与发展"项目成果展示评价量规

评价维度与权重	评价指标	评分标准 1 分→10 分 分值越高表示各项指标表现越好
提案的质量 (60%)	直接指向项目挑战性问题的解答	
	提案能够全面覆盖并精心选择核心内容	
	所引用的材料或证据是有质量保证的	
	案据占有大量客观事实材料,具有说服力,使人信服	
	提案中的方案建议具有合理性和可行性	
	提案具有一定的创新性	
团队合作 (20%)	呈现出团队合作的证据	
	所有的团队成员都参与汇报过程	
与听众的互动 (10%)	在真实情境中引发听众参与,能够让听众投入地参与其中	
成果展示的表现性(10%)	成果展示专业而富有创意,表现独特,运用多种类型的媒体(PPT,视频等)	
合计		

表 2-19　项目工作自检表

思考一下你在项目中做了什么,项目进展如何 在右侧写出你的评语	
学生姓名	
项目名称	
挑战性问题	
关于自己	
从项目中你学到的最重要的东西	
如果可能,你想用更多的时间做什么,或做什么不同的事情	
项目的哪一部分你尽了最大努力	

续 表

关于项目	
项目中你最享受的一部分是什么	
项目中你最不享受的一部分是什么	
下次可以怎么做让项目更好	

总之,学习支架设计要综合考虑多方面因素,随着任务内容、学生认知水平与能力基础以及学习工具等进行随机调整,遵循维果茨基的"最近发展区"理论,使探究任务难度处于学生通过努力可能达到的范围内,才能更好地调动学生学习的主动性,促进学生的知识建构与能力发展。

第三章

组织与实施：链接生命与学习

对综合实践活动课程而言,世界即课堂。要积极创造条件,让学生走出校门,走向社区、社会和大自然,到问题发生的地方进行现场研究。让学生用自己的眼睛看世界,用自己的耳朵倾听世界,用自己的心灵感受、体验、探究世界,用自己的双手创造世界。[①]"生命·成长"综合实践活动课程通过拓展学习活动的时间与空间,采用项目学习、行走学习、服务学习等多样化的学习方式,以及学生自主探究与教师指导相结合等,让学生的生命与学习建立链接,增强课程的生命气息,促使学生在主题活动过程通过丰富多彩的生活体验和个性化的创造表现来丰富生命的内涵与质地,在同自然、社会与自我的对话与交流中获得"精神的力量"和"生活的智慧"。

第一节 学习时空的拓展

一、学习时间的组合

《指导纲要》虽然对综合实践活动课程的课时安排做了原则上的规定,但如何保证在规定课时内有效开展实践活动,如何根据课程内容创造性地安排好课时以外的时间,还是需要研究的,这也是学习时间设计的实践目标。

(1) 学期总课时的分割与重组

学校采取多种课时安排,一是自减自增:即压缩规定学科课程教学内容的授课时间,同时嵌入综合实践活动内容;二是整体打包:即按照探究型学习方式实施的特点进行时间安排,将每个模块涉及参观考察、调查问卷、志愿服务等活动安排在半天或一天内完成,只计入模块总课时,不计入周总课时;三是分割重组,即将学年或学段各类课型的总课时结构打破,进行重新组合设计,在不突破总课时的前提下,设置主题模块的内容。

如我校的跨学科设置进行调整后安排如下:基础型课程涉及语文、数学、英语、物理、化学、科学、生命科学、历史、地理、社会、信息技术、艺术等与跨学科项目相关拓展的知识分割出来,一部分自增自减由学科教学时间完成,一部分嵌入到跨学科教学活动课时中去;保留劳动技术中的部分内容和课时,其余部分的劳动课时与跨学科整合;拓展型课程保留选择

[①] 张华. 体现时代精神的综合实践活动课程:理念与实践[J]. 人民教育,2017(22):40—43.

性拓展和一部分限定性拓展,将部分限定性拓展课时调整为跨学科活动课时;探究型课程由原来的教师走班主题探究形式调整为跨学科活动。

(2) 单一模块跨学科课时的连排

一般学校在课程设置时由每个年级一个学期安排一个模块内容。在固定课时安排上,每班每个模块一学期安排15周(除去考试周、节假日)。根据学习内容及采用的学习方式的不同,可以分散设置课时,也可以集中设置二至三节连排的长课时。而涉及一些耗时较长的活动,如:问卷调查、集中讲座、分散讲课、社会实践、小组交流、小组辅导、成果展示等,可以按照进程需要零散安排在课间或课余时间。具体如表3-1所示。

表3-1 江宁学校跨学科综合实践课程模块课时计划与安排表(六年级)

实施阶段	课型	课时	备注
第一阶段 确立课题	开题讲座	3	开题培训讲座1课时(××老师);选题讲座1课时(××老师);写作讲座1课时(××老师);班主任参与组织管理
	团队合作、选题	3	学生进行分组,讨论选题(班主任老师配合进行分组)
	体验、参观活动	3	任课教师、班主任共同参与组织管理
	制定方案	3	学生分组讨论
	课题知识体系学习	3	任课教师讲授与课题相关的知识
第二阶段 研究实践	学习各种研究方法	3	任课教师根据学生选题,课内指导学生各种研究方法,如观察法、实验法、访谈法等
	问卷调查法	6	计算机教师培训"问卷星"制作1课时;任课教师讲授调查问卷法1课时;学生分组讨论制作问卷4课时;学生课外调查
	数据统计与分析	3	任课教师指导学生对问卷进行数据整理与分析,并撰写调查报告
	中期交流答疑	3	学生分组交流提问,师生共同答疑
	课题成果制作	3	学生制作形式多样化的课题成果(美术老师、劳技老师参与指导)
第三阶段 结题交流	信息整理与分析	3	学生分组完成,任课教师个别指导
	结题报告	3	任课教师指导如何撰写结题报告,学生分组完成撰写
	成果交流展示	3	学生分组展示交流课题研究成果
	总结评价	3	学生分组总结,交流心得体会,进行互评、师评

二、学习空间的创设

实施综合实践活动课程,教师与学生围绕主题、核心概念或项目化任务的内在逻辑而展开活动,这一过程会突破传统教学活动在空间上的限制,向更为广阔的时空拓展。

1. 校内空间创设

■ "智慧湾"学习空间

教室作为教学的主阵地,是最为重要的学习环境之一。传统教室秧田式的座椅布局、教学设备配置及功能的整齐划一,局限了学生学习主动性的发挥。江宁学校"智慧湾"的设计基于创建一个"开放自由、随处可发生、灵活且多用途的高度适应性学习环境"的理念,实现信息化环境下,融"集体讲授、小组合作、自主探究、信息搜索、成果分享、远程交流"等功能于一体的教学环境。

"智慧湾"是一个开放式的学习环境,学生不再被局限于传统的教室内,而是在一个相对较大的学习空间里,传统摆放整齐的课桌则变成了一些可任意组合的多功能性桌椅,黑板被各种先进的多媒体设备所替代,数台计算机整齐地摆在教室一隅。根据老师的教学需求或学生的学习方式,可将室内教学设备进行任意组合摆放,使得集体授课、小组围坐讨论、资源检索、空中课堂、小剧场等多种学习方式在同一个空间即可实现。

"智慧湾"和我校C楼的图书阅览室连通形成了一个大的自主学习空间,并通过教育云平台提供丰富的学习资源,学生在午间、自习课等自由活动的时间可以不分年级、不分班级地来这里学习、交流,可以选择自己喜欢的方式来完成课间没有完成的作业或探究主题,可以在这里与同学们展开讨论,也可以在资源检索区通过上网或查阅图书搜集资料等,每个学生都可找到适合自己的学习方式。

■ 创新实验室

为满足学生的创新精神和实践能力培育需求、创设综合实践活动课程所需要的学习环境。江宁学校先后建设了多个创新实验室,如:"智能机器人创新实验室""环保小达人创新实验室""低碳生活实验室""物理与生活实验室""STEM创意工坊"等。

创新实验室的建设不仅仅是对硬件设施设备的更新换代,更为重要的是,它们是基于学校综合实践活动课程中的"设计与制作"类主题的培养目标而开发设计的,实验室开发的课程注重学习内容、学习方式和学习环境的整体建设,倡导学生自主学习、实践探究、做学合一。通过课程的实施,开发学生的理性思维,培养批判质疑、勇于探究的精神。

2. 校外空间创设

我们对校内外课程资源的开发与利用,目的就在于打破学校与社区、学校与社会的隔阂,促进学生经验的链接。学校充分挖掘社会、社区周边环境蕴含的具有教育教学价值的各种课程资源,如自然环境资源、人力资源、社会文化资源、生活资源中的教育元素,形成了50个课程资源点,并将其创造性地运用到学校课程实施中。近几年来,学校以丰富的城市教育资源为依托,根据时代特征、区域特色和学生年龄特点,相继在南京、贵州、杭州、西安等城市开展了"城市·成长"系列课程。

3. 虚拟空间创设

学校在公共平台,如腾讯等,以及在校园网搭建综合实践活动学习社区,开发了学生乐于参与、知行合一的综合性学习项目。对于教师而言,首先在学习社区上建立项目的板块,根据学习活动开展的进程,以教师发帖的形式引导活动展开;对于学生而言,根据学习进程,以网上提问、发表观点的方式参与。教师提倡学生可以组成一个活动小组,建立网上"协作小组",对相同主题感兴趣的课题的学生可以申请参与,在网上讨论本组的活动方案、阶段成果和遇到的问题,分享个人找到的学习资料,教师也可以查询学习进度,并结合学生的实际情况和小组需求进行互动,指导学习。网上学习可以跨班级、跨年级,根据需要还可以邀请专家、专业人士或家长参与。

此外,小学自然、美术、劳技等学科教师合作开发了《科学与生活》网络课程平台,教师教学所需要的课程指南、资源包、课件等都能在上面找到。为了帮助教师顺利完成课程设计,平台上设置了相应程序板块,教师只需将学习内容和学习任务填进板块即可生成。

第二节 学习方式的选择

变革学生的学习方式,是当代课程改革的焦点问题。在建构主义理论视野下,学习不是"输入—产出"的单向知识传递,而是学生在情境脉络下与问题互动,以自己的理解方式去解释信息,积极建构意义,创生知识的过程。新一轮课程改革倡导中小学的课程教学要扭转单一的以知识获得为目的的接受性学习,采用多样化的学习方式,引导学生主动参与、乐于探究、勤于动手。综合实践活动课程自产生以来，就肩负着变革学生学习方式的使命。因此，在课程实践中，综合实践活动课程要切实转变单一的学习方式，引导学生开展项目学习、行走学习、服务学习、跨学科学习等多样化的学习，促使学生在丰富的实践探究过程中建构知识、发展思维、提升能力。

一、项目学习

1. 项目学习与综合实践活动课程的联系

项目学习往往围绕具有一定挑战性的问题展开，强调学生在真实世界中综合运用多学科知识解决问题，在问题解决中建构知识、培育素养，以真实的生成性知识和提高完成项目任务能力为主要成就目标。项目学习的理念与综合实践活动课程的特点在很多方面具有相似性，但是两者之间也存在差异，为了厘清两者之间的联系，明确项目学习的边界，本书将项目学习与综合实践活动课程进行了比较（见表3-2）。

表3-2 项目学习与综合实践活动课程的比较

比较指标	相同点	不同点	
		项目学习	综合实践活动课程
性质		一种学习方式或教学方式	一门跨学科实践性课程
目标	都指向核心素养培育，强调运用所学知识解决现实问题的能力	核心知识的再建构、批判性思维、沟通与合作、自我管理等技能	具有价值体认、责任担当、问题解决、创意物化等方面的意识和能力
内容	都强调面向真实的生活世界，具有综合性、开放性和生成性特点	寻找核心知识，并将其转化为挑战性问题，进行项目活动设计	选择活动主题，设计具体的活动内容，内容松散
过程	都强调学生的主动实践探究和开放生成	按照项目启动、实践探究、成果展示交流阶段展开，强调学生的深度探究	主动参与并亲身经历实践过程，体验并践行价值信念
成果		产生有形产品，并进行公开展示	不一定要形成有形产品和公开展示
评价	都主张多元评价和综合考察，对学生的活动过程和结果进行综合评价		

从项目学习与综合实践活动课程的比较之中可以发现,二者具有紧密的联系,主要表现在:在目标追求上,二者都以培育学生的素养为指向,重视学生运用所学知识解决现实复杂问题的能力;在学习内容上,二者都强调面向学生真实的生活世界,具有综合性、开放性和生成性的特点;在学习过程中,都重视学生的实践探究;在学习评价上,都主张多元评价和综合考察,对学生的活动过程和结果进行综合评价。

但是,二者也存在显著差异。首先,在性质上,两者是不同的概念范畴,项目学习是一种学习方式或者教学方式,关注的是学与教的活动,而综合实践活动课程是一门国家规定的中小学必修课程。项目学习只是综合实践活动课程其中一种学习方式,除了项目学习,综合实践活动课程还有课题学习、问题学习、体验学习等多种学习方式,以及考察探究、社会服务、设计制作、职业体验等活动方式。因此,项目学习不能完全替代综合实践活动课程。其次,在学习成果上,项目学习特别强调在项目结束时产生一系列明确的学习成果,如作品、产品、报告等,在项目设计时就要明确项目化学习的最终成果是什么。而综合实践活动课程不一定要产生有形的学习成果,而是更加关注学生参与活动的过程和学习经验的建构。

总之,项目学习与综合实践活动课程既有交叉联系,又有各自的特点,不能相互替代。在实践中我们需要进一步明确项目学习在综合实践活动课程中的基本定位。

2. 项目学习在综合实践活动课程中的基本定位

根据项目学习所覆盖的知识范畴和对课程的影响力度不同,项目学习可以是一种学与教的方式,只发生在教师层级上,改变具体的课堂生态;也可以是一种课程的组织形态,涉及课程的结构性变化,对课程目标、内容、实施与评价等课程要素形成影响。我们超越学与教的层面,将项目学习定义为综合实践活动课程的一种组织形态,将项目学习的精神内涵贯穿于课程诸要素之中。作为综合实践活动课程实践载体的项目学习,在宏观的课程层面上发挥着课程优化功能,即以项目的方式来组织和实施课程,课程目标转化为项目学习目标,课程内容呈现为一个个项目,课程的实施是开展项目学习的教与学的过程,课程的评价即项目学习的全程评价。

作为课程形态的项目学习,不再仅仅是一个相对较长实践中学与教方式的变革,它超越了学与教的范畴。要求教师用课程的视角来设计和实施项目,教师需要不断澄清自己最终的项目目标是什么,项目的核心知识是什么,关键概念和其他系列知识之间的关系、知识与真实世界之间的联系等非常本质的问题,并将所有的设计要素都在一个相对较长的时间段里进行呈现,这已经不再是某一节课的课堂教学问题,而是需要进行几周或更长时段的课程学习单元设计;需要对学校的组织结构、课程目标、内容、教师角色、实施路径、支持性资源等进行整体的变革。

但同时,需要明确的是,我们不可能也没有必要将综合实践活动课程的所有内容都项目化。《指导纲要》将综合实践活动课程的活动方式划分为:考察探究、社会服务、设计制作和职业体验。通过对四种活动方式的内涵分析可以发现,"项目学习"与"考察探究""设计制作"两种活动方式的价值诉求高度契合:考察探究强调学生开展校外考察、综合运用各科知识来分析和解决问题,具有研究性学习的显著特征;设计制作是一个发现问题、界定问题,通过创造性使用各种材料、工具和技术解决问题的学习与创造过程。项目学习载体主要对应"考察探究""设计制作"两种活动方式。在课程实践中,我们对综合实践活动课程的主题进行筛选,选择适合采用项目学习方式的活动主题开展实践探索,对于不适合进行项目学习的内容主题,如:志愿服务、勤工俭学、学工、学农、职业体验活动等,我校采用其他适切的方式开展。

3. 项目学习的设计

(1)《指导纲要》引领下的项目主题选择

虽然目前中小学综合实践活动课程并未有课程标准,但是,《指导纲要》对综合实践活动课程的性质与基本理念、课程目标、课程内容与活动方式、课程的规划与实施、管理与保障等进行了明确规定,是重要的课程文件。它既是综合实践活动课程的内容设计、教学实施、评价考核的依据,也是教育行政部门管理和评价课程的手段。因此,以项目学习为载体实施综合实践活动课程,必须以《指导纲要》为依据,否则就进入了课程改革的盲区。

从现实世界中选择一个"主题"并使之成为学生探究的"项目问题",是开展项目学习的第一步。《指导纲要》对课程总目标的阐述指出,"要使学生能从个体生活、社会生活及与大自然的接触中获得丰富的实践经验,形成并逐步提升对自然、社会和自我之内在联系的整体认识",这为项目主题选择指明了方向。

在研究中,我们对不同学段项目主题的选择与设计主要基于以下标准:①主题是否符合学生的兴趣和发展需求;②主题是否与真实生活世界相联系;③学生是否具有与主题有关的生活经验;④主题是否有利于学生开展实践活动,主动探究他们的问题;⑤主题是否有助于学生以不同的方式表现其研究发现;⑥主题是否有助于学生在现实生活情境中理解和运用所学知识,等等。

(2) 目标导向下项目学习方案设计

在"生命·成长"综合实践活动课程的总体目标的引领下，教师围绕"生命·成长"的大概念，结合不同学段的项目主题，开展子项目学习方案设计。项目学习方案是对项目学习的整体规划，是一个个具体项目的设计与实施"图纸"，涉及项目学习的名称、时长、对象、目标、挑战性问题、项目实施过程、项目评价方式以及项目实施所需的资源等诸多要素。在实践中，教师的项目学习方案设计主要包括以下几个方面。

① 选择合适的项目，明确项目目标

教师要仔细观察和了解学生的兴趣，结合学段特点、学生的知识能力基础以及现实生活，设计适合的项目，并认真分析学校资源优势，总体评估项目的可行性。同时，要列出具体的项目目标，即通过该项目的学习想要培养学生哪些素养，想要学生掌握哪些核心知识和关键能力，这些项目目标与综合实践活动课程的四大目标是否具有一致性。

② 设计挑战性问题，创设真实情境

将项目主题和项目目标凝练成一个有意义的挑战性问题，用于组织和激发学生的学习活动，使学生运用所学知识围绕这一问题开展实践探究；同时，注意挑战性问题要反映真实的生活情境，与学生的生活经验相联系。

③ 明确项目成果，设计评价要点

项目学习要形成公开的有质量的成果，教师要坚持"以终为始"的原则，在设计起始阶段就要非常清楚学生解决挑战性问题的项目成果是什么，并明确成果的具体表现形式，如作品、产品、报告等。同时，设计项目评价要点，包括项目成果的评价，以及贯穿项目全程的过程性评价量规等。

④ 分解项目任务，规划项目过程

教师首要将挑战性问题分解成问题链，或将项目任务进一步细分为若干子任务；然后着手具体策划、安排项目活动，包括项目时长、项目的对象、项目启动活动、项目探究过程及方式、项目成果的展示等，教师要合理规划项目学习过程，设置重要节点里程碑，并将评价要点贯穿其中。

⑤ 设计项目支架，提供项目资源

项目学习是学生解决复杂的、挑战性问题的过程，教师要设计相配套的学习支架，包括一些辅助工具或辅助策略，使探究任务处于学生的最近发展区范围内，引导学生顺利开展探究学习活动。同时，教师要考虑项目学习所需的各项资源，并确保资源的可获得性。

总之,教师在编制项目学习方案时应注意:切合项目学习目标,符合学生兴趣、能力和需要,具有重要性、正确性、实用性,范围适当,照顾到学生的个别差异,考虑到适度弹性,有可用的资源、充足的时间等。

通过实践中的优化与完善,我们形成了项目学习方案的设计模板(见表3-3),各个学习项目按照模板要素进行设计。

表3-3 项目学习方案设计模板

项目名称:			项目时长:
项目类型:	涉及学科:		年级:
教师(团队):			
项目简述:			
素养目标:			
核心知识与关键能力:			
挑战性问题	1. 本质问题		
	2. 挑战性问题		
成果与评价	成果及呈现形式:		
	评价的内容与方式:		
项目过程	1. 启动阶段 2. 探究阶段 3. 展示阶段		
所需资源	设备资源: 材料资源: 人力资源:		

经过实践检验与优化,学校目前形成了一系列较为成熟的学习项目(见表3-4)。

表3-4 综合实践活动课程中的学习项目示例

阶段	项目主题	项目群(示例)
小学低段 (1—2年级)	与内心和谐共鸣	亮出我的梦想;时间胶囊;我的姓名;小小读书角;记忆大师;旅行计划;操场大改造;策划组织年夜饭……
小学中高段 (3—5年级)	与自然和谐共生	校园中的生物多样性;我和春天有个约会;有趣的食物;生物世界;奇妙的动物仿生……
初中段 (6—9年级)	与社会和谐发展	垃圾分类;未来城市创意设计;"益路同行"公益;石库门的保护;诗心相印;时光缝制的优雅;少年梦·时代梦·中国梦;智能改善生活;后疫情时代我们的使命;城市火灾与逃生;时光的容器……

(3) 项目内容设计

在以项目学习为载体的综合实践活动课程中,每一个项目就是一个相对完整的课程学习内容。项目学习对教师提出了比传统"教学设计"更高的要求,教师需要站在学习设计和课程设计的视角进行系统思考。项目内容设计不仅要确定学生要开展的项目任务及形式,还需要与项目目标、评价设计相对接,形成一个完整的体系。为了不断提升项目设计的质量,我们在实践探索中逐渐形成了一个"项目目标—评价证据—项目内容"迭代循环的设计过程(如图3-1)。

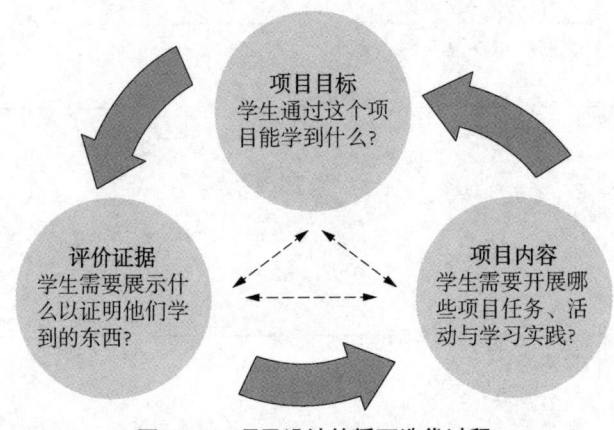

图3-1 项目设计的循环迭代过程

教师进行项目设计的第一步是确定学生通过项目学到什么,所以下一步确定用什么来证明学生真的学到了就在情理之中。学生如何证明他们理解了新的概念?如何证明他们在关键能力与综合素养方面是否有提升?教师清楚地了解哪些是可行的证据,有助于引导学生向理想的目标靠近。确定了项目目标与评价证据以后,教师需要回到项目内容的设计上,想一想学生在项目的整个过程中需要从事哪些活动来获得这些新概念、技能和学习素养。项目内容设计主要关注以下两个方面。

① 挑战性问题设计

挑战性问题是项目学习的核心设计原则,犹如项目学习中的"灯塔",挑战性问题激发学生的探索兴趣,引发学生对概念的思考与探索,指引学生向项目目标努力前进,使整个项目保持持续性和一致性。挑战性问题通常是来源于真实生活的、复杂性的开放式问题,不会有单一的、固定的正确答案,需要学生运用分析、推理、评估、预测、批判性思考等高阶思维来寻找问题解决的方案。挑战性问题影响着项目学习的实践过程与结果,能够帮助教师规划项目学习内容,让学生明确项目目的,在学习过程中抓住重点。

那么,怎样来设计挑战性问题呢?在实践中,项目组教师基于学生的兴趣与生活经验,提出挑战性问题,再与指导专家、教师同伴共同研讨后确定,在采用这一方法时,教师要时刻确保自己站在"儿童立场"思考问题;也可以采用师生共同研讨来设计挑战性问题,例如,教师先公布项目主题,然后由学生提出自己感兴趣的问题,教师可以从学生提出的问题中进行选择、优化,使其转化为挑战性问题。例如,我校"垃圾分类"项目的挑战性问题设计过程,可供参考。

【案例3-1】 "垃圾分类"项目的挑战性问题设计

2019年7月1日,《上海市生活垃圾管理条例》正式施行,上海步入垃圾分类强制时代,正确进行垃圾分类成为每一位上海市民的责任与义务。为了让每一位学生都成为垃圾分类的实践者、宣传者,我校在综合实践活动课程中开设了"垃圾分类"这一项目主题。

结合我校项目式课程的总目标——"责任担当""认知能力""实践创新""合作能力",项目学习教师团队通过研讨,将"垃圾分类"项目的目标确定为:知道人类生活与环境的相互关系;理解垃圾分类对城市可持续发展的意义;能够积极践行垃圾分类并进行宣传;能够运用所学知识对垃圾分类实施中存在的问题提出解决方案。

接下来,教师通过开展头脑风暴活动,收集学生关于垃圾分类的问题:

不同人群对于垃圾分类的态度是怎样的	如何提高可回收垃圾的价值
垃圾箱位置与投放时间的合理性	关于可循环利用的湿垃圾袋的设计
垃圾去哪儿了	废电池的处理对环境的影响
居民的垃圾分类的情况如何	有没有一种垃圾分类软件
化学类有害垃圾的处理和再利用	垃圾怎样进行回收再利用
如何快速准确分类饮品垃圾	厨房湿垃圾怎么有效利用
垃圾分类的实施情况如何	国内外垃圾分类有什么不同
……	

学生提出了各种各样的问题，但是仔细分析就会发现问题的层次差异很大，有的问题太过浅显，不具有研究价值，有的问题超出了学生的能力范围，没有可行性。因此，教师与学生再次开展讨论：什么样的问题适合开展项目学习探究？其特征是什么？通过教师的引导和学生的批判性思考，最终设计出符合项目目标的挑战性问题：

2019年7月1日上海市正式全面推进垃圾分类，这是改善人民居住环境，保护生态环境，促进社会可持续发展的重要举措。但是也有人对此持不同意见，觉得小题大做，为日常生活增加负担。那么，让我们走进社区，来看一看上海垃圾分类的情况如何，作为一名上海小市民，你如何为垃圾分类助力？

在这样的问题驱动下，学生成立研究小组，自主选择感兴趣的研究方向，走进社区、垃圾处理站、资源回收利用企业，进行调查、访谈、参观，针对垃圾分类的现状与问题，提出实用性的建议。

挑战性问题的设计，也可以根据学生在生活中的疑惑点，将具有冲突和争议性的问题作为挑战性问题。

例如，教师对"伴随着传承与创新，传统业态如何与时俱进？"这一本质问题进行具体化和情景化，设计了"现在线上买书十分便利，为什么还要去书店（以思南书局为例）?"这一挑战性问题。并将其分解为3个子问题：问题1：思南书局如何诞生与发展？问题2：除了看书买书,大家去思南书局做什么？问题3:现有200万启动资金,如何选址、策划、经营一家个性化的实体书店？

这样的问题既贴近现实生活,又具有一定的挑战性,激发了学生的探究兴趣。

不管是采用何种方式来设计挑战性问题,一个高质量的挑战性问题至少需要符合以下四条标准:

● 挑战性问题要紧扣项目学习的目标,确保学生通过解决挑战性问题的过程来掌握项目目标中的核心知识、发展关键能力,形成必备品格。

● 挑战性问题应具有一定的情境性,与真实的生活世界相关联,能够激发学生兴趣,引导学生深度投入,并在项目过程中始终保持学习兴趣。

● 挑战性问题是开放性的。主要包括:解决问题所需的信息是开放的,学生需要对信息进行判断、鉴别,有高阶思维的过程;解决问题的方法是开放的,不唯一的;问题结果是开放的,没有唯一的答案,学生可以根据自己的分析与推理提出个性化的想法。

● 挑战性问题应是可行的。要符合学生的能力、特征,要考虑学生是否能够在某一时间段内根据自身已有的认知水平、可用的资源等解决该问题。

有价值的挑战性问题的设计是一个不断打磨、不断优化的过程,在初步设计完成后,教师还需要听听学生对这个挑战性问题的看法,如果学生反响热烈、跃跃欲试,那至少说明这个挑战性问题实现了"驱动"的目的。

② 项目任务设计

项目任务既是对学习内容的描述,也是对学习成果和过程的描述。教师在设计项目学习任务时,要考虑以下三个方面———一致性:项目任务的设计是否指向学习目标的达成,是否指向挑战性问题的解决,项目任务、探究活动与项目成果之间是否具有一致性;循序性:项目任务是否可以分解为循序渐进的一系列小任务,这些系列任务之间具有连贯性与逻辑性;可行性:项目任务的难度是否适合学生的认知水平,学生是否具有开展项目活动所需的知识基础和能力,如果不具备,需要为学生提供什么样的学习支架与资源,等等。

教师要根据项目学习目标,对设计的项目任务进行分解,使其形成相互关联、具有统一目标指向的"任务链",后面的任务以前面的任务为基础或出发点,引导学生一步一步地进行深入探究。分解后的任务应该具有详细的内容,让每位同学都清楚地了解自己以及所在的小组需要完成的项目任务、方法步骤、预期成果等。同时,为了提升项目任务的可操作性,教师还应提供与完成项目任务相配套的学习资源。以下呈现我校几个项目设计案例。

【案例3-2】 "时光的容器——思南书局"项目内容设计[①]

项目名称:时光的容器——思南书局		项目时长:6周
项目类型:跨学科项目	涉及学科:心理(生涯)、历史、道法、地理、数学	年级:六年级
教师(团队):心理教师齐越、班主任、相关学科教师		
项目简述: 　　随着互联网经济的高速发展,实体书店越来越少,怎样才能保持实体书店的品牌特色与市场竞争力呢?思南书局作为上海的人文心脏,独特的地理位置与文化内涵使得思南书局有人流、有传统、有故事,被誉为"时光的容器"。本项目整合职业发展、历史、社会等学科的重要概念,和多个学科形成关联。学生通过搜索、调查、访谈、咨询等手段来获取信息,并通过信息处理、整合分析与创新实践等方式形成基本概念。与此同时,学生使用各种技能,开展协作式、探究式学习。在深入探究思南书局的独特人文背景与经营模式的同时,学习知识、建立学科联系、掌握技能,结合自己的兴趣与特长策划经营一家适合现代背景的个性化的实体书店。		
素养目标:责任担当、认知能力、实践创新、合作能力		
核心知识与关键能力: 心理(生涯):了解实体书店的行业变迁,探究现代实体书店(以思南书局为例)的历史文化传承与商业创新,以及相关职业发展变化。 历史:了解思南书局的历史传承、演变历程与文化内涵。 道法:根据实体书店策划经营的市场需求,探究现代市场经济模式对书店这一传统业态发展变革的影响。 地理:了解思南书局的独特地理位置、文化背景与功能分区,探究书店选址的技巧与方法。 数学:通过对书店启动资金的分配与使用,培养经济学思维,提高数学运算能力。		
挑战性问题	1. 本质问题:伴随着传承与创新,传统业态如何与时俱进? 2. 挑战性问题 　　现在线上买书十分便利,为什么还要去书店(以思南书局为例)? 问题1:思南书局是如何诞生与发展的? 问题2:除了看书买书,大家去思南书局做什么? 问题3:现有200万启动资金,如何选址、策划、经营一家个性化的实体书店?	

[①] 该案例来源于江宁学校齐越老师。

续 表

成果与评价	成果及呈现形式： 对应问题1:《思南书局的前世今生》调研报告(文献查阅) 对应问题2:《又见思南书局》调研报告、照片集及微视频(社会调查、实地考察、人物访谈、活动体验、过程实录);《我与思南书局》体会感想 对应问题3:《××书店商业企划书》书店经营策划书 评价的内容与方式： 评价内容： 1. 项目成果展示:研究目标、研究方法、实施过程、项目成果、项目反思 (1) 项目成果之调研报告:研究目标的明确性、研究方法的科学性、实施过程的有效性、成果内容的严谨性、项目反思的深刻性、调研报告的规范性、项目成果的完整性 (2) 项目成果之《××书店商业企划书》:科学严谨性、具体适度性、可操作性、格式规范性、内容完整性、创新吸引性 2. 小组合作:个人责任意愿、帮助团队、尊重他人 评价方式:自评、小组评、师评
项目任务	1. 启动阶段： (1) 学生通过"上海思南公馆""思南公馆"等微信公众号与《更上海:思南书局》(2018年14期)、《今晚:思南书局快闪店第三季》(2018年18期)等纪录片及自主网络搜索等途径查找资料,了解思南书局的历史变迁与文化传承,探究思南书局的现代意义与创新理念。形成调研报告《思南书局的前世今生》 (2) 在班级分享阶段成果,对调研报告进行评价修改 2. 探究阶段 (1) 分小组实地走访思南书局、访谈经营管理人员及书店顾客、体验思南书局文化推广活动的魅力,从历史文化、市场经济、行业发展、职业变迁等多方面了解思南书局独特的现代经营模式。形成调研报告《又见思南书局》、编辑整理实录照片、制作微视频,讨论完成小组项目工作报告 (2) 参加一场思南书局的文化推广活动如书展、读书会、艺术展等,感受思南精神的魅力。形成体会感想《我与思南书局》,讨论完成小组项目工作报告2 (3) 分享阶段成果,进行评价修改 3. 展示阶段 (1) 现有200万启动资金,思考如何选址、策划、经营一家个性化的实体书店？形成策划经营书《××书店商业企划书》 (2) 分享展示成果,评价与反思
所需资源	家长资源:周末由家长陪同实地走访思南书局 材料资源:需要用电脑搜索信息、手机拍照录像 人力资源:相关学科老师、访谈思南书局的经营管理人员、有相关人脉资源或技术支持的家长

【案例 3-3】 "诗心相印——西摩路的春天"项目内容设计[①]

项目名称:诗心相印——西摩路的春天		项目时长:12周
项目类型:跨学科项目	涉及学科:语文、历史	年级:六年级
教师(团队):张添、六年级语文老师		
项目简述:充分挖掘乡土历史以及24路校本课程的资源,以陕西北路为出发点,跟随诺贝尔文学奖获得者泰戈尔和中国著名诗人徐志摩的脚步,引导学生通过项目化学习的方式自主探究学习,学生自主选择感兴趣的问题,自主确定探究主题,拟定研究任务,运用查阅资料、实地考察等方法进行主题探究,在实践中锻炼发现问题和解决问题的能力,也在探索中培养爱上海爱祖国的家国情怀。		
素养目标:责任担当、认知能力、实践创新、合作能力		
核心知识与关键能力: 历史:培养在特定的时间联系和空间联系中对事物进行观察、分析的意识和思维方式;在学习和探究历史的过程中充满人文情怀,对国家、对家乡充满高度的认同感、归属感和使命感。 语文:基于一定的时空,进行诗歌的仿写。 信息技术:运用互联网技术进行信息的收集,微信公众号的微信稿制作。		
挑战性问题	1. 本质问题:历史街区中蕴藏的城市文脉对人的发展的价值是什么? 2. 挑战性问题:一条西摩路,半部近代史。在这条路上,文学巨匠泰戈尔和现代新月派诗人徐志摩这对忘年交相处了一段美好时光,让这条路充满诗意。走在西摩路上,我们跨越时空与大师相遇。如何像大师一样用诗歌来表达对生活的感悟?	
成果与评价	成果及呈现形式:寻访探究泰戈尔三次来华的上海足迹,研读比较泰戈尔和徐志摩的诗,以"西摩路的春天"为主题,仿泰戈尔体、徐志摩体写诗。以"西摩路的春天"为主题进行一场诗歌分享会。	
	评价的内容与方式:对西康路文脉的了解,整理资料,有条理的表述能力,过程性评价和终结性评价相结合,基于研读进行诗歌仿写,以及信息技术应用能力和口头表达的能力。	

[①] 该案例来源于江宁学校张添老师。

续 表

项目过程	1. 启动阶段 ● 每位学生大致了解上海市 24 路公交车的沿线情况 ● 学生通过网络、静安区历史档案馆、纪录片《陕西北路》、泰戈尔来华的纪录片等查找资料,了解泰戈尔三次来华的上海足迹 ● 分小组实地走访沧州饭店(今锦沧文华大酒店)、南昌路 136 弄 11 号(徐志摩故居),初步认识 24 沿线的大师足迹 ● 讨论项目进程计划表 2. 探究阶段 ● 组内开展讨论,通过大师的上海足迹感受历史事件背后折射出从民国到今天上海一以贯之的城市精神——海纳百川、追求卓越、开明睿智、大气谦和。 ● 分组探究泰戈尔和徐志摩两位诗人,从文学的角度,了解诗人、诗歌及对文学发展的重要贡献 ● 每位学生以"西摩路的春天"为主题,仿泰戈尔体或徐志摩体写诗。 ● 小组分工,确定好诗歌分享会的时间、地点、参与人员以及主题和内容。 ● 形成成果:确定标题,制作一个数字故事。 3. 展示阶段 ● 在班级举行一场诗歌分享会。分小组以"西摩路的春天"为主题,分享泰戈尔、徐志摩、中国古代诗人以及学生创作的诗歌。
所需资源	设备资源:可上网的笔记本电脑、美图秀秀等软件 材料资源:上海乡土历史书籍(网络资源)　　　人力资源:学校图书馆工作人员

【案例 3-4】 "留住城市'底色'——石库门的保护与发展"项目设计

项目名称:留住城市"底色"——石库门的保护与发展		项目时长:8 周
项目类型:跨学科项目	涉及学科:道法、历史	年级:七年级
教师(团队):程宏、相关学科教师、班主任			
项目简述: 　　石库门是上海近代以来非常具有代表性的民居建筑,是触摸上海近代历史、感受海派文化的重要物质文化遗产。但是在"旧城改造"的进程中,我们身边的石库门数量正在减少。如何兼顾文化遗产保护与城市发展需求,让石库门焕发新生命,是一个值得关注的社会问题。本项目请学生模拟政协委员,在了解石库门历史文化价值的基础上,选择一处具体的石库门建筑开展实地考察、调研与论证,为其量身定制一个保护与创新发展的提案,以促进石库门文化的传承与创新,留住上海的城市"底色"。			

续 表

	素养目标： 1. 了解城市的文化底蕴，增强人文积淀和人文情怀，传承优秀传统文化 2. 增强关注社会、服务社会的意识，勇担社会责任 3. 提升发现问题和解决问题的能力，培育实践创新精神
	核心知识与关键能力： 1. 历史：了解上海近代史 2. 道法：理解文化遗产的价值，保护和传承优秀传统文化，增强文化自信 　　　　走进社会、服务社会，提升社会责任感，增强为社会服务的能力 　　　　针对具体的社会现象，发现问题，提出解决问题的措施，并设计相应方案 　　　　理解人民政协的职能，具备撰写提案的能力
挑战性问题	1. 本质问题：文化遗产的保护、传承与创新
	2. 挑战性问题 　　　石库门是上海近代以来非常具有代表性的民居建筑，承载着上海的城市文化与几代人的情感记忆。近年来，随着上海市旧城改造的进程，我们身边的石库门数量正在减少，石库门的保护面临困境。请你模拟政协委员，针对如何兼顾文化遗产保护与城市发展需求，让石库门焕发新生命这一社会问题，选择一处具体的石库门建筑开展调研与论证，为其量身定制一个保护与创新发展的提案。 　　子问题链： 　　（1）上海石库门的历史变迁与整体现状如何？ 　　（2）选择一个具体的石库门建筑开展研究，石库门的保护面临着哪些困境，成因是什么？ 　　（3）如何保护该石库门建筑，或在保护的基础上对其进行创新改造？在此过程中，如何来凸显石库门文化的传承与发展？
成果与评价	成果及呈现形式： 1. 个人成果：《上海石库门的前世今生》报告 2. 小组成果：《×××的保护现状与问题分析》调查报告。所选石库门建筑的源起、历史变迁与现状介绍、实地考察、居民访谈、问卷调查、问题分析等（照片 & 微视频）。 3. 小组成果：《关于×××保护与发展的提案》：展示对所选石库门的保护和创新改造方案，以及传承与发展石库门文化的具体形式与途径。
	评价的内容与方式： 1. 调研途径的科学性、调研内容的科学严谨性、报告的规范性、调研成果的丰富完整性 2. 调查内容和途径的科学性、访谈的有效性、调查报告的规范性、调研成果的丰富完整性 3. 提案的科学严谨性、具体适度性、可行性、格式规范性、丰富完整性、创新吸引性

续 表

项目过程	1. 启动阶段 (1) 学生通过网络搜索、图书馆查阅书籍、观看石库门纪录片等方式了解上海石库门的诞生与历史变迁，梳理石库门的建筑特点、历史文化内涵、今天的现状、保护模式等，形成报告《上海石库门的前世今生》 (2) 分享阶段成果，评价修改 2. 探究阶段 (1) 组建项目小组，在前期调研基础上，小组讨论选择具体的某一个有保护价值的石库门建筑作为探究对象，明确选择的依据与理由。小组讨论制定项目研究计划，明确分工 (2) 通过道法课堂学习理解我国人民政协的职能，了解政协委员提案的基本结构和撰写方法 (3) 分小组实地考察走访该石库门，了解该石库门的地理位置、由来、历史变迁，通过居民访谈或者问卷调查，了解居民对石库门保护或者改造的看法，发现石库门保护面临的问题，并分析成因，形成《×××的保护现状与问题分析》调查报告 (4) 兼顾石库门保护与城市发展需求，小组讨论设计该石库门保护和创新改造的可行性方案，并突出传承与发展石库门文化的具体形式与途径，最后形成《×××保护与发展的提案》 (5) 分享阶段成果，评价修改 3. 展示阶段 (1) 分小组展示《留住城市"底色"——石库门的保护与发展》提案 (2) 评价与反思
所需资源	设备资源：需要网络和电脑设备来搜集信息、观看纪录片；手机拍照录视频 材料资源：石库门相关资料、调查和访谈的相关材料 人力资源：相关学科老师、班主任、有相关人脉资源或技术支持的家长等

【案例3-5】 "书写少年梦　追寻中国梦"项目设计示例[1]

项目名称：书写少年梦　追寻中国梦		项目时长：12周
项目类型：跨学科项目	涉及学科：道德与法治、历史、美术、劳技等	年级：六年级
教师（团队）：瞿佳妮、杭艺、施敏、毛伟勇		
项目简述： 　　通过引导学生走进新老渔阳里，了解早期中国共产党人内心的青春梦想，追寻百年渔阳里蕴藏的"初心"，激励更多青少年感受梦想的力量，通过调查访谈身边普通人、平凡岗位中的		

---

[1] 该案例来源于江宁学校瞿佳妮老师。

续 表

\[青年梦想描述\]	青年梦想，最终指导学生运用项目活动收集的素材策划一次以"少年梦·时代梦·中国梦"为主题的校园展览，引导学生作为祖国的未来明确自己的志向和梦想，并与时代脉搏、国家梦想紧密相连。
素养目标：	培养学生的家国情怀，积极主动地树立正确的梦想，认识到每个人的梦想都是中国梦的一部分，懂得作为祖国的未来要早立志、立大志、立长志。同时通过访谈人物、自主策划展览等活动提高学生的科学精神、自主学习的能力，提升对于未来目标的自我规划能力，通过社会实践、场馆走访等活动提高公民责任感与社会参与感，提升学生们的人文素养。
核心知识与关键能力：	核心知识：了解少年梦想的重要性，意识到梦想对个人与国家发展的意义。 关键能力：提升数据收集与整理的能力，懂得一定的访谈技能，理解追求梦想、实现梦想的方法，逐步提升合理规划人生的能力。

挑战性问题	1. 本质问题 少年梦想与国家梦想、时代脉搏、个人人生目标紧密相连。 2. 挑战性问题 　　有人说，"躺平"做"咸鱼"的人生不香吗？有人说梦想不管大小，这样人生才有目标。还有人说，青年梦想得与时代发展结合，要对国家未来有利。你赞同吗？ 问题1：新老渔阳里中蕴藏了怎样的"中国梦"？ 问题2：除了早期进步青年，我们身边还有没有普通人的梦想与时代发展、国家梦想息息相关？ 问题3：如何具体策划并开展一次针对本校师生并以"我的梦·时代梦·中国梦"为主题的展览？
成果与评价	成果及呈现形式： 对应问题1："红色大寻访"实景游戏站点挑战赛。 对应问题2：《勇做织梦人》访谈报告。 对应问题3：以"我的梦·时代梦·中国梦"为主题的展览策划书（题目自取、形式不限）。 评价的内容与方式： （方式：自评、互评、师评，结合过程性评价与终结性评价。） 评价内容： 1. 评价点：史料收集的完整性与准确性、游戏设计的趣味性与教育意义。 2. 评价点：访谈内容的有效性与准确性。 3. 评价点：内容的价值取向、规范性、准确性与信息量。

续 表

项目过程	1. 启动阶段 A. 学生通过网络、实地走访新老渔阳里等方式收集相关史料，了解早期进步青年的青春梦想。讨论项目进程计划表，完成史料收集报告《百年渔阳里的"初心"》。 B. 学生分小组策划"红色大寻访"实景站点游戏，并组织更多学生通过参与此次游戏活动，深入学习新老渔阳里中的青春力量。 C. 分享阶段成果。 2. 探究阶段 A. 分小组访谈身边的普通人的青春梦想，完成访谈提纲的设计、实施（以照片、采访视频辅助记录）。 B. 形成访谈报告《勇做织梦人》。 C. 分享阶段成果，评价。 3. 展示阶段 A. 分小组讨论完成主题策展计划书，并进行在校园中的活动具体实施。 B. 评价与反思。
所需资源	设备资源：需要网络和电脑设备来搜集信息、观看纪录片；手机拍照录视频。 材料资源：渔阳里相关资料、访谈的相关材料、展板。 人力资源：渔阳里专业人员讲解、相关学科老师、班主任、提供技术支持的家长。

4. 项目学习的实施

（1）合理安排课时

《指导纲要》虽然对综合实践活动课程的课时安排做了原则上的规定，但如何保证在规定课时内有效开展项目学习，需要创造性地安排学习时间。在项目学习实施中，我们根据每一个项目的复杂程度、项目周期的长短等灵活采用课时集中使用与分散使用相结合的方式。

一是固定课时，分散使用。小学阶段每周安排2课时联排；初中阶段每周安排3课时联排，形成固定课表，每周开展项目学习。

二是整体打包，集中使用。一些项目学习涉及问卷调查、外出参观考察、实验操作、设计制作等活动，对于这样耗时较长的内容集中安排在半天或一天内完成，计入学期总课时。根据项目进展需要，学校也会利用课余时间，如节假日等，开展各类实践体验活动，不计入项目总课时。

（2）组建项目学习教师团队

目前，学校没有综合实践活动课程专任教师，指导教师是来自不同学科的兼任教师。

项目学习的实施需要教师之间加强合作,特别是跨学科项目在教师队伍的多元性上要求较高。为了保障项目学习的有效实施,学校从纵向和横向两个层面构建了项目学习教师研究团队。

一是在纵向层面建立"校长—教导—组长"项目研究小组,将来自不同管理层级的人员连接为一个研究团队,以加强对项目学习的指导和管理,确保项目学习常态化实施。其主要职能包括:从学校层面整体规划和系统设计项目学习的实施方案,确定不同年段的项目主题模块,明确不同学段项目学习的目标要求、主要项目活动安排及考核评价办法;整合校内外项目学习资源,联合各方力量;组织教师开展项目学习的培训和研讨,不断提升教师的专业水平,确保项目学习顺利实施。

二是在横向层面建立跨学科项目学习教研组,设立教研组长,开展项目学习的教学与研究活动。教研组实行每周例会制度,即每周开展一次教研活动,来自不同学科的教师共同探讨项目的研发与设计,制定项目学习方案,开发项目学习资源,结合项目各阶段的任务和重点,探索项目学习不同课型的实施策略;教研组建立了听评课制度,每月有一次公开的课堂观察,教师跨越学科边界,开展跨界对话,总结项目教学的有效经验,共同解决出现的问题,不断优化项目实施;教研组集体开展学习研究活动,通过自学专业书籍,参加项目学习专题培训,交流分享学习心得等,不断提升项目教学的胜任力。例如,我校初中部的项目学习教研组由来自科学、地理、道法、物理、数学、历史等学科的 10 位教师组成,根据每个项目的内容侧重点,配备一位主要负责教师,以相关学科教师为辅,组成该项目的教师团队,合作开展项目学习的设计与实施。

(3) 项目学习的实施阶段

结合校情与学情,我们在实践层面对项目学习的具体阶段与流程进行了校本优化,三个实施阶段具体如下:

项目启动阶段:主要通过真实或模拟的情境让学生对项目主题的学习产生浓厚兴趣,激发内在的探索欲和求知欲,引导学生对挑战性问题进行自由探索、头脑风暴,产生疑惑或暴露已有的想法,形成认知冲突。

项目探究阶段:学生通过个人自主探究或小组合作探究,采用调查、参观、体验、设计、制作、信息搜集、实验等多种方式,探索问题解决的路径与方案。在此过程中,教师通过针对性教学,或为学生提供各种资源、工具和学习支架,引导建构解决挑战性问题所需的知识、能力与方法等。

项目展示阶段：学生形成能够回答挑战性问题的成果，用非常丰富、自由的样态来呈现自己的项目过程和成果。并总结与反思活动过程中的各类实践与目标达成情况，促进类似情境下的迁移。

（4）学生的组织方式

在我校的项目学习实施中学生的组织方式主要有以下三种：

个体自主探究：学生是项目学习的主人，在项目学习中学生以问题（任务）为驱动，直面真实而复杂的问题情境，调动自身的感知、思维、情感、意识全面参与实践探究，促进知识与个人生活经验的关联和互动，最终实现自主学习。例如，在"智能改善生活"项目中，教师鼓励学生提出自己感兴趣的问题，通过搜集资料、问卷调查、设计方案、动手制作、实验与分析数据、形成并优化成果等一系列自主探究，来创造性解决问题。

小组合作探究：大部分的项目需要采用小组合作的方式进行，小组合作范围既有班级内部的，也有跨班级、跨年级的小组。教师通过引导学生建立异质小组，培养学生的协作能力，为小组提供合作的工具，营造物理学习空间以及合作学习的氛围等来促进小组有效开展合作。

集中的示范支持：项目学习并不排斥集体授课，尤其是在知识与能力建构环节，教师及其他专业人员对学生的集中讲授、演示、示范与指导能够帮助学生快速掌握解决项目问题必需的知识与技能，提高学习的效率。例如：在"垃圾分类"项目中，学生参观上海市的厨余垃圾处理站、有害垃圾处理站等，听取专业人员的介绍与指导。在"未来城市"项目中，来自同济大学设计学院的教授指导学生如何进行城市规划设计等；教师为学生开展 Sketch Up 软件的集中培训，帮助学生学会利用软件设计城市规划图。

（5）教师指导方式

基于项目学习的综合实践活动课程在建构主义指导下要求学生作为学习活动的主体，在真实的学习情境中通过借助多种资源、工具开展研究性学习，实现知识意义的建构和能力的提升，必须处理好学生自主实践与教师有效指导的关系，教师既不能成为"课堂的控制者"也不能"放手不管"。在实施过程中，我们引导教师成为学生活动的组织者、参与者和促进者，将指导贯穿于项目全过程。

在项目主题确定阶段，教师要基于学生的兴趣和生活经验，提供若干项目供学生选择，或者引导学生围绕项目主题自主选择感兴趣的问题，教师要带领学生对这些问题进行分析、论证与筛选，最终确定合理可行的项目。

在项目启动和知识能力建构阶段,教师要引导学生将挑战性问题进一步分解为"问题链",指导学生制定项目探究计划或方案,进行合理的分组和任务分工;同时,教师要引导学生学习项目涉及的相关知识与技能,促使学生掌握多种研究方法,为学生提供充分的学习支架、工具与资源。

在项目探究阶段,教师要深入到每一个小组中,详细了解学生的项目活动开展情况,及时进行有效的指导、点拨和督促;对有困难的小组或学生要进行个别化辅导,与学生平等交流,共同商讨解决问题的办法,而不是仅仅满足于一般号召和集体指导;教师要为学生提供实践的机会与平台,如现场考察、开展实验、专业机构与人员的支持、校外教育资源等;同时,教师要指导学生及时进行项目资料的整理,写好项目日志,记录研究情况,为以后的总结与评价提供依据。

在形成成果及展示反思阶段,教师应指导学生总结项目研究的全部资料,撰写项目报告或者制作项目成果、作品,并对学生初步的项目成果提出改进的建议,引导学生不断迭代和优化成果,指导学生采用展览、汇报、表演、报告、多媒体等丰富的形式进行成果的公开展示和交流;教师要引导学生客观公正地对自己和他人的项目学习进行评价,通过反思项目学习的成败得失,升华个体经验,促使学生明确进一步的探究方向。

5. 项目学习的 O-PDCA 循环改进

著名的课程理论专家施瓦布提出的课程实践模式认为,课程是"实践的艺术",传统模式太强调课程理论的作用,根据学生的学习目标来衡量课程与教学的成败,只注重最终的学习结果,而没有把课程当作一个动态的实践过程,忽略了学生学习过程本身,忽略了对课程实践过程的评价。[①] 以项目学习为载体的综合实践活动课程是一个不断尝试、实践和优化的过程。在实践中,我们采用 O-PDCA 循环改进模式来不断提升项目学习的质量。

(1) O-PDCA 循环改进的内涵

PDCA 是质量管理专家爱德华兹·戴明提出的循环管理理论,又称为戴明环。它的实质是为提高效益所进行的计划(Plan)、实施(Do)、检查(Check)、处理(Action)4 个阶段的循环过程,这是项目质量管理的基本方法和程序。在本课题的项目学习质量管理中,为了解决项目活动的松散性和随意性,使各项活动紧紧围绕项目目标,以项目任务为驱动展开,我们对戴明环 PDCA 模式进行了优化,在 PDCA 循环中增加了"目标"(Object),因为项目学

---

① 史学正,徐来群.施瓦布的课程理论述评[J].外国教育研究,2005(1):68—70.

习的循环改进必须具有明确的课程目标意识，每一个环节都要始终以素养目标为引领。项目学习的O-PDCA循环(如图3-2所示)是一个持续改进、阶梯式、螺旋式提高的周而复始的过程，每一个循环的结束，都意味着新的循环的开始，使项目学习的质量从一个水平上升到更高的水平。

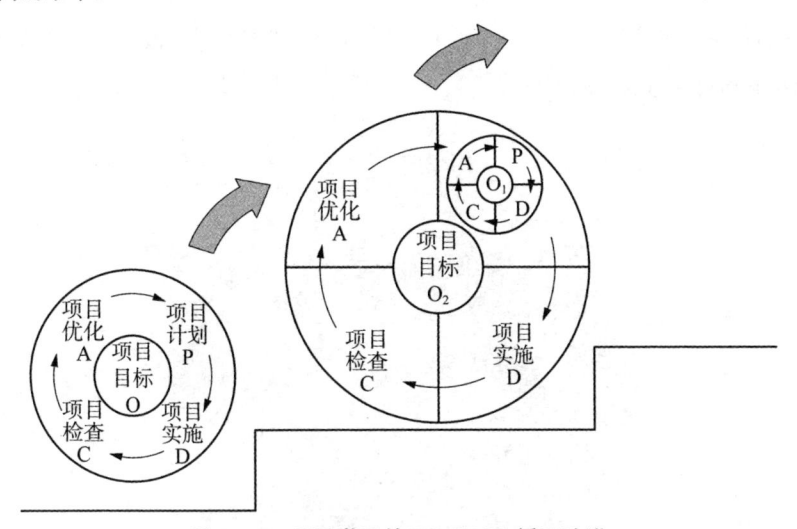

图3-2 项目学习的O-PDCA循环改进

O—项目目标：项目目标决定着项目计划的总方向，在项目设计与实施的所有环节都要以项目学习的目标为依据展开。每一个学习项目都应该有清晰的目标，这一目标要与学校综合实践活动课程的总体目标进行对接，并进行细化与具体化。我们要求每位老师在设计项目时要列出本项目的素养目标、核心知识和关键能力。

P—项目计划：在项目目标的引领下，结合真实的生活情境设计项目的挑战性问题、项目活动任务以及评价方式。同时，规划项目实施进程，在相应的时间节点，规划每一阶段的评价节点，并匹配相应的学习支架与资源。

D—项目实施：将项目方案付诸实践，组织学生开展项目学习，进入到真实问题的解决中，合作探究、手脑并用，形成项目成果并进行公开展示分享。

C—项目检查：通过组织项目审议、项目案例研讨、同行教师的项目观察与反馈以及教师的实践反思等进行项目检查与评估，以明确项目实施在多大程度上实现了项目目标，为进一步优化项目提供支持。

A—项目优化：高质量项目的生成需要经过多次迭代，在这一环节教师对项目学习的各要素进行修订与优化。

(2) 项目学习 O-PDCA 循环改进的流程

一个高质量的项目设计，并不是一次成型的，它需要教师不断地修改与迭代；一个高质量的项目设计，也并不意味着会有一个高质量的项目学习过程，教师需要根据学生的特点与反应进行调整与优化。在实践探索中，我们采用 O-PDCA 循环改进的六大流程（见图 3-3）来提升项目学习的品质。

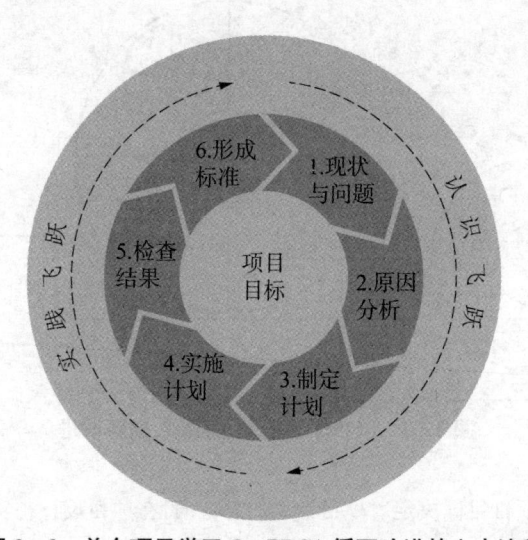

图 3-3　单个项目学习 O-PDCA 循环改进的六大流程

在实践操作中，单个项目学习 O-PDCA 循环改进以项目目标为聚焦，在目标分析的基础上，厘清项目学习的现状与问题、分析问题的成因、制定解决问题的计划，实现第一个层次的认识飞跃；接下来在具体的实践情境中实施计划、检查结果、总结成功经验，形成标准，实现第二层次的实践飞跃。下面将以"未来城市创意设计"项目为例来呈现实践中本课题对项目学习进行 O-PDCA 循环改进的六大流程。

【案例 3-6】　"未来城市创意设计"项目 O-PDCA 循环改进

1. 项目简介

"未来城市创意设计"跨学科项目是通过完成一个原型城市 50 年后的创意设计规划，从而了解城市设计的基本理念和基本方法，通过小组合作能绘制简单的城市布局图，学习基本的立体模型绘图软件 Sketch Up 的使用技巧，并根据平面设计图形转化为立体模型图。最后通过撰写研究报告的方式展示整个项目的实施过程与研究成果。

本项目自 2020 年九月份开始在八年级实施，整合使用探究型课程、拓展型课程的课时，每周安排 3 课时，由科学、地理、劳技学科的教师组成跨学科教师团队，组织学生开展项目学习。

2. 项目目标

"未来城市创意设计"项目的学习目标主要包括以下几个方面：

➢ 通过讲座、参观、调研等活动，初步了解城市规划涵盖的基础设施，能对未来城市进行比较准确的定位思考，形成主动关心社区和城市发展方向的意识与责任感。

➢ 根据未来城市的定位，能从工程型基础设施和社会性基础设施等方面进行科学合理的规划设计，正确完成模型搭建的分工合作，养成自己的任务自己负责，他人的任务帮着做的责任意识，在模型搭建制作中提升团队协作的能力。

➢ 能利用调研 PPT、平面设计图、立体模型图进行交流展示小组的项目研究成果，逐步形成主动分享经验、方法的意识，并能客观、正确评价自己和他人的劳动成果。

3. O - PDCA 循环改进

① 现状与问题

由于是初次尝试项目学习，项目主题也是学生不熟悉的领域，在项目起始阶段的原型城市调研上我们就遇到了挑战，有些小组选择了国外不熟悉的城市，导致调研进行得不顺利；有些小组理解项目主题有偏差，选择了城市中的一个区域进行调研；还有的小组思维过于发散，想要天马行空新建一个城市……项目学习的推进似乎困难重重。

② 原因分析

面对这些问题，项目学习的跨学科指导教师团队组织了研讨。首先，"未来城市创意设计"这一项目具有一定的难度，学生对于城市设计理念、城市与人类生活的关系、城市与环境的关系等缺乏整体的认识。长期以来，学生习惯于分科学习模式，对跨学科项目主题感觉无从下手。这个时候就需要充分发挥教师的引导作用，为学生提供足够的学习支架。指导教师要把学生不科学的、不可行的问题修正为具有科学性和可操作性的问题；要用成功的案例激发他们内心的创新意识和设计热情，成为推动他们设计的内在力量。

③ 制定计划

在项目启动阶段，教师需要告诉学生进行主题确认的一般研究方法，采用的研究工具要具有科学性。在收集资料、处理信息和数据的同时，要指导学生从不同途径收集资料，注重资料的全面性，同时要引导学生辨别资料的科学性和有效性，对资料进行筛选、整理和综合，去伪存真、去粗取精。同时，坚持"评价先行"，通过明确评价标准来引导学生探究的方向。

④ 实施计划

为了让学生尽快跟上项目实施的步伐，教师组织学生观看了关于"未来城市"规划设计的视频讲座，学习城市发展的历史、现代城市的职能、未来城市发展的新理念等知识；同时还邀请了同济大学城市规划设计学院的专家开展城市规划设计方法的讲座，让学生们迅速掌握了城市设计的一般步骤和具体需要注意的重点事项。在讲座的基础上，学生们确立了上海、维也纳、兰州等城市作为基础城市，各小组通过各种渠道搜集信息并整理制作了对原型城市的调研 PPT。

⑤ 检查结果

指导老师组织学生在班上进行了原型城市调研的交流和讨论，各个小组以答辩的形式，互相提问，对各小组的调研内容提出建议和意见。通过师生共同努力，最终确立了各组的城市设计理念。

⑥ 形成标准

总结项目推进中开展原型城市调研的经验与教训，教师们发现应坚持"以终为始"的原则，开展调研任务前应先设计有调研方案，做有计划的调研。开展调研任务时应做到评价先行。先讨论出调研成果的评价标准。做到对照标准形成成果，对照标准评价成果。在起始阶段把原型城市调研的要求与评价标准告知学生，帮助学生明确方向，聚焦关键内容，避免学生的调研漫无边际、出现较大偏差，做了无用功。教师团队通过讨论最终形成了《"未来城市"调研交流评价表》，在新一轮实施这一项目的时候，教师在布置调研的同时就把《"未来城市"调研交流评价表》下发给学生，为学生指引方向。

项目学习的 O-PDCA 循环是一个持续改进的过程。一个循环结束了，但是随着项目的不断推进可能会出现新的问题，那么要再继续开始新一轮的 O-PDCA 循环。在实践中，教师团队开发的每一个学习项目都采用了 O-PDCA 循环的方法来促进项目的不断完善和质量提升，但 O-PDCA 循环不是唯一的项目优化方式，随着实践研究的推进，我们还在继续创生其他的项目质量改进方式。

二、行走学习

读万卷书，行万里路。研学旅行作为一种学校教育和校外教育衔接的创新形式，是综合实践育人的有效途径。我校将研学旅行与综合实践活动课程有机融合，构建了"城市·成长"课程，它集探究式、互动式、体验式和开放式等特点于一身，引导学生走出校园，走进城市、场馆、研学实践基地等开展"行走学习"，在"行中有所学，学中有所思"。

1. "行走学习"的整体设计

"行走学习"不是带领学生出去旅游，而是将教育活动置于校外场所，激发学生参与知识探索、技能锻炼的积极性，从而在直接体验和充分互动的基础上建构知识、发展能力及培育价值观。因此，"行走学习"必须要有相配套的活动主题和内容设计。

(1) "行走学习"的主题确立

"行走学习"的实施首先需要思考两个基本问题：

一是研什么？校园内的教育多以知识性的系统教育见长，而学生对世界的整体感知与全面素养的培养，则需要"行万里路"。"行走学习"就是要让学生亲自去感受自然山水，去参观体验富有历史人文、科技艺术价值的各种景观、场馆、建筑、民风民俗等。因此，"行走学习"的主题构建必须与课程资源开发相结合，考虑所选课程资源的独特性、典型性、教育性。

二是学什么？即学生通过这样的"行走学习"可以学到什么。"行走学习"不仅要使学生收获生动鲜活知识，还要注重培育学生良好的人文素养、综合能力、品格习惯、意志品质等。因此，主题的构建要紧密结合不同学段的特点、教育目标，多层次、分梯度、多维度地进行设计。

今天的学生在城市中成长，城市的自然环境和社会环境对学生发展有着深刻的影响。城市也是社会文化和精神财富聚集的场所，拥有丰富的教育资源。我们选择"城市·成长"作为"行走学习"的总主题，其目的一方面是把城市作为让学生了解国家发展与中华文化的切入点，另一方面也将实践活动的开展与学生生活以及与他们成长息息相关的城市紧密联系。我校的"城市·成长"系列活动已有十多年的历史，积累了比较丰富的实施经验。我们选择的城市以及"行走学习"的路线都反映出上海的发展以及国家的发展蓝图。根据城市我们选择了不同的交通方式，如：巴士、轨交、公交车以及飞机等，也是让学生了解城市发展以及中国交通对城市发展的影响。近十年来,我校开展"行走学习"的足迹见表3-5。

表3-5 "城市·成长"行走学习活动主题示例

城市	活动主题	学习单元名称	城市特色资源
上海	沿着24路看上海	诗心相印 西摩路的春天	徐志摩故居(上海市南昌路136弄11号)、静安区历史档案馆、纪录片《陕西北路》
		用时光缝制的优雅——走近中国服饰	龙凤旗袍店(上海市陕西北路207号)、现代服饰工厂、《留住手艺》——中国风韵 龙凤旗袍纪录片
		梦幻城堡 马勒风光	马勒别墅 Moller Villa(上海市陕西南路30号)、纪录片《陕西北路》、纪录片《洋房秘味之衡山马勒别墅》
		海派小饕 世界表达	上海陕西北路"中华老字号上海第一街"
成都	蜀与未来	青山筑古堰 绿水都江宁	都江堰水利工程
		守护黑白世界 采撷成都一片	卧龙大熊猫繁育研究基地
		翻看三国历史 汲取未来智慧	武侯祠、川菜博物馆
		地球不流浪 宇宙少年闯	成都火星农场
杭州	杭州印记	杯中的绿叶 国际的语言	茶园、中国茶叶博物馆、茶学堂
		指尖的买卖 云端的奇迹	阿里巴巴蚂蚁Z空间
		书中的英雄 心中的誓言	岳王庙、岳坟
西安	从长安到西安 从丝路到带路	相遇世界第八奇迹 体验陶俑制作乐趣	秦始皇陵兵马俑、兵马俑制作工厂
		穿越千年佛光,感受丝路脉搏	陕西省宝鸡市扶风县法门寺
		梦长安 忆千年	西安古城墙、碑林博物馆、汉湖景区习汉礼、华阴老腔

续 表

城市	活动主题	学习单元名称	城市特色资源
武汉	"疫"起同行 云端研学	武汉,我想这样认识你	武汉的城市概况、历史文化、武汉抗疫
		疫情下的中国速度	中国抗击疫情的举措、速度与效率
		小习惯 凝大爱	口罩大作战、在线资源
		守护你守护全世界	野生动物保护的相关资源、在线资源
		我想成为这样的你	疫情中坚守岗位的普通人,在线资源、社区资源
		长大后我就成了你	疫情中的人和事件、家长资源、社区资源

(2)"行走学习"的内容选择

"行走学习"的内容设计需要考虑的问题：

- 为什么将"行走学习"定位在这个(几个)城市？
- 城市的特色是什么？
- 可以开发利用的课程资源有哪些？
- 期望学生通过"行走学习"收获什么？
- 通过什么样的方式、形式开展活动？
- 同一座城市是否可以开发不同的路线？
- ……

在研学内容选取和设计时,既要有某一学科的视角,又要积累跨学科的经验,即需要开展有效的跨学科内容主题的学习。这种学习也为学生将来步入工作岗位时,成为能够与他人合作、进行多领域协作的新型人才提供了丰富的学习体验和经验积累。结合真实生活情境、尝试选取并构建跨学科的内容进行课程设计,已成为我校开展"行走学习"的重要策略。

例如:开展"沿着24路看上海""行走学习",活动前学科教师以教研的形式对教材进行具体分析,制定了《学科探究主题一栏表》,挖掘各科教材中与24路沿线各类资源相应的知识点,把活动目标与内容要求细化到各"学科"和不同"主题",指导学生自由组建小队,选择共同感兴趣的问题确定研究课题。拟定研究任务、聘请指导教师、运用"实地考察""查阅资料""调查采访""信息收集与整理"等方法方式进行主题探究,将活动过程具体化,凸显不同主题所承载的教育功能。

2."行走学习"的实施模式

根据主题的目标和学生的能力特点,对于不同的"行走学习"实践内容与活动方式,可以选择使用不同的实施模式。

(1) 探究型实践

探究型实践是学生从现实生活中的问题或任务出发,开展形式多样的探究性活动,在解决问题的过程中来获得新知识,提升探究能力、科学精神、社会责任感和其他综合能力。探究型实践的过程包括四个基本环节:确定主题——制定方案——开展探究——总结交流。例如,在寻访上海建筑活动中,学生选择"石库门"作为共同感兴趣的问题,自主确定探究主题,拟定探究任务、聘请指导教师,运用"实地考察""查阅资料""调查采访""信息收集与整理"等方法方式进行探究,在实践过程中发展了解决问题的综合能力。

(2) 应用型实践

应用型实践是指学生在教师、家长或相关人员的指导下,尝试应用所学知识和生活经验、技能,自主地解决生活中实际面临的问题的实践活动。应用型实践的实施过程是:发现问题——应用所学知识与技能解决问题——成果展示与交流。

例如,在 IBUS 课程中,小学部学生用英语与来中国参观的国际友人交流,介绍自己画的国画、剪纸、书法等中国传统文化作品,并把自己的作品送给国际友人,并与他们合影留念。孩子们以活动为载体,了解中国的传统文化,宣传中国传统文化,增强文化自信与国际理解。初中部的学生用学过的信息技术、历史、地理、文学等知识编写导游手册,帮助游客了解上海的人文历史。

(3) 体验型实践

体验型实践是指学生在教师的指导下,通过考察、参观和访问等方式走出校门,接触社会、了解社会,获得对社会生活与人生的认知、理解、体验和感悟,以丰富学生的社会阅历、生活经验,培养交往能力、合作精神,增强社会责任感。体验型实践的基本过程包括:提出体验的目标与主题——确定考察对象并协商考察方案——进行现场考察——展示与交流。

例如,在 IBUS 课程中,学生来到上海昆剧院,近距离地与昆剧进行亲密接触:参观"长生殿"的排练现场,跟着昆曲演员学唱昆曲,了解昆曲的道具与服饰,收获了很多昆曲知识。这些体验型实践活动,让学生们亲身感受和体验了中国戏曲文化的魅力,在学生心中播下了传承中国传统文化的种子。

"行走学习"涉及的实践类型与实施模式不仅有以上这些,还可灵活运用以及创设使用多种类型。

3."行走学习"的实施案例

【案例 3-7】 2019 年"沿着 24 路看上海"主题活动

今年 5 月,华东师范大学"一带一路"留学生来到江宁学校,与六年级学生携手,分组乘坐 24 路公交车开展"沿着 24 路看上海"行走学习之旅。

活动主题一:"海派小饕 世界表达"

这一主题聚焦海派美食,24 路公交沿线的陕西北路上的中华老字号,集中体现了"海派小饕"的特点。老字号每一份本帮点心的制作,都体现了上海这座城市的生活情趣与创新精神。我们吃的不仅仅是食物,还是一种历史文化的传承。围绕这一主题,教师设计了以下项目问题:

- 陕西北路上的名店有哪些?(为什么到了陕西北路这里?)
- 海纳百川的海派饮食文化特色。
- 美食如何华丽转身?(如何振兴民族企业,网红食品的制作与传播)
- 向世界表达海派饮食文化的方法与途径设计。

通过乘坐 24 公交车到老字号店里实地考察、体验美食制作,开展项目探究,促使学生更好地感受和传承海派文化。

活动主题二:时光缝制的优雅——走进中国服饰业

服装是人类文明和知识的载体。通过了解中国千年服饰文化及服饰业的发展,可以感受服饰背后的时代及社会风貌。手工旗袍是中国文化的传承载体,是一种服饰美与艺术的高峰之作。对于学生来说,现代服饰了解较多,传统服饰比较陌生,具有一定的探究性,也能够激起学生的探究兴趣。

24 路公交沿线的龙凤旗袍店,创始于 1936 年,是海派旗袍的精华。2011 年,"龙凤旗袍手工制作技艺"被列入国家级非物质文化遗产名录。为了让学生了解、传承非遗,培养学生的国家认同,体验劳动价值,提升审美情趣,教师以龙凤旗袍店、现代服装厂为资源点,设计了项目化学习活动。学生在前期对服饰行业初步调研,观看《留住手艺》中国风韵龙凤旗袍纪录片的基础上,分四组开展实践探究。

表3-6　活动主题：时光缝制的优雅——走进中国服饰业

组别	项目学习主题	主要任务
第一组	贵的有理吗？——探究龙凤旗袍店（陕西北路207号）	任务1：查找资料，了解龙凤旗袍店的悠久历史变革。 任务2：在父母的带领下，小组成员走进龙凤旗袍店，感受龙凤旗袍的魅力。（看一看、试一试、问一问） 任务3：龙凤旗袍街头大调查。（手工旗袍定价包含哪些元素？）
第二组	衣从何处来？——手工旗袍工艺与现代服饰工厂	任务1：走访手工旗袍制作人，体验手工旗袍制作。 任务2：探访现代服饰工厂，体验现代服饰制作。
第三组	其实不简单——旗袍的测量与制作	任务1：旗袍测量体验（量体裁衣的26个数据采集）。 任务2：旗袍盘扣制作（与带路友人共同制作旗袍盘扣，成果友谊传递）。
第四组	我心中的最美旗袍——创意手绘旗袍	任务1：搜集各种旗袍样式。 任务2：访谈服装设计师。 任务3：创意手绘旗袍作品。

学生在参观、调查、体验与完成项目任务中丰富和加深了对服饰行业的了解，体验了我国传统服饰行业与现代服饰业的发展变化，不仅增强了社会实践能力与问题解决能力，也收获了充实的职业体验与生涯教育。

活动主题三：诗心相印——西摩路的春天

在24路公交沿线的陕西北路上，曾经留下了一位诺贝尔文学奖获得者的足迹，他就是泰戈尔。1924年和1929年的春天，泰戈尔来华和徐志摩在西摩路相遇。教师带领学生以诗歌为主题，以陕西北路为出发点，跟随诺贝尔文学奖获得者泰戈尔和诗人徐志摩的脚步，开展"诗心相印"研学活动。

在活动前，学生通过查找资料、观看泰戈尔来华的纪录片、实地走访泰戈尔下榻酒店（沧州饭店（今锦沧文华大酒店）、徐志摩故居等了解泰戈尔三次来华的前前后后。整合语文学科，学生从文学的角度，了解两位诗人的诗歌，以及对文学发展的重要贡献。其后，学生与"一带一路"留学生在陕西北路上开展读诗活动，采用多语种演绎泰戈尔的诗歌、徐志摩的诗歌、中国古诗，以及学生自己创作的自由体诗歌。最后一阶段，学生以"西摩路的春天"为主题，仿泰戈尔体、徐志摩体写诗。

三、服务学习

《指导纲要》将"社会服务"作为综合实践活动的四种方式之一,并将其界定为:"社会服务指学生在教师的指导下,走出教室,参与社会活动,以自己的劳动满足社会组织或他人的需要,如公益活动、志愿服务、勤工俭学等,它强调学生在满足被服务者需要的过程中,获得自身发展,促进相关知识技能的学习,提升实践能力,成为履职尽责、敢于担当的人"。"社会服务"将学习与服务融为一体,将主动学习者与负责任的公民两种目标合二为一,其本质上是服务学习。

1. 服务学习的内涵与价值

"服务学习"(service-learing)是学生在教师指导下通过从事社区服务而学习知识和技能、发展多方面能力、养成公民责任感和健全个性的课程与教学取向。正像这个术语本身所表明的,它是"社区服务"和"学术学习"(academic study)的整合,把"学会服务"(learn to serve)和"在服务中学习"(serve to learn)两种行为整合起来,把"为了更好的学生"和"为了更好的公民"两种目的整合起来。[①] 从这个定义可以看出,服务学习与日常生活中的"社区服务"有着本质的区别,服务学习不仅仅是帮助他人、开展志愿服务等活动,而是将服务活动与知识内容整合于一体,是学术性知识和技能的社会生活应用。

服务学习对学生的价值主要体现在:一是促进学生的个性与社会性发展,通过参与服务学习,学生与他人、社会进行多元互动沟通,有利于提升社会情感能力,获得更多自信,更大的自我效能感。二是有利于增强学生的社会责任感,通过服务向他人表达善意,为他人和社会作出贡献,为解决社会问题、实现社会良性运转而积极承担责任。三是提升职业意识,通过参与服务学习,学会有机会了解更多的职业和锻炼交往技能,增强关于职业可能性、职业选择以及职业生涯规划的意识与能力。

2. 服务学习的实施

虽然服务学习种类繁多,但是无论何种服务学习,都具有一些共通的实施关键点:

(1) 明确服务学习的目标

服务学习的目的不是经济和社会效益,而是促进学习和人格发展。服务学习需要有明

[①] 张华.综合实践活动课程的国际视野[M].石家庄:河北教育出版社,2019:112.

确而真实的学习目标:从事这项服务学习需要学习和运用哪些知识技能,发展哪些能力和情感,形成怎样的公民意识和社区责任感,等等。明确的学习目标为服务学习的内容设计与活动实施提供指引,同时也是衡量服务学习质量的重要标准。

(2) 将服务学习与学科课程有机整合

服务学习必须始终与学校课程相联系,与学生在一定学段、年级需要达到的课程标准相联系,服务学习应有助于帮助学生参与、加强、扩展或质疑学科知识内容。服务学习与学科的关联主要通过跨学科问题的解决来实现,又因跨学科问题往往复杂,学生需要多次参与和不断反思、讨论与研究来明确问题的情境、意义与解决方案,服务学习是学生主动寻找学习意义的过程。

(3) 服务学习活动中充分发挥学生的个人能动性

服务学习是一种体验式学习,学生是服务学习的主动参与者,而不是被动执行命令,从事被迫的劳动。从发现社区的需要和问题,到形成具体的服务和研究计划,再到具体执行计划和从事服务活动,最后到系统反思、评价研究和服务活动的过程和结果,这一系列环节都应该由学生主动做决定。

(4) 给予学生开展实践性反思的机会

服务学习不是做了某件事、参与了某个行动就结束了,而是建立在实践、反思与行动的基础上。反思是服务学习的关键要素。学生需要将服务学习过程中经验产生的过程与背景、经验本身在分析的基础上加以反思与综合,明确服务活动与其学习之间的关系,从而发展复杂的、整合的思维,以及问题解决能力。

例如,"爱心义卖"是我校每年开展的传统迎新活动,学生捐赠物品在校内开展爱心义卖,学校将所筹得的款项捐赠给启星学校关爱特殊儿童。通过与相关学科知识融合,我们将这一传统活动升级为"青宁"公益志愿活动课程(见表3-7),引导学生开展服务学习。

表3-7 "青宁"公益志愿活动课程

课程目标	培养青少年"责任担当",增强学生服务他人、服务社会的意识和情怀,帮助学生理解并践行社会公德,成为负责任的现代公民
课程内容	整合道德与法治课程中"养成亲社会行为""勇担社会责任"等相关内容,形成以下服务学习内容: 1. 关爱服务计划:为残障人士、社会弱势群体以及流浪动物等对象提供服务活动

续　表

	2. 环保达人：学生展开的以绿色生活、低碳环保为主题的服务 3. 校园公益：学生以各类校园活动为基础，以志愿者身份投身活动策划及现场秩序维护，如策划组织英文版爱心义卖等
课程实施	在6—9年级开展，采用线上线下结合的形式多元化地让更多的学生参与到"青宁"公益志愿活动系列活动课程中。活动方式可以小组合作，也可以个人单独进行。小组合作范围可以从班级内部，逐步走向跨班级、跨年级、跨学校或跨区域等。教师根据实际情况灵活运用各种组织方式，为学生提供亲身经历与现场体验的机会，使学生在参与社会公益志愿服务活动过程中既有独立思考的空间，又能充分发挥合作学习的优势
课程评价	为每一位参与活动的学生建立"青宁"公益志愿活动档案袋。其中做好写实记录，包括活动主题，持续时间，所担任的角色，任务分工完成情况等。及时填写活动记录单，并收集相关事实材料，如活动现场照片，作品，经验总结，实践单位证明等

【案例3-8】　服务学习项目——"社区让生活更美好"

1. 项目概述

每一个人必然生活在特定社区中，社区因而构成一个人的一切活动包括学习活动的"底色"。社区需要就是社区中每一个人的需要。满足真实的社区需要不仅仅是为服务学习创造好的环境，这本身就是寻找学习的意义的过程。为了引导学生了解和关心社区、积极为社区建设作贡献，激发学生的社会责任意识与有序参与社区生活的意识，培养社会实践能力，笔者结合初中道德与法治学科内容以及学校德育专题，设计实施了"社区让生活更美好"项目。该项目旨在引领学生深度了解自己居住的社区，开展社区调查、访谈社区工作人员、邻居等实地考察探究，发现社区令人满意的方面以及需要改进的地方，并通过小组合作探究制定社区改进的建议书，为建设美好社区生活献计献策。

2. 项目活动设计

该项目采用校内学习与校外探究相结合的方式，周期为1个月，整个活动设计如表3-8所示。

表 3-8 "社区让生活更美好"项目活动实施

活动目的	走近所居住的社区,了解社区、关心社区、为社区建设而努力,让社区生活更加美好。
活动内容	1. 走近我们生活的社区 (1) 了解你所生活的社区的总体情况 ● 常住人口数量 ● 地域空间:地理位置、地域范围、面积大小、所属行政区域(街道或镇) ● 社区的各种公共设施 ● 社区内的管理和服务机构 ● 社区意识(社区居民对社区的认同感、归属感、责任感和参与感) (2) 了解社区为家庭、学校提供的服务 ● 社区为家庭生活提供的各种服务、社区里的服务机构或设施 ● 了解社区中的教育场所(如各类场馆、图书馆、体育场、青少年活动中心、社区学校、游泳馆等)有哪些,并详细介绍这些教育场所如何利用 2. 小小啄木鸟行动 (1) 你所居住的社区令你满意的方面有哪些? (2) 观察和调查你所居住的社区还存在哪些不尽如人意的地方,并加以分析 3. 为建设美好社区献计 基于你对社区的了解和调查,为建设美好社区生活献计献策 ● 不少于3条建议,注意建议的可行性与操作性
活动形式	1. 以居住地就近为原则,住在同一社区的同学组成小组,以小组为单位开展社区调查研究活动。每小组 4—5 人,设小组长一名,组内成员要合理分工。(如果同一社区的人数太多,可再继续分成若干小组) 2. 各小组利用课余时间或周末,可以通过采访、拍照、拍视频、观察等方式开展实地调查研究
时间安排	本次调查研究活动课内共安排 4 课时,课外时间小组自主灵活安排 ● 课内时间: 第 1 课时:教师介绍本课的项目探究活动;确定分组;小组内部讨论初步实施方案 第 2 课时:各小组初步交流本组的研究情况,初步设计调查报告 第 3 课时:小组研讨交流,合作形成项目研究成果 第 4 课时:各小组展示交流汇报,小组互评 ● 课外时间:各小组利用课余时间或周末,对所居住社区开展实地调查、采访,小组合作开展研究
成果形式	手写小报/word 电子小报/PPT/视频/建议书
活动评价	小组自评、互评、老师评价相结合

3. 实践效果

从学生的过程性学习表现、小组研究成果的交流中不难发现,"社区让生活更美好"项目将社会现象、社会问题作为与学生生活密切相关的内容,把由他人引导的学习或课堂学习应用到满足社区真正需要的行动中,学生在亲身体验过程中参与了多个层面的学习,通过理论与实践的结合,提高了在现实世界中进行深入、持久学习的可能性,增进了学生解决问题、改变现状的责任意识,提升了行动能力。

第三节　不同课型的教学指导

综合实践活动课程的实施过程是教师指导下学生自主实践学习的过程。虽然学生是综合实践活动的主人,但教师的指导必不可少,如果没有有效的指导,则容易导致学生的实践学习过程处于盲目、无序的自发状态,难以达到学习的目标。因此,教师作为学生活动的组织者、参与者和促进者,要适时、适度、适当地对学生活动的全过程进行指导。在实践探索中我们根据综合实践活动课程在活动准备阶段、实施阶段和总结阶段的不同侧重点,将教师的教学指导划分为不同的课型(见表3-9),构建不同课型的教学指导框架,并从优化教学流程、教学策略等方面来提升学生学习活动的质量,从而转变传统的教与学方式,真正实现从知识传授走向实践探究与问题解决。

表3-9　综合实践活动不同课型的教学指导

活动阶段	课型	教学指导的主要目标
准备阶段	选题指导	激发学生探究问题的兴趣;培养学生发现问题、将问题转化成活动主题(课题)的能力
	方案设计指导	提高学生设计活动方案、策划活动的能力
实施阶段	研究方法指导	指导学生学习与运用程序性方法和科学研究方法
	问题解决指导	帮助学生梳理实践中遇到的各种问题与困难,探讨问题解决的办法,培养学生分析问题、解决问题的能力
	成果形成指导	引导学生总结活动资料,明确成果的内容与形式,提高制作和修订探究成果的能力

续 表

活动阶段	课型	教学指导的主要目标
总结阶段	成果展示	创造相互学习的机会,培养学生利用多媒体等多样化手段展示自我和探究成果的能力
	总结反思	培养学生形成及时总结、自我反思的好习惯;提高评价他人、欣赏他人的能力

一、选题指导

综合实践活动是一门从学生的真实生活情境中发现问题并转化为活动主题的跨学科实践性课程。在选题指导中,教师要以学生原有经验为依托,为学生提供主题选择及提出问题的机会,带领学生经历分析和澄清问题的过程,组织学生就问题展开讨论,鼓励学生不断分析、构思、论证,使学生形成对问题的深度认知,从而提炼出活动主题。① 选题指导课型中的教师指导应聚焦以下三个方面:

(一) 发现并提出问题的教学指导

提出问题是激活学生主动思考、积极探究的前提。但是,学生缺乏问题意识,提不出问题,是现实中存在的常见现象。发现并提出问题的教学指导可以采用以下策略。

1. 基于学情,合理预设主题

学生在学习和生活中会遇到各种各样的问题,但并不是所有问题都适合作为探究主题,教师需要引导学生在一定的主题范围内提出问题。在实践中可以采用"大主题"规划、"小主题"生成的方式,既体现教师的指导性又充分尊重学生的自主性。"大主题"即学校综合实践活动课程中预设的活动主题,与课程目标和内容结构相对应,保证学生具有共同的活动基础。"小主题"即在规划预设的"大主题"之下,学生根据自己的兴趣生成的各个小组的活动主题,为学生的自主选择和个性化发展提供空间。

---

① 俞丽萍.从理解到行动:综合实践活动课程的区域探索[M].杭州:浙江教育出版社,2021:109.

学生的初始认知水平、生活经验、年龄特征以及兴趣特长等因素,构成了主题预设的基础和起点。在设定综合实践活动"大主题"时,需确保其与学生的年龄特征相符,与他们的生理心理发展阶段相匹配。为此,教师在课前可以通过观察、调查、谈话等多种方式分析学情,为"大主题"的合理预设提供参考依据。

2. 创设情境,启发问题发现

情境认知理论认为,知识是具有情境性的,它在活动中、在丰富的情境中、文化中不断被运用和发展着,知识存在于社会情境脉络之中,只有把学生置身于真实的情境脉络中,学习才能得以进行,知识的意义建构才能完成。主题活动中的探究问题应该具有真实的问题情境,情境的作用不仅是烘托、显现,更重要的是,通过优化的情境将知识镶嵌在其中,使学生感受到知识与生活世界的某种联系,激发学生的好奇心,以便更顺利地进入主题学习之中。例如,在"健康饮食"这个主题中,教师第一次设计的问题是:"我们如何设计一顿健康美味的晚餐?"这样的问题缺乏情境的衬托,显得索然寡味。通过创设问题情境,教师将其优化为:"还有一个月就是我们期待的春节啦,我们可以怎样策划今年的年夜饭,让它更有'年味'且健康呢?"通过创设过春节、吃年夜饭这样的真实情境,引导学生运用所学的健康饮食知识来解决生活中的问题,大大激发了学生的情感和探究兴趣。

情境来源于学生的真实生活。从内容上,教师可以将学生家庭生活、学校生活中发生的事件、活动作为情境创设的切入口,也可以联系社会热点、社会现象、典型事件设计问题情境;从形式上,教师可以采用视频、图片、声音、表演、模拟场景等多种方式呈现日常生活中的真实情境,唤醒学生的生活经验,教师也可以带领学生开展观察、参观、采访、调查等真实的体验活动,引导学生通过实践体验来发现问题、提出问题。

例如,在"杭州印记——杯中的绿叶 国际的语言"主题活动中,学生围绕"茶"这个主题,运用思维导图,发现、提出自己感兴趣的问题,形成活动主题(见图3-4)。教师带领学生到杭州茶园实地体验采茶、参观炒茶制茶过程、学习茶道、参观杭州茶叶博物馆等,亲身感受茶文化的意境,体会茶文化的国家化进程和中华传统文化的国际影响。

3. 搭建支架,分析梳理问题

学生围绕主题产生的问题,往往是凭借自己的直觉,问题比较原生态,教师需要搭建支架帮助学生在所选择的兴趣范围内,进一步深究问题的实质,对问题进行整理,并初步论证和筛选可以研究问题。常见的问题支架,如活动单、记录单,可以引导学生及时记录自己的所思所想,除此之外,教师还可以应用 KWH/KWL 表、POV 表、思维导图等支架促使学生

```
          项目准备  →  项目执行  →  项目收尾
           感知         体验        拓展、探究
         追寻茶历史   茶叶的采摘(炒青)  茶具设计比拼
         探究茶文     体验茶道        诗歌朗诵对对联
         化           参观茶叶博物馆  我的思考与困惑
         饮茶习惯调查
```

图 3-4　"杭州印记"——"杯中的绿叶　世界的语言"项目

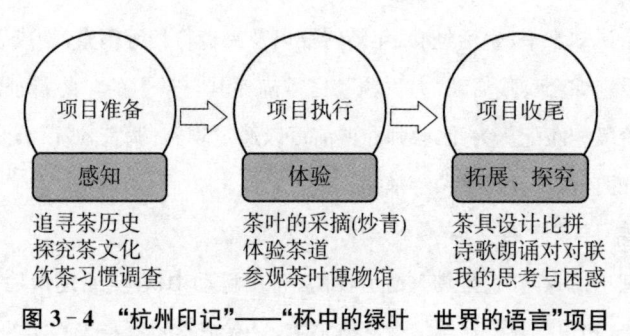

对现象和问题进行深入思考。

KWH/KWL 表的全称是 Know-Want-How 或 Know-Want-Learning，这样的工具可以展现学生对问题的初步理解，鼓励学生提出更好的问题。KWH 表主要包括三个方面的内容：第一，K(Know)：关于这个问题学生已知的内容。第二，W(Want)：关于这个问题学生想要知道的内容。第三，H(How)/L(Learning)：关于这个问题学生准备如何解决。①（见表 3-10）

表 3-10　KWH/KWL 表

Know 关于这个问题 我已知的	Want 关于这个问题 我想要知道的内容	How(Learning) 我打算如何解决 （进一步学习）

POV，即观点(Point of View)，最初是设计师与用户沟通来确定设计愿景的一种方式，包括"观察—发现—猜想—形成问题"四个部分。POV 表有两种基本用途：一种是作为形成问题的流程，类似问题的观察清单，通过观察、猜测等方式逐步确定有价值的问题；第二种是用在观察之后对问题的提炼上，借助 POV 表来澄清问题的结构。②（见表 3-11）

---

① 夏雪梅，等.项目化学习工具：66 个工具的实践手册[M].北京：教育科学出版社，2022：17.
② 夏雪梅，等.项目化学习工具：66 个工具的实践手册[M].北京：教育科学出版社，2022：5.

表 3-11　POV 表

我观察到：
我发现了：
我猜这可能是因为：
因此我觉得要解决的问题是： 在（怎样的）情况下，（谁）该（如何），为（谁），做（什么），以解决（什么问题）

学生提出的问题可能会是重复的、无序的、杂乱的，教师要引导学生开展充分讨论，在交流、质疑、比较和思维碰撞中分析问题之间的关系，明确问题的外在表现和实质，澄清问题解决的价值和可行性，将问题进行汇总、梳理、合并与筛选，逐步论证、修改和改进选题。

4. 转化问题，生成研究主题

在对问题进行了梳理和筛选之后，下一步即采用适宜的形式将其表述出来，将问题转化为研究的主题（课题）。作为活动的名称，主题（课题）应当精炼总结活动的核心内容，有效地传达出该活动或项目的关键信息，要求既言简意赅、具体明确，又能精确体现研究的范畴、具体内容及其本质特征。

在学生表述主题（课题）时，教师应指导他们始终坚持紧扣问题的本质含义，使学生明白一个好的主题（课题）所应具备的特征：简洁明了、条理清晰且内容精确无误。通常来说，一个完整的主题（课题）应当包括三个基本组成部分：研究对象、研究内容和研究方法。

（二）资料收集与整理的教学指导

资料收集与整理是综合实践活动解决问题的重要途径和方式，贯穿问题的提出与形成成果的全过程。在选题阶段，学生需要充分收集和整理信息，以不断深化对问题的认识，从而确定选题。现实中，学生常常出现资料收集面面俱到、资料搜集渠道单一、资料粗糙缺乏加工等问题，因此，教师应重视对学生进行资料收集与整理的指导。

1. 把握资料收集要领

"收集什么资料",是学生在收集资料时遇到的第一个问题。在信息时代,互联网拥有海量信息,学生往往难以选择而容易偏离方向,或导致面面俱到,收集了大量的、与主题关联度不高的资料,增加了资料梳理与分析的难度。因此,教师需要引导学生聚焦想要研究的问题与目标来收集资料,将问题具体化,针对每一个点一步步收集相关资料。例如,在研究"垃圾分类"主题时,学生想要研究的问题是"垃圾去哪儿了",那么就要先搜集有关垃圾分类的资料,然后再搜集不同种类的垃圾是如何处理的资料,有了明确的方向,搜集的信息会更有针对性。

其次,"怎样收集资料",是学生在资料收集中需要教师加以指导的。现实中学生基本上采用互联网搜索引擎这个单一渠道进行资料收集,互联网上的信息参差不齐,学生缺乏辨别能力,收集到的资料信度难以得到保障。那么如何指导学生通过不同的渠道收集资料呢?常见的资料收集渠道主要有:一是阅读文献收集资料,学生可以去学校图书馆、书店、城市大型图书馆查找所需的书籍,采用泛读和精读的方法收集相关信息,并及时记录;二是通过互联网搜集资料,教师可以向学生推荐比较可靠的网络平台,教会学生利用"关键词"来查找所需信息,并提醒学生注意鉴别真假;三是通过实践活动搜集信息,学生可以通过现场观察、问卷调查、实验、采访等活动来收集信息。通过多种渠道搜集资料,资料之间的相互佐证可以提升信息资料的有效性。

2. 学会分析提炼资料

面对纷繁复杂的"原生"资料,只有加以有效整理,才能从中提取有价值的信息,促进后续的实践活动有效开展。然而,现实中学生往往是"拿来主义",将大段资料简单粘贴在一起,缺乏对资料的分析、加工与提炼。教师的指导应关注以下方面:

一是指导学生对资料进行筛选和分类。首先要删除那些和研究主题关系不大的、真实性有待考证或重复性的资料,其次对得以保留的资料进行合理分类,围绕研究的问题和目标,根据资料本身的内容采用不同的分类方法。

二是指导学生对资料进行个性化的整合与总结。对收集到的资料进行阅读理解,摘录重点,并连点成片,整合各类资料所传达的信息。特别是对于一些不够明朗、不够全面或者不够概括的信息,更需要对信息进行加工性描述、个性化解释。通过加工提炼,使得庞杂的资料更具逻辑性、全面性,一目了然。

（三）小组合作学习的教学指导

合作学习是综合实践活动实施的主要组织形式，在活动准备阶段，"大主题"发布以后，往往需要学生组成合作小组选择生成研究主题，以团队的形式来开展实践探究，在考核时也往往是以团队的形式来评价学习活动的完成情况。能否建立有效的小组合作对整个学习活动的质量至关重要。因此，在选题指导课型中，教师要对如何开展良好的小组合作学习进行指导。

1. 组建异质小组

在实施教学之前教师应对学生进行合理分组，并确定小组成员人数和分工。有的教师会让学生自己选择合作伙伴，不少学生也喜欢这种方式，但是自由分组会导致成员存在同质性，难以实现差异互补，也容易在班级内形成小团体，不利于主题活动的开展。根据小组合作学习理论，合理的分组策略应采用"组间同质、组内异质、优势互补"的原则，建立异质小组。异质小组有利于小组成员之间在知识、能力、思维方面形成差异互补、取长补短，促进多元观点的碰撞，培养学生的人际交往、沟通协作能力，也使各个小组在各方面的能力上基本保持平衡。小组的规模一般为4—6人，人数过多，增加了小组协调管理的难度，也容易出现"搭便车"现象；反之，人数过少，达不到合作的目的，也增加了任务完成的难度。教师在组建异质小组时需要考虑学生以下方面的差异，做到合理搭配。

- 知识水平的差异

综合实践活动课程中需要学生综合运用多学科知识来分析和解决问题，学生掌握的各学科知识是开展探究活动的基础。因此，在分组时，教师需要考虑本主题涉及哪些学科的知识，通过学生平日的学科成绩、知识调查问卷等方式来评估学生对这些学科知识的掌握程度如何，将知识水平较高、中等和较低的同学混合搭配在一起，以促进小组成员之间形成互补，达到组间均衡。

- 能力水平的差异

探究活动的开展对学生的各项能力提出较高要求。在异质分组时，应保证组内成员各种能力水平的互补。例如，在学习能力方面，每个小组应有一位学习能力较强、学习方法和学习习惯较好的学生，可以在学习过程中发挥引领作用，帮助其他组员；在组织能力方面，每个小组应确保有一位组织协调能力较强的学生，负责小组活动的管理、资料的收集汇总、信息的沟通交流等,以增进小组合作的凝聚力;在动手能力方面,要求学生动手实践,制作成果与作品,每个小组需要有一位动手能力较强的学生,在组内发挥技术专家的作用;在表达能力方面,要求生生之间、小组之间、师生之间进行广泛交流,同时,表达不仅仅是语言文字的交流,还需要学生会使用视频、图像、多媒体技术等来表达观点、展示作品。因此,在分组时,教师应将小组成员的表达能力考虑在内。

2. 培养学生协作能力

即使精心挑选学生组成团队,也不意味着他们会有效地合作。教师还需要通过引导学生在小组中积极承担个人责任、加强对学生合作方法与技能的指导,制定合作学习规则等,教会学生如何与他人合作。

首先,小组是否能够实现真正意义上的合作,明确的任务分工与个人责任意识十分重要。在组建小组后,教师要引导小组根据组内成员的特征与兴趣进行合理分工,每个成员都扮演一定的角色,承担相应的职责,成员之间相互督促,确保每个成员都能按时履行自己的职责,为同伴以及小组的学习负责。如在"生活中的科学"项目学习中的分工(见表3-12)。

表3-12 合作小组的成员组成及分工

学生类型	主要特点	分工	人数
自律协调型	有自我约束能力,与同学关系良好,有一定的组织协调能力,一般是班级里的小干部	组长,负责材料分发、协调	1人
善于表达型	喜欢自然学科,知识面广,善于组织语言表达自己或他人的想法,喜欢与他人交流	讨论后的汇报交流与评价	1—2人
细致入微型	虽然不善于表达,但观察仔细,认真细心,有时会有意想不到的发现	实验中的观察员、记录员	1—2人
动手操作型	对自然课兴趣浓厚,喜欢动手实验,积极思考,能在实验中提出自己的想法	实验中的设计师、操作员	1—2人

其次,教师需要通过行为示范、角色互换、小组反思等方式教会学生必备的协作技能,包括:表达自己的观点、倾听他人、赞扬别人、冷静陈述、折中与妥协、婉转地拒绝等。教师可以清晰地列出每一种合作技能的要点,贴在教室的墙上,也可以画在班级的黑板报上,以帮助学生理解并运用这些技能。例如,如果我们要求学生学习的技能是"注意倾听",那么,

我们可以制作一张图表(见表3-13),通过这张表向学生描述当我们运用这一技能时,看起来会是什么样子(如手势、表情、姿势等),声音会如何(或常会用哪些词语)。

表3-13　学会倾听的合作技能示例

合作技能:学会倾听	
行为方面	语言方面
眼睛看着发言的人	"我明白"
偶尔点头表示赞同	"有意思"
不要打断别人的话	不插话
……	……

例如,教师在课堂沟通技巧上给予学生指导,制定发言、倾听和评价的规范,要求每一位学生都要发言,每一次发言组员都要有积极的回应,引导学生尝试采用"三明治模式"来对发言进行赞扬、反馈和建议。在这个模式里,学生使用三个对话阶段:第一层是赞扬对方发言中的优点,把批判性的意见放在中间一层,也就是三明治的"火腿层",最后提出改进建议。

在培养学生的协作技能时,教师需要时刻关注项目进程,对合作存在困难的小组要在必要时进行干预。通过言传身教给学生以教导,时刻保持沟通,并给他们提出反馈意见,以促进小组合作探究的顺利进行。

3. 提供支持合作的工具

为了促进学生有效开展合作,教师还需要为学生提供支持小组合作的合约、协议、工具表格等支架来确保学生建立有效合作的能力。例如,为了培养学生对团队成员的责任感,教师可以在项目开始时,先让学生制定一份小组合作协议(合约),承诺履行协议上的成员职责,以及承担危害团队利益的后果(如表3-14所示)。

表3-14　小组合作协议

小组名称:　　　　　　　　　小组成员:
我们共同的目标:
小组中成员的任务和角色:(学生需要讨论如下问题)
● 项目需要哪些角色和任务?
● 我们将如何选择领导者?
● 每个人的角色和任务是什么?
我们将共同遵守如下约定:(学生需要讨论如下问题)

续表

- 当有些人不工作时会发生什么?
- 如果有人没有履行职责将会遭到怎样的惩罚?
- 如何让大家共享材料,共享如何回报?
- 如果有人缺席或不准时提交任务会怎样?
- 团队将如何处理团队内部出现的各类问题?

我们团队的规范:
- 我们认可并利用每个团队成员的特殊才能;
- 我们以团队的方式发展思想并创造产品;
- 单独完成的任务将在团队中汇报以寻求反馈;
- 我帮助团队解决问题并管理冲突;
- 我给团队成员有用的反馈;
- 我会在团队成员需要时帮助他们。

团队签名:
时间:

二、活动方案设计指导

通过前期的选题指导,学生已经选定了想要研究的"小主题",那么如何围绕主题开展实践探究活动,这就需要通过制定活动方案来对探究活动进行详尽规划和有序安排。具体表现为,将活动目的、具体内容、活动方式及注意事项等要素,系统地整合为一个可操作的活动计划。《指导纲要》明确指出:"要让学生积极参与活动方案的制定过程,通过合理的时间安排、责任分工、实施方法和路径选择,对活动可利用的资源及活动的可行性进行评估等,增强活动的计划性,提高学生的活动规划能力。同时,引导学生对活动方案进行组内及组间讨论,吸纳合理化建议,不断优化完善方案。"[1]因此,教师应重视对活动方案设计的指导,引导并协助学生逐步形成完善的活动方案。

(一) 先启发后指导,明确活动方案要素

学生在综合实践活动中处于主体地位,活动开展的任何环节都需要从学生真实需求出

---

[1] 中华人民共和国教育部.中小学综合实践活动课程指导纲要[M].北京:北京师范大学出版社,2017.

发,活动方案的制订也是如此。教师对活动方案设计的指导不是一开始就直接告诉学生活动方案有哪些要素组成,然后让学生动手设计,而是要通过情境创设、任务驱动、启发式教学引导学生逐步明确一个完善的、可行的活动方案包括哪些关键要素。

教师可以通过视频、照片、语言等方式创设情境,激发学生积极参与方案策划的热情;教师也可以通过出示案例,创设任务,让学生对若干活动方案进行讨论,分析这样的活动方案是否能够实现预期探究目标,以及方案的可行性如何,通过方案的对比和交流,引导学生明确活动方案的要素;教师还可以采用启发式教学,引导学生围绕自己选定的主题开展小组讨论,例如,从活动的核心目标出发,探讨其与活动内容、形式及预期成果之间的内在关联;围绕活动的时间和地点安排,思考实际条件及需要的资源;针对实施步骤的设计,强调逻辑性和操作性,并结合实例解析注意事项的必要性和预防机制。

通过充分激发学生的主动性和独立思考能力,适时给予具体指导,帮助学生明确一份完整的活动方案通常涵盖了以下要素:活动的名称、活动时间和地点、设定的目标、预期的成效、具体的执行流程以及相关的注意事项等多个方面,其表现形式大体上可以划分为表格型、思维导图型和文档型活动方案,此外,也鼓励学生用自己喜欢的图案和形式进行设计。

(二) 学生设计方案,教师指导跟进

活动方案的基本要素明确后,教师应把制订方案的权利还给学生,协助学生将这些理论知识转化为实践操作,逐步构建和完善活动方案。在学生小组自主设计活动方案时,教师要持续关注学生的进度,适时给予个性化反馈和建议,教师的过程性指导应关注:

一是引导学生设定清晰的目标。方案中应明确活动的目标和预期成果,确保方案目标可行且具有一定挑战性。

二是引导学生细化活动内容。指导学生将整体目标拆解为若干子任务,包括活动背景分析、研究方法的选择、所需资源的列明、时间表的编制、人员分工等具体内容。

三是引导学生考虑可行性。确保活动方案符合学生的年龄特征、知识水平和技能要求,同时考虑学校和社区可提供的资源条件。

四是为学生提供活动支架。根据学生活动基础,为学生提供不同的支架,例如:模

板与示例支架：提供活动方案设计模板，列出必须包含的各项基本要素，如活动名称、目的、目标、参与人员、时间地点、流程安排、所需资源、预期成果、可能的困难与应对措施等；分享成功或典型的活动方案案例，作为学生参考和模仿的对象。分步指导支架：将活动方案设计过程分解为若干个步骤，逐一指导学生如何细化各个阶段的任务；指导学生如何按逻辑顺序排列活动流程，确保活动的连贯性和有效性。协作讨论支架：组织小组讨论和头脑风暴，鼓励学生间相互启发，共同完善活动方案；实施同伴互评或小组评审，通过分享和讨论来优化各自的活动设计。技术支持支架：教授学生使用相关的软件工具和技术手段，如在线项目管理工具、思维导图软件等，以可视化的方式呈现活动方案，等等。

（三）进行方案论证，修改完善方案

可行性论证是活动方案设计指导课的重点。由于学生的能力和经验相对有限，制定的活动方案可能存在诸多细节遗漏和操作性不足的问题。教师在指导学生进行方案论证并修改完善方案时，可以遵循以下几个步骤和策略：

一是确立论证目标与标准：教师应明确方案论证的目的，比如检验方案的可行性、科学性、创新性及效益性等，并向学生介绍相应的论证标准和评价维度。

二是开展互动论证：组织小组轮流进行活动方案汇报，其他学生担任方案评审员，让学生互相评价和讨论各自提出的方案，通过集思广益找到潜在问题和改进点。

三是方案修订与完善：学生在听取教师和其他同学的意见后，根据反馈对自己的方案进行修订，教师在整个过程中持续关注并再次审核修订后的方案。

教师持续关注学生的进度，适时给予个性化反馈和建议，确保学生能够在掌握设计原则的基础上，提升独立思考和解决问题的能力，最终形成既符合活动需求又有创新价值的活动方案。

学生方案设计能力的提高不是一蹴而就的，一节课不能让他们完全学会写切实可行的方案，教师要根据学生的学习基础和方案设计中集中出现的问题，帮助他们明晰活动方案策划各个环节的关键要素，教会学生运用科学方法去分析、解决问题，促使学生逐步提高制定活动方案的能力，从而在未来各类活动中能够自主设计出既具有创新性又切实可行的活动方案。

三、研究方法指导

在综合实践活动课程实施中,学生需要运用一定的方法来分析和解决问题,由于学生活动兴趣和活动主题的多样性,教师指导的首要任务并非传授知识,而是对学生程序性方法和解决问题方法的指导。实践探究方法是否科学合理直接影响着学生实践活动的有效性。方法的指导突出的是引导学生尝试合理运用问题解决的基本方法,经历问题解决的全过程,一般包括问卷调查法、数据分析法、访谈法、实验法、观察法、模型设计法、案例分析法、报告撰写方法等。教师要根据不同阶段的项目活动需要,采用集体讲授、操作示范、案例剖析等恰当的方式对学生进行方法指导,促使每个学生都能动脑思考、动手操作、自主探究知识、自主发现规律,提升学生的自主探究能力。

(一)梳理研究方法指导内容

每一种研究方法都有相对严密的理论基础以及完整、精密的操作流程。教师在指导课上,需要把握好方法指导的"度"。指导太深,过于复杂繁琐,学生难以接受,运用有困难;指导过于简单,又不合规范。学生对研究方法的学习不是一次完成的,它是一个螺旋上升的过程,在不同的主题中方法不断重复,在重复中不断校正、丰富、提升,最终由经验成为学生的实践能力。[1] 综合实践活动的主要方式为考察探究、社会服务、设计制作和职业体验,由此,可以大致勾勒出学生实践活动经常用到的研究方法,如:查阅文献、观察、问卷调查、实验、访谈、数据分析与图表制作、研究报告(小论文)撰写等。教师在对学生进行方法指导之前必须提升对每种方法的内涵认识,积累每一种方法的知识技能储备,对方法的作用与特点、构成要素、运用步骤等要做到心中有数,才能在实践中更好地指导学生运用恰当的方法开展实践探究。几种常见研究方法的实施步骤和指导要点见表3-15。

---

[1] 郭元祥,沈旎.综合实践活动教师指导用书·修订版(3—4年级)[M].太原:山西科学技术出版社,2015:38.

表3-15　几种常见研究方法的实施步骤和指导要点[1]

研究方法	实施步骤	指导要点
观察法	1. 明确观察目的 2. 制订观察计划 3. 做好工具准备 4. 进行实际观察 5. 整理观察资料	1. 明确观察目的,制订观察计划 2. 掌握正确的观察方法,选择合适的工具 3. 将观察与思考结合起来,做到有效观察 4. 做好观察记录
问卷法	1. 明确研究目的,确定调查主题 2. 了解调查问卷设计的一般方法,设计调查问卷 3. 整理统计,分析调查数据 4. 撰写调查报告	1. 明确问卷调查目的和任务,制订调查计划。调查计划通常包括调查课题的名称、目的、对象、范围时间、地点、调查步骤、人员分工、准备工具等 2. 设计问题,编排问卷,并进行试测和调整 3. 了解问卷发放时机,学习人际交往的方法 4. 整理、统计问卷,并分析调查结果,完成问卷调查报告
访谈法	1. 制订访谈计划 2. 设计访谈提纲 3. 做好各项准备 4. 进行访谈 5. 访谈记录的整理和分析	1. 制订访谈计划,提前了解访谈对象的关键信息。访谈计划主要包括访谈的目的、主要内容、访谈对象、访谈时间、人员分工、准备工具等。要准备的工具包括录音、摄像设备、纸笔材料等记录工具 2. 设计访谈提纲 3. 指导访谈技巧与礼仪 4. 整理访谈记录,交流访谈成果
实验法	1. 明确实验研究的问题 2. 提出实验假设 3. 设计实验方案 4. 实验观察与记录 5. 分析处理实验数据,解释实验结果	1. 提出实验假设 2. 设计实验方案。实验方案一般包括实验题目、实验时间、实验对象、实验目的、实验假设、实验方法、基本步骤、所需材料、记录方法等 3. 观察并记录实验过程与现象 4. 处理、分析实验数据

(二) 建立活动内容与方法目标对应关系

综合实践活动的目的和活动方式不同,意味着活动内容和任务不同,选择的研究方法

---

[1] 俞丽萍.从理解到行动:综合实践活动课程的区域探索[M].杭州:浙江教育出版社,2021:123.

也不同。教师要对综合实践活动课程内容进行梳理,建立起"课程内容——研究方法——方法目标"之间的对应关系,统筹规划方法指导内容,帮助学生逐步完善和丰富方法体系。例如,在"垃圾分类"主题活动中,我校教师建立的方法指导体系(见表3-16)。

表3-16 "垃圾分类"主题活动的方法指导体系(七年级)

活动阶段	主要内容	所用方法	方法目标
准备阶段	通过视频导入"垃圾分类"主题,开展讨论交流;布置观察社区垃圾分类情况、收集垃圾分类相关资料的课后探究任务	观察法	能够有目的地对社区垃圾分类情况开展观察,掌握正确的观察方法,能有条理地记录观察结果
	课外:学生开展垃圾分类情况观察,记录观察结果;收集相关资料		
	通过课堂交流、讨论提出问题,选定研究课题	文献法	能够利用网络、书籍等搜集与研究主题紧密相关的资料,学会对文献资料进行归类分析,尝试利用文献资料来分析问题
	组建小组,小组合作设计研究活动方案		
实施阶段	参观厨余垃圾处理点	观察法	能够对垃圾处理的过程开展有目的的观察,掌握正确的观察方法,能有条理地记录观察结果
	参观有害垃圾处理点		
	问卷调查培训	问卷法	掌握问卷的基本构成部分,围绕调查目的,合理设置问题与选项,学会利用网络平台如"问卷星"等发布问卷与收集数据
	针对要解决的问题,设计调查卷,利用问卷星发放问卷,收集分析数据		
	访谈调查培训	访谈法	根据需要合理选择采访对象,围绕研究主题设计采访提纲,开展采访活动,记录整理采访结果,并对采访信息进行分析,得出结论
	开展实地访谈,记录访谈结果		
	统计分析数据,形成结论,进一步探究问题解决方法	数据分析方法	学会简单的数据分析方法,如:描述性统计分析、频率分析、相关性分析等,能够理解数据背后所反映的信息

续 表

活动阶段	主要内容	所用方法	方法目标
	研究报告撰写培训	报告撰写方法	掌握研究报告的一般结构,能够较为完整地表述整个研究过程与方法,得出结论
	逐步形成研究成果,撰写报告、制作小报、宣传海报、建议书、垃圾分类装置等		
总结阶段	成果交流展示	无	无
	活动总结与评价		

在"垃圾分类"学习中,为了帮助学生顺利开展探究任务,教师专门开设了"问卷调查法""访谈法""数据处理与分析方法""报告撰写方法"等专题讲座,加强对学生研究方法的指导。如在"未来城市创意设计"项目学习中,学生需要完成对一个原型城市50年后的创意设计规划。教研组邀请了同济大学城市规划设计学院的专家为学生开展城市规划设计方法的讲座,帮助学生快速掌握城市设计的一般步骤和具体需要注意的重点事项;开设立体模型绘图软件Sketch Up的使用技巧培训,帮助学生掌握立体模型图的绘图方法。

(三) 优化研究方法指导策略

教师在指导研究方法时,如果仅仅简单地告诉学生这个方法怎么用,学生缺乏从感性认识到理解内化,再到实践运用的过程,那么学生对研究方法可能会一知半解,一旦要在真实情境中运用方法,可能会束手无策。因此,教师要优化研究方法指导策略,更多关注学生的主动参与,让学生多角度、多层次地经历"解读"方法的过程,对如何运用方法开展实践活动,从而促进方法内化,丰富经验,生成能力。

1. 根据问题,产生运用需求

方法是为解决问题服务的,教师应引导学生将研究方法的学习与解决问题的具体任务结合起来,通过任务驱动,激发学生学习研究方法的需求,让学生主动发现和探索方法的使用,并认识到方法在解决问题中的实际意义。例如,在"垃圾分类"主题活动中,学生想要了解"不同人群对于垃圾分类的看法",那么如何获得想要的信息呢,学生小组通过讨论后一致认为必须开展问卷调查和访谈,否则这个研究无法进行,因此,他们迫切需要学习如何运用调查法和访谈法。

2. 感知方法，明确操作要点

在方法指导中，教师可以先向学生介绍某种研究方法的功能、使用范围、运用步骤和操作要点。然后，通过"案例示范——模仿运用——对比完善"的方式，帮助学生步步深入地理解方法、掌握操作方法的具体要求，教师要及时给予指导和修正。

3. 尝试应用，实践检验效果

学生从认识、理解方法，到真正掌握、有效运用方法，是需要经过实践的检验和积累。教师要合理设置活动任务，引导学生及时、主动地把习得的方法运用到实践中。只有不断实践，方法才能从知识转变为技能的形态，最终转化为学生的能力。而教师则需要关注学生活动情况，全程追踪，及时发现学生的指导需求，给予具体细致的经常性的方法指导。

4. 交流反馈，完善巩固方法

这个过程是学生从认识到实践，再到反思质疑的过程。教师要及时捕捉学生动态生成的问题，通过开展交流、讨论、互相点评等，引导学生反思实际操作中哪些方法较为有效，哪些要改进，自己成功的关键是什么，失败的原因又是什么，别人的哪些经验可以借鉴。通过交流反馈促使学生进一步加深对方法的理解和运用。

【案例 3-9】 "垃圾分类"主题活动问卷调查法指导

一、活动背景

2019 年上海实施垃圾分类，出台了专门的法规，以主导、规范人们的垃圾分类行为。以此为背景，学校综合实践活动课程规划设计了"垃圾分类"主题，引导学生对如何更好地开展垃圾分类进行实践探究。在前面的课时中学生小组已经确定了选题，本节课结合前期学生在体验中遇到的问题，对如何开展问卷调查进行专题指导，为下一步的实践活动打下基础。

二、学情分析

七年级的学生初步接触过问卷调查，多数情况是作为被调查者来填写问卷，对于如何设计一份有效的问卷，如何发放问卷并统计和分析数据等，学生还没有掌握基本的方法与技能。教师要激发学生的学习需求，帮助学生学会运用问卷法开展调研。

三、教学指导目标

了解问卷的基本结构,知道问卷每一部分的设计方法。

学会围绕研究主题,从调查目的出发,层层分解问题,最终设计出具体的题目,并制定相应的选项。

学会使用网络平台如"问卷星"等发放问卷,掌握数据统计和分析的基本方法。

四、教学指导过程

(一)导入环节

1. 回顾前期活动,小组交流活动进展情况与感受。

2. 交流在"垃圾分类"主题活动中使用问卷调查的必要性,导入本课主题"问卷调查法",分析问卷调查的作用与特点。

(二)新授环节

1. 调查问卷的基本结构

一份完整的调查问卷包括:标题、导语、填表说明、正文、结尾几个部分。

教师出示一份问卷示例,逐个讲解每一部分。

2. 问卷标题的拟定方法。

问卷的标题是概括说明调查研究主题,使被调查者对所要回答什么方面的问题有一个大致的了解。确定标题应简明扼要,易于引起回答者的兴趣。请学生判断"垃圾分类问卷调查"这个标题是否恰当。

学生讨论交流后,修改为"居民垃圾分类的意识与践行情况问卷调查",指向性更加明确。

3. 问卷导语的撰写方法

教师出示一则问卷导语范例,请学生观察并总结导语的要素。

学生讨论,教师总结板书:导语的要素一般包括调查目的、需要了解的问题及调查结果的用途、表达感谢等。

学生模仿运用,小组合作撰写一则导语。

小组交流汇报导语,补充完善。

4. 问卷中的问题设置方法

问题的提问与选项设置是问卷最重要的部分,需要从调查目的出发,层层分解问题,最终设计出具体的题目,并制定相应的选项。以封闭性题目为主,15—20道题目。

教师以"居民垃圾分类的意识与践行情况问卷调查"为例，带领学生层层分解问题，设计具体的问题。答案选项的设计要求：要保证答案具有穷尽性和互斥性；善于使用"其他"；问题和答案设计要一致；注意定距、定比问题的答案设计。

小组讨论，初步设计问卷问题。

5. 利用网络平台如"问卷星"等发放问卷

教师介绍利用"问卷星"设计问卷、发放问卷的方法。

学生小组使用电脑尝试将设计的问卷初稿转化成"问卷星"问卷，并生成链接或二维码，通过实际操作、交流讨论掌握基本方法。

（三）总结环节

回顾本课学习过程，总结归纳调查问卷设计方法。

鼓励学生运用所学方法，完善调查问卷设计并开展调查。

四、问题解决指导

学生在综合实践活动中或多或少会遇到困难，影响实践探究活动的顺利进行，这时教师的指导、点拨、启发显得尤为重要。问题解决指导课型旨在帮助学生梳理实践中遇到的各种问题与困难，教师与学生一起探讨问题解决的办法，推进实践活动的顺利进行，在此过程中培养学生分析问题、解决问题的能力。

（一）重视进程管理，及时反馈评价

综合实践活动课程关注学习过程的生成性和创造性，是师生在共同探索中自发形成的，因而具有不确定性和扩张性。相比于常规的学科单元教学，一个主题活动的学习持续周期更长，因此，为了确保学习活动按照预先的计划正常开展，教师需要花费大量时间提供反馈、指导反思活动并帮助学生思考如何改进他们的工作，加强学习管理就显得尤为重要。学习进程管理贯穿于主题学习的整个过程，教师可以运用里程碑计划表、学习日志等（如表3-17、表3-18所示）工具将探究学习活动、任务分配、完成情况等进行清晰表达，以此来评价学习进度情况，及时发现学生在探究活动中遇到的困难与问题。

表 3-17 "书写少年梦 追寻中国梦"里程碑计划表

单元名称:"书写少年梦 追寻中国梦" 日期:2022.4.5—2022.6.20			
里程碑(阶段目标)	完成标准	计划完成时间	是否完成
任务1:寻找新老渔阳里中蕴藏的"中国梦"。通过网络、实地走访新老渔阳里等方式收集相关史料,了解早期进步青年的青春梦想	完成史料收集报告《百年渔阳里的"初心"》	2022.4.19	☐
任务2:分小组访谈身边的普通人的青春梦想	完成访谈提纲的设计、实施(以照片、采访视频辅助记录);形成访谈报告《勇做织梦人》	2022.4.30	☐
任务3:设计一次针对本校师生、以"我的梦 时代梦 中国梦"为主题的展览计划	完成"我的梦 时代梦 中国梦"策展计划	2022.5.20	☐
任务4:举行"我的梦 时代梦 中国梦"主题展览	"我的梦 时代梦 中国梦"校园展览	2022.6.18	☐
任务5:完成项目评价与反思	项目自检表(个人) 项目自检表(小组)	2022.6.20	☐

表 3-18 学习管理日志:小组任务

单元名称				
小组成员				
任务	谁负责	截止日期	状态	完成情况

（二）关注倾听追问，梳理困难与问题

教师需要全程关注学生的活动过程，创设民主平等、宽松融洽的学习氛围，运用倾听、共情、追问等技术，帮助学生梳理遇到的问题与困难。倾听，师生人格的平等，是表达与交流的基础，是教师获取教学指导资源的重要途径。追问，由一组抽丝剥茧式的问题组成，它能拨开师生间交流的屏障，为学生搭建支架，实现意义建构。[①]

教师要对学生的困难与问题进行梳理，区分共性问题与个性问题。同一主题、同一个类型的综合实践活动存在一定的普遍性，学生在活动中的困难通常也具有普遍性，对于这些共性问题，教师需要对学生进行集中交流指导，总结方法，或对活动任务进行调整，以降低学生实践的难度。更多的情况是，因为学生能力、资源、选题的不同而产生的个性问题，每个小组的问题有差异性，这就要求教师开展一对一的针对性指导，采用多种策略跟踪学生的进步并提供反馈。

（三）深层剖析，多维度解决问题

指导学生解决不断生成的问题对教师能力提出较高要求，教师需要掌握问题解决策略的相关理论知识，并结合实际情境、可利用的资源等指导学生多维度解决问题。例如，教师可以采用以下策略：

教授学生问题解决的步骤，向学生明确介绍问题解决的一般流程，如纽厄尔和西蒙的认知信息加工模型中的问题解决步骤，包括定义问题、分析问题、形成假设、制定计划、实施计划和检查反馈；引导学生使用启发式策略，指导并演示如何运用各种启发式策略，比如试错法、工作倒退法、类比法、反向推理法等，让学生学会根据不同问题类型选择合适的解决策略；促进组内合作解决问题，让学生在交流和互动中学习他人的思考方式，发展协同解决问题的能力；锻炼批判性和创造性思维，提倡打破常规，挑战功能固定性，鼓励学生从多个角度审视问题，培养其创新性思维；强化实践与应用，提供足够多的实际操作机会，让学生通过实验、模拟、案例分析等方式将所学策略应用于具体问题上，实现知识的内化和迁移……

---

① 俞丽萍.从理解到行动：综合实践活动课程的区域探索[M].杭州：浙江教育出版社，2021：186.

在学生解决问题过程中,教师要给予适时的反馈,帮助他们认识到存在的问题,并指导其调整解决问题的方法和路径。通过这些方法,教师不仅教授学生具体的学科知识,还能帮助他们掌握独立思考和解决问题的终身技能。

五、成果形成指导

《指导纲要》指出:"在活动总结阶段,教师要指导学生选择合适的结果呈现方式,鼓励多种形式的结果呈现与交流。"[①]学生在前期活动中,经历提出问题、设计活动方案、小组合作开展实践探究等过程,积累了丰富的材料,如何将这些材料总结提炼成活动成果?用何种方式来展示成果?谁来展示?这往往是学生在形成成果过程中面临的疑惑,需要教师进行有效引领与指导。

(一)明确评价标准,引导成果生成方向

在学生的实践探究成果形成阶段,明确评价标准,并引导成果生成方向具有多方面的意义:一是强化目标导向,明确的评价标准能够帮助学生清晰地了解实践探究的目标和预期达到的质量水平,从而确保他们的研究工作始终聚焦于核心问题,避免盲目探索或偏离主题;二是进行过程指导,评价标准可作为路标,指导学生如何搜集有效数据、分析信息、解决问题以及最终呈现成果,促使他们在每个环节都遵循科学合理的方法论,确保最终形成的成果既符合规范,又具有实际价值;三是明确的评价标准还便于及时给予学生有针对性的反馈,使他们能对照标准自查自纠,不断调整和完善自己的研究成果,形成良好的反思与自我提升机制;四是激励作用,当评价标准公开透明时,学生可以清楚知道什么样的成果会得到认可和鼓励,这有助于激发他们的积极性和创新性,同时,有利于保障所有学生在成果评价中的公平性,避免主观偏见对评价结果的影响,促进教育公正。

例如,在"光盘行动"项目成果指导课中,教师通过成果展示评价表(见表3-19),引导学生把握成果生成方向。

---

① 中华人民共和国教育部.中小学综合实践活动课程指导纲要[M].北京:北京师范大学出版社,2017.

表 3-19 《光盘行动》项目成果展示评价表

班级_____ 第_____小组，组长：_____组员：_____

评价指标 （权重）	水平描述	分数	自评	他评
项目成果 50%	项目成果有效地回答了项目驱动性问题："如何解决学生午餐浪费的问题"，提出的解决方案科学合理	5		第1组_____ 第2组_____ 第3组_____ 第4组_____ 第5组_____
	项目成果能够指向项目驱动性问题"如何解决学生午餐浪费的问题"，提出的解决方案比较科学合理	4		
	项目成果能够指向项目驱动性问题："如何解决学生午餐浪费的问题"，提出的解决方案具有一定的合理性	3		
	项目成果没有指向项目驱动性问题："如何解决学生午餐浪费的问题"，提出的解决方案合理性欠缺	1—2		
项目过程 30%	项目实施过程的步骤完整、思路清晰有条理，探究过程扎实，项目资料充分	3		第1组_____ 第2组_____ 第3组_____ 第4组_____ 第5组_____
	项目实施过程的步骤比较完整、思路较为清晰有条理，探究过程比较扎实，项目资料比较充分	2		
	项目实施过程比较简单、思路不够清晰，探究过程不够扎实，项目资料较少	1		
项目展示 10%	项目展示的形式新颖、内容完整，能用多种方式来呈现，展示效果好，具有较强的吸引力和感染力	1		第1组_____ 第2组_____ 第3组_____ 第4组_____ 第5组_____
	项目展示的形式比较新颖、内容比较完整，展示效果良好，具有一定的吸引力	0.8		
	项目展示的效果一般，能够呈现项目的基本信息和内容	0.5		
	项目展示缺少吸引力，项目信息和内容展示不全面	0.3		

续表

评价指标 （权重）	水平描述	分数	自评	他评
小组合作 10%	小组内有明确的分工与合作，每个成员都能承担自己的责任，小组成员之间的配合十分默契	1		第1组_____ 第2组_____ 第3组_____ 第4组_____ 第5组_____
	小组内有比较明确的分工与合作，每个成员基本上能够承担自己的责任，配合比较默契	0.8		
	小组内有一定的分工与合作，但是有的成员没有承担相应任务，小组成员之间的配合度一般	0.5		
	小组内缺乏明确的分工与合作，小组合作的推进存在困难	0.2		
总分				第1组_____ 第2组_____ 第3组_____ 第4组_____ 第5组_____

（二）回顾活动过程，选择成果展示内容

学生经历了实践活动的准备与实施阶段，积累了丰富的经验和资源，选择哪些内容进行成果展示，需要教师给予指导。首先，教师带领学生进行活动梳理，回顾整个实践活动过程，包括从确定研究问题、制定研究计划、实施研究方案、收集数据到初步分析结果等各个环节。让学生分享自己在各个阶段中的体验、遇到的问题以及解决方法，以增强他们对研究过程的理解和记忆。

其次，教师引导学生聚焦关键环节，突出强调每个阶段的关键点，如问题提出的合理性、研究方法的选择、数据采集的准确性、数据分析的有效性等，引导学生思考这些环节如何影响最终的研究成果。针对最初设定的研究问题，讨论是否得到有效的回答，研究成果是否支持或反驳了预设或假设，如果存在偏差，原因何在。

通过对活动资料的梳理与总结，教师要鼓励学生反思整个研究过程中获得的经验教

训,提炼出方法或者策略,精选具有代表性的研究成果,剔除冗余信息,突出关键发现和创新点。一般来说,无论成果的形式如何,内容角度都须包括研究主题、内容、过程、方法、结论、收获与感受等要素,但是为了避免千篇一律,每个小组应该结合自己的实践探究情况,有所侧重地选择展示内容,做到详略得当,将"流水账式"汇报转变成"主题式"呈现,将"无目的展现"转变成"有目的展示"。

(三) 兼顾内容与兴趣,明确成果展示形式

研究成果的展示形式多种多样,如研究报告、实物作品、建议书、宣传海报、PPT、微视频、情景表演、讲故事、照片展,等等,具体选用何种形式来进行成果汇报,一般分为以主题内容匹配和以学生兴趣为主的展示形式。

不同的主题内容和活动方式常常采用不同的展示形式,例如,侧重问题解决的探究实践更倾向于采用研究报告的形式来全面呈现从问题提出到寻求问题解决方案的整个研究过程;以社会服务为主要方式的活动内容则比较适合采用讲故事谈感悟、微视频等形式来展示服务他人和社会的体验与收获;设计制作类实践活动比较适合以实物作品、设计模型等形式呈现成果;职业体验类活动内容则比较适合采用照片展、个人叙事、PPT等形式进行展示。无论选择哪种展示形式,其最终目的是更好地呈现学生的活动过程与收获,展示学生对生活的理解能力、创造能力与实践能力。

此外,成果展示的形式还要考虑到学生的兴趣和特长,鼓励学生根据自己和小组成员的意愿来决定。如小组成员信息技术能力较强,可以通过制作微视频、电脑设计模型、制作PPT、设计海报等形式呈现;如小组成员擅长表演,可以通过情景剧、讲故事等形式展示……只要小组成员达成共识,无论哪一种展示形式都可以锻炼学生能力。

(四) 促进团队协作,共同创作成果

小组合作是综合实践活动中最普遍最常见的组织形式,能力、经验不同,资源各异的小组成员集合在一起,取长补短,更有利于问题解决。对于成果的形成,教师应鼓励小组内人人都要承担责任,分工明确,避免出现"搭便车"、能力强的同学"包办"一切的现象。

首先,教师应引导学生制定成果计划,明确小组成果的展示内容、展示形式、人员分工、进度安排、预估可能遇到的困难及解决办法等,通过制定成果计划表来指导展示活动的准

备工作，落实安排，如表 3-20 所示。

表 3-20 "光盘行动"主题活动的成果形成计划表

第＿＿＿小组	组长：	组员：
要解决的问题	如果你是学校管理者，你将如何落实"光盘行动"，解决学生午餐浪费的问题？	
成果展示形式	□海报　□研究报告　□倡议书　□活动策划书　□PPT　□微视频 其他形式＿＿＿＿＿＿＿＿＿＿	
成果展示的 主要内容	1. 2. 3. 4.	
小组成员分工		
时间进度安排		
可能遇到的困难及解决办法		

成果的形成需要时间，可能会涉及学生需要利用课后时间来完成一部分内容，教师要加强过程监控和反馈，及时跟进指导，帮助学生发现问题并作出调整。

其次，对初步成果进行修订与迭代。研究成果的形成不是一蹴而就的，需要经历不断完善的过程。由于每个小组学生的能力、经验、思维存在差异，教师应引导全班学生开展协作，利用相应的评价标准开展小组间互评，以促进每个小组修改与完善成果。小组间的成果互评可以采用"旋转木马"工具[1]，让学生在有限的时间内对其他小组的成果进行学习与评价，如图 3-5 所示。

"旋转木马"工具的使用方法：首先是呈现成果，将每个小组的初步成果呈现在教室内，每个小组的成果旁边有便笺纸和笔；每个小组扮演一个"小木马"进行旋转浏览，刚开始每个"小木马"先观察离自己最近的成果，将意见或建议写在便笺纸上，贴到成果旁边；5 分钟后，教师摇铃，"小木马"顺时针旋转观察下一个成果，并进行记录，以此类推，直至"小木马"们看完所有成果；最后，各小组回到自己的成果前，阅读其他同学写在便笺纸上的意见或想

---

[1] 夏雪梅，等. 项目化学习工具：66 个工具的实践手册[M]. 北京：教育科学出版社，2022：166.

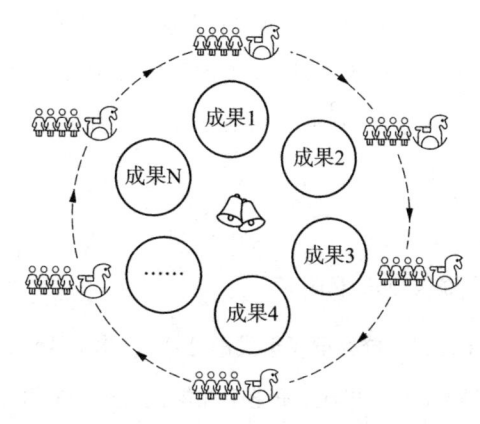

图 3-5　成果修订工具"旋转木马"

法，对自己的成果进行修订和迭代。

六、成果展示与交流指导

成果展示与交流不仅是综合实践活动的重要阶段，更是检验学生深度学习、实践创新能力的关键环节。在这个阶段，学生将所学知识与技能转化为直观可见的成果，并通过多样化的形式向他人阐述、解释和推广，以期得到更广泛的认可和反馈。这一过程不仅锻炼了学生的信息整合能力、逻辑推理能力和创新思维，也培养了学生的沟通表达和团队协作等社会交往能力。教师在这一阶段的角色尤为关键，其指导作用主要在以下方面。

（一）明确展示要求与过程管理

为了保障每个小组的交流展示有序进行，教师需要明确展示的要求，包括安排合适的展示时间、场地，展示前进行必要的预演和彩排，确保学生熟悉流程，掌握时间节奏。在现场展示时，教师适度调控进度，保证活动顺畅进行。

（二）鼓励学生多元展示与创新表达

教师可以设立开放性展示框架，不限制学生必须采用单一的报告形式，允许他们选择自己擅长和感兴趣的展示方式，创新性地呈现他们的成果。在展示过程中营造一个安全、开放的环境,鼓励所有学生积极参与,无论展示的效果如何都能获得肯定和鼓励。设立包容多元展示形式的评价标准,除了内容的准确性和完整性外,还包括创新性、观赏性、互动性等方面的考量,对那些在展示方式上有突破、有创意的学生给予表扬和奖励。

(三)在互动交流中嵌入评价环节

成果展示与交流亦是课程评价的重要组成部分,它强化了评价的多元化和过程性,使评价不再仅关注最后的结果,而是更加注重学生在探究过程中的思考路径、问题解决策略以及应对挑战的态度和能力。教师可以利用评价单引导学生在展示过程中进行交流互动,每一小组展示结束后,可以增加提问环节,鼓励听众提问和评价,培养学生的答辩能力和批判性思考,引导学生接受和处理观众的提问和点评,学会回应质疑和批评,进一步深化理解和反思。

教师需要有意识地在学生展示汇报过程中关注亮点和不足,用追问、引导评价去引领学生,促进学生思考问题、提取经验,提升高阶思维能力。如"我发现你们是这样做的你能说说自己的理由吗""同学们,你们有什么建议"等。教师用问题带领学生深入思考,不轻易下定论,可以"抛问题",等待学生去解决;可以"给方法",引导学生参与追求结论的过程;可以"有示范",带学生合理地提建议,会欣赏、评价同伴,能批判性地思考问题,有反思的行为意识。[①]

展示活动后,教师组织学生在小组内进行自评与互评,围绕同学的表现、参与度、优点等进行客观的评价,也可以提出合理的建议。然后,小组可以讨论其他小组展示时的优点,发现值得借鉴的经验,开阔视野,增进理解,实现个体与集体智慧的碰撞和融合。

七、活动总结与反思指导

活动总结与反思是综合实践活动课的收尾环节,不少教师往往不够重视,认为成果展示交流结束以后综合实践主题活动就结束了,缺乏有逻辑、有层次、有结构的总结和反思,

---

① 俞丽萍.从理解到行动:综合实践活动课程的区域探索[M].杭州:浙江教育出版社,2021:214.

学生难以实现知识的内化和思维的发展。这一课型的主要目的是引导学生回顾整个主题活动历程，有计划、有目的地通过归纳总结、概括提升、拓展延伸等促使学生反思既有的知识与实践行为，建构新的认知结构，培养综合、分析、评价等高阶思维。

（一）回顾学习历程，总结实践过程

综合实践主题活动会经历较长的一个过程，在总结阶段有必要带领学生梳理前期的资料和活动经历，一方面激活学生的旧知和以前的体验；另一方面产生新想法，激活学生的思维。教师可以利用图片、视频、学生活动记录、数字故事等多媒体形式带领学生重温整个学习经历：初期，学生或许会对活动的目标、计划感到迷茫，但随着资料收集、团队讨论、方案设计等一系列前期工作的开展，他们的思路逐渐清晰，对实践活动有了更为深刻的理解；在实践探究阶段，无论是独立完成任务还是团队协同作战，他们都面临着挑战，如资源分配、时间管理、突发情况应对等，这些都是书本上学不到的宝贵经验，在这一过程中他们体验到如何将抽象的概念转化为具体的行动，如何在困难面前不屈不挠，如何在团队中发挥各自优势，共同进步；实践过后，他们通过成果交流与分享，进一步审视自己的得失，展示收获与成长。回顾学习历程，总结实践过程，不仅是对学生已取得成果的认可，更是引导学生反思对未来发展的启示。

（二）提供多元支架，习得反思方法

提供多元支架，帮助学生习得反思方法，是培养学生自主学习能力和持续成长的重要途径。在综合实践活动后，教师可以通过以下方式搭建反思支架，帮助学生系统化地进行活动总结，例如：

设计反思框架：为学生提供一个明确且结构化的反思模板，比如布鲁姆的"目标—执行—评价"三步法，或者杜威的"行动—反思—新行动"循环，涵盖目标回顾、过程描述、行为分析、结果评估、问题识别、改进策略等多个环节，让学生知道从哪些角度去思考和总结。

提供工具支架：引导学生利用思维导图、SWOT分析等可视化工具，辅助整理思路、发现问题、挖掘深层原因，形成系统性的反思结论。

举办反思分享会：组织班级同学集体开展反思与交流，鼓励学生分享自己的实践经验

和感悟,通过交流互动,加深对活动本质的理解,学会借鉴他人经验,提升反思水平。

长期反思支架:引导学生建立反思日记或成长档案,定期回顾过去的行为与成绩,通过长期连续的反思练习,内化反思方法,使其成为一种常态化的学习习惯。

通过这样的支架式教学,学生不仅可以掌握一套科学有效的反思方法,更能逐步培养起主动、深入、全面反思的习惯,这对于他们的长远发展至关重要。

【案例 3-10】 "创建我们的社团"项目展示与反思(第 8 周)

班级____第____小组,组长:____组员:_____

1. 在项目学习中你最大的收获是什么?
2. 通过这个项目你对"个人与集体"的概念有了怎样的认识和理解?(不少于 150 字)
3. 你们小组的分工合作情况如何?
4. 你们觉得自己的社团项目还有哪些需要改进的地方?
5. 请为你们这次的"创建我们的社团"项目化学习情况打分并说明理由。(满分 10 分)

(三) 将经验升华为行动，展望未来学习

在回顾和总结实践活动时，学生不仅要看到过去的成果与不足，更要着眼于未来，将这次活动的经验融入到日常学习和未来的项目策划之中。教师要引导学生将实践活动中所获得的经验、教训进行深度反思和提炼，将其转变为指导未来行动的策略和方法。一方面，这意味着在遭遇类似问题时，能迅速联想到过往的经验，做出更优的决策和行动；另一方面，也代表着在新领域的探索中，能够借助以往积累的知识体系和实践经验，创新性地应用和拓展，避免重复错误，提升效率。

教师要引导学生在反思的基础上根据存在的问题和不足，制定针对性的改进计划，将反思结果转化为实际行动，实现自我迭代与提升。例如：根据实践结果调整学习路径和方法，优化资源配置，聚焦核心竞争力；建立问题导向的学习模式，将解决实际问题作为驱动学习的动力；培养跨学科整合能力和创新思维，将不同领域的知识融会贯通，形成独特的见解和解决方案；注重团队协作与沟通交流，学会从他人经验中吸取精华，共同成长；不断挑战自我，设定更高的学习目标，追求卓越；通过这种方式，学生能够在每次实践后都得到实质性的成长，形成螺旋上升的学习轨迹，不断提升自身的综合素质和适应未来社会的能力。

第四章

评价与反馈：指向素养发展

评价历来是教育之难题。如何客观有效地评价学生在综合实践活动课程中的发展，是综合实践活动研究的重要命题。综合实践活动课程的育人功能决定了学习评价的素养指向，强调使用形成性评价，重点评价学生的发展层次和发展水平，突出评价促进学生发展的导向功能，以及提供证据以完善课程计划的目的。综合实践活动课程的学习评价以促进素养提升为目标，重视学生发展的"增值"与"自我对照"。

第一节 促进生长的发展性评价

综合实践活动课程与学科课程有很大区别，所以它的评价观念与标准也会随之发生变化。传统学科课程的评价多采用书面的、量化的、划一标准的考试方式。而综合实践活动课程关注的是学生在实践过程中的直接体验和发展情况，它的评价必然要依据自身的目标和价值来制定，它的标准也应当符合综合实践活动课程的特点，评价要为课程服务，要为学生发展服务。发展性学生评价从"评价促进发展"目的出发，立足学生评价的改进与激励功能，推动学校从过去仅仅关注评价结果到关注每一个学生的进步与发展的过程转变。

一、评价的基本理念

评价理念反映了评价者的某种价值取向和理想追求，它立足于课程实践，建立在对实践问题的分析和反思的基础之上，有前瞻性的评价理念，将会成为课程开发实施的思想先导，为课程实践活动指引方向。综合实践活动课程的评价理念对整个综合实践活动课程的评价起指导作用，其基本理念主要有以下几方面。

（一）把握整体性评价，促进学生全面发展

整体性评价就是要求在评价中把课程开发与实施过程及结果所涉及的各个要素作为一个整体对象加以考察。综合实践活动评价的整体观要求在评价中把课程、教学和评价进行统整，使它们融合为一个有机整体，贯彻到各个主题活动中去。一方面，将学生在综合实践活动中的各种表现和活动成果，如研究报告、模型、主题演讲等作为评价他们学习情况的

依据。另一方面,注重把评价作为师生共同学习的机会,让评价成为教育过程中的一种对话与交流,一种共享与共建的过程,促进师生共同发展。综合实践活动整体性评价时,尤其要把学生看作是具有自主认识、独立能力的参与主体,评价不是为了选拔和甄别,而是为学生的发展服务。

(二) 强调学生参与,实现评价主体的多元化

一般来说,综合实践活动的评价主体主要有学校、教师、学生、其他社会参与者。这些评价主体从各自角度出发进行的评价对学生的成长和进步有着独特的作用。由于受传统课程评价观的影响,学生、家长及其他社会人士参与课程评价的比例仍然较低。为了真正体现综合实践活动课程的开放性、自主性特点,体现课程的价值和功能,在综合实践活动课程评价中,应强调以学生主体为核心的多主体参与评价。综合实践活动的评价要求尊重学生的主体性,提高学生在评价过程中的参与程度。学生参与方案的制订,如评价标准的确定、评价内容的选择、评价结果的论证等,能够发现自己与评价标准之间存在的差异,并努力缩小差距来达到课程的目标。

(三) 重视过程评价,坚持过程与结果的平衡

过程与结果的权重,是决定课程评价目标、评价制度、评价方式与评价内容的主要依据。传统课程评价主要考察课程实施的结果,而新课程改革强调课程评价应着重关注课程实施的过程。综合实践活动课程的性质和特点决定了课程评价应以过程评价为主,过程评价与结果评价相结合。如对学生进行评定的作业应该揭示学生在活动过程中的表现以及他们是如何解决问题的,而不只是针对他们得出的结论。因为结果有好有坏,如果重视结果而忽视过程,学生在活动过程中获得的经验、增长的新知识、掌握的新技能都容易被忽略,把二者结合起来,就能够观照学生在活动过程中获得的知识和能力,即使最后结果按计划来说是失败的,也是学生在活动过程中获得的宝贵经验。

(四) 强调质性评价,实现定性与定量评价相结合

定性评价主要依赖评价者主观观察或经验,对被评价对象进行的概括和判断。它是人

们对事物客观规律性的反映。对某些很难用数据、量表显示的事物特征,运用定性的评价可以充分体现出来。但它具有主观性的一面,评价结果受评价者主观经验、认识水平等方面的影响,所以,定性评价的精确性较差。定量评价就是通过数学或其他科学手段对事物的量作出测量和判定,通过统计分析获得评价结果,其可靠性较高。但是,它所聚焦的往往是显在的可测量的品质和行为,容易忽视、遮蔽工作过程中更有价值但难以测量的个性品质和主观情感。定性评价和定量评价各有其特点,也各有其适用范围,因而在综合实践活动课程教师评价中,必须坚持定性与定量相结合,把综合实践活动中老师的工作分解开来,可以量化的部分通过设计量化评价表,进行定量评价。不宜量化的部分则采取定性评价,在进行定性评价时,评价要采用多形式和方法收集信息、广泛征求各方面的意见,上下结合、各方结合,作出比较符合实际情况的定性结论,才能使评价工作更科学,进而真正实现评价的目的。

二、评价的基本原则

评价原则是指在进行综合实践活动课程评价时必须遵循的基本要求,它体现了综合实践活动的目的和价值,体现了评价的指导思想,是指导思想的具体化。综合实践活动课程评价的目标,主要体现在:综合实践活动课程应培养学生积极参与的态度;鼓励学生创造性的思维;锻炼学生良好的合作能力和心理素质;促进学生关注人和社会;培育学生求实的科学态度。综合实践活动课程评价应着重坚持以下几个原则。

(一) 学生主体性原则

学生主体性原则是指在评价中自始至终地贯彻学生为主体的思想,把学生主体放在评价的核心地位。强调以学生自评为主、生生互评、师生共评几种形式,在评价中不断增强学生的自我意识,不断提升学生的主体性。学生是综合实践活动的主体,活动的主要动力来自学生的自主性,学生对自己在综合实践活动中的表现具有绝对的发言权,因而在评价时,必须体现学生主体性原则。综合实践活动课程评价的主体是多元的,但具有重要意义的是学生的自我评价,只有学生才能真实地评价综合实践活动的内容,评价其实施过程是否满足自己的需要,其他主体的评价只有被学生认同才会促进学生的发展,否则,既无实质性意义,又不能发挥评价应有的功能。因而,在综合实践活动中要重视学生的自我评价,重视自我接受性评价,必须体现以学生为主的原则。

(二) 过程性原则

过程性原则就是以过程作为评价的价值取向,评价指向教育过程本身,关注教育活动的内在价值,要求评价贯穿整个教育过程,进行全程评价。与传统的教育课程较多地注重学生的学习结果相比,综合实践活动特别强调评价的过程性原则。要实现综合实践活动的课程目标,提高课程质量,关键在教学过程而不是过分注重结果的评价。

综合实践活动课程的评价理应关注其活动的内在价值,关注其活动的过程本身,认为实施过程是最优化的,实施结果才有可能是良好的。实施过程是不科学的、不优化的,其实施结果不可能是优秀的。所以,综合实践活动课程的评价不仅关注学生活动成果的质量,更关注学生的参与态度、解决问题的能力和创造力以及获得的直接经验与教训,关注学生在参与整个活动过程中所具有的认知、思维、情感态度等方面的体验,综合实践活动课程的评价,既是对过程的评价,也是在过程中进行评价。

(三) 综合性原则

评价的综合性原则就是评价内容要兼顾认知、情感与动作技能各个方面,进行综合整体的评价,要综合考虑各评价主体所需和各种方法的综合运用。综合实践活动是基于整体论视野而开发与实施的课程,具有很强的综合性。从目标上看,综合实践活动非常强调态度、能力、知识综合性的培养,不仅关注学生知识技能的习得和智力的发展,而且关注学生情感的体验、态度的养成和价值观的确立;从内容上看,综合实践活动课程不以单一的学科知识为中心,而是以学生的心理水平、学习兴趣、社会生活以及跨学科的综合性知识为中心,强调学科间的联系,知识的综合运用以及综合能力的培养,更注重知识的综合性、广泛性和超前性;从活动方式来看,综合实践活动课程强调一切有利于学生活动的积极性和探索欲望的活动形式,强调各种感官的参与和各种心理能力的投入,强调活动形式的丰富多样与灵活多样。由于综合实践活动课程在目标、内容和活动方式上的设计安排都不是单一而是综合的,因而综合实践活动课程的评价要遵守综合性原则,综合地运用各种方法对其进行评价,达到开设综合实践活动的目的。

第二节　学习评价的设计

在评价理念与评价原则的指引下,学习评价的设计涉及评价的具体方法与实施,使评价具有可操作性。

一、学习评价设计的依据

综合实践活动课程评价的价值在于及时反馈,让学习过程及成效促进学生发展,综合实践活动课程因应改变学生的学习方式而设置,在过程性评价中要遵循学生的成长规律,挖掘学生的潜能,重视学生在综合实践活动过程中的变化与成长。由于在复杂、综合性的活动中更能体现学生的个性与特长,因此,对所采集的资料进行必要、有效的分析显得尤为关键,能了解学生如何发展、如何发展得更好,这也是优化课程的重要意义。

优化评价要把握好"关注结果的评价"和"关注过程的评价"之间的关系。有些实践活动,如:"设计制作""社会考察"会产生物化的成果,包括小报、PPT、微视频、报告、实物、模型、绘画、摄影、表演等,这能体现学生的综合表现。但教师不能仅以结果论成败,综合实践活动课程强调过程而弱化结果,旨在促进学生多元化发展。因此,学生在经历活动后的反思十分重要,通过自我描述体验的事实与心路历程,由此获得的感悟,是对学生而言最有价值的评价内容和评价方式。

优化评价要创设复杂、真实的问题情境,让学生在解决问题的过程中充分展现运用知识和能力的状况,以及价值体认、责任担当等必备品格的发展状态。然而在开放的学习环境中,参与评价的人并不能完整且全面地观察、记录以及把握学生的真实情况。因此,在复杂、真实问题情境中的评价,依赖于评价主体即学生的协同参与。评价设计时需要考虑学生主体评价的态度、条件和周期,提高评价的客观性、稳定性和可靠性。

二、实施评价的基本框架

综合实践活动课程对学生的学习评价强调使用形成性评价。因为形成性评价是一种过程性评价,检测学生的发展层次和发展水平,体现促进学生发展的导向功能以及提供证据以完善课程计划的目的。在实践探索中,我校对评价方式的优化主要从以下几个方面着手。

1. 选择评价内容

根据综合实践活动课程模块的特点,教师首先要思考评价的内容、层次和权重,同时确定评价观察点、信息采集的渠道及区分标准,解决"评什么"的问题。评价的内容一要体现活动过程中的各个方面。例如,在主题或项目的选择上,要评价学生选择的意义、学生在选择和确定中的作用;在活动方案的制定上,要评价学生制定的能力、方案本身的合理性、具体化程度等;在活动的执行上,要评价学生在过程中具体的操作方式、参与的深度、资料搜集情况等;在活动的总结上,要评价学生的总结报告、成果或产品等。二要体现活动过程中学生表现出的情感、态度和价值观的发展及表现。如,参与活动的主动性、积极性和创造性;在活动中的合作精神;以及环保意识、社会责任感等思想意识方面的发展及表现。

教师们以罗列的形式整理出评价所需要的内容信息,结合学生发展的基础、目标、教师设计和学校特色,采用"合并筛选""交叉处理"的方式,形成覆盖学生多种能力、多角度构成的评价目标,如能力维度可分为信息处理能力、创意设计能力、制作能力、合作能力等,而一个维度的观察要素可以是多样的,如合作维度的观察点分为团队意识、整体意识、态度意愿、协作方式、奉献精神等。

2. 确定评价方式

综合实践活动课程的评价注重学生发展的"自我对照",指向综合素养的培育,以过程性材料、行为表现、作品与成果等为载体进行发展式评价,通过观察、访谈、成果展示等形式检验和评价学生的素养发展情况。

学生只有在真实情境下、解决问题过程中表现出来的综合性品质才能获得评价。因此,教师要改变惯用的评价方式,不仅看结果,更是要趋向过程性评价,要在情境解析、提出问题、解决问题、交流结果中测评,解决"怎么评"的问题。通过数据采集、信息收集等步骤,运用观察、访谈、比较等方式,评价的分析围绕学生在问题情境下的行为过程与实际表现展开,也是对学生评价的主要依据,教师应该尽可能运用描述事实基础上的客观判断来评估学生的综合素质发展状况。

3. 制定评价量表

通过制定评价表来细化学生在综合实践活动中的各项表现,呈现"评的结果"。评价表包括组合在一起的三张表,一是主题(项目)活动的总体评价表,二是各个环节的教师用评价表,三是学生用评价表。根据课程的内容、目标的设计以及学生的实际情况,这三张表格可以涵盖课程的准备、实施和总结三个阶段进行完整的评价,也可以选择一个关键环节进行评价;可以把教师、学生和同伴(或者家长)三个主体合在一张表格上,也可以单独设计一个主体的评价表。如在开展"垃圾分类"主题活动前,教师设计的学生评价表(如表4-1所示),集中体现了评价设计的内容、方式和结果之间的关系。

表4-1 江宁学校"垃圾分类"主题活动"社会调查"环节学生表现评价表

评价维度	观察要素	预期表现	实际表现（描述性陈述）
信息处理能力	获取、统计、筛选、归类	在所有获取的信息中筛选需要的信息;用不同的方法记录所需要的资料;对需要的信息资料进行分类罗列	
策划实施能力	表述、概括、工具、应用	能用自己的语言解读信息,形成新观点;运用工具,完成分配的任务;将相关的资料,用合适的形式呈现出来	
分享交流能力	表达、倾听、评价、反思	认真倾听伙伴意见;参与讨论、积极发言,表达自己的观点;及时回应他人的提问;虚心接受同伴的建议和意见;能进一步思考深化的后续活动	
团队合作能力	整体、奉献、分工、团队	遇到困难时,能寻求帮助;有任务分工,有合作协同;个人和团队利益有冲突时,能转变心态,适当调整,必要时能作奉献	
备注	教师、学生、小组成员分别评价;陈述被评价学生经历了社会调查活动的准备、开展和总结三个阶段后的总体情况和突出变化		
评价者（签名）		评价日期	

由于综合实践活动本身是低结构且结构是松散的,体现了跨学科的综合性,评价设计在保留综合性的基础上,必然经过结构化的处理,使评价内容和课程目标能对应,也便于观察预期的现象与事实。活动中学生不仅有较为直观的行为表现,如同伴间的言语互动交流,也有内隐的情绪、心理变化的,所以,教师采用多维度观察方式为佳,完整、全面、具体地反映学生的实际表现。

4. 组织实施评价

仅有评价量表的设计是不够的，需要组织参与教师和学生实施评价活动。实施前需要组织参与评价的教师和学生进行讨论，理解评价项目的层次与标准的内涵与测评点，全面了解评价方法、过程以及任务要求，同时采用讲解、示范、模拟的方式开展培训，学会使用评价表，以便评价项目顺利实施。

学校提供相应的空间、工具（如计算机、平台系统）和评价项目观察记录表，并对评价程序、时间做出合理安排，有序实施教师评价和学生评价。参与观察的教师根据记录，要梳理出学生在不同阶段的行为，坚持从实际出发，解释现象背后的本质，以事实为依据，才能有助于学生对他人和自己做出合理的评价。在此基础上，结合学生的校内学习表现、校外活动表现以及自我评价，采用综合评价的形式，确定学生相关维度的等级，并登记在学生成长手册。

第三节 多样化的评价载体

秉承评价的激励性与引导性，学习评价实施过程中我们着重关注学生的学习过程，关注学生素养在已有水平上的发展，而非简单地将学生评为"优秀、良好、合格、不合格"等不同的层次等第。教师通过观察、访谈、数据采集、信息收集、档案记录等方式，采用量规、反思日志、电子档案等多样化的评价载体，对学生在真实情境下的行为过程与具体表现开展分析，尽可能用描述事实基础上的客观判断来评估学生的综合素质发展状况。

一、基于量规的评价

量规是广泛应用的一种结构化评价工具，通常以表格的形式呈现，列出了学生表现的特定标准，并描述了在这些标准上的不同表现的等级。量规是一个评分程序和指南，既可以给学生充分的指导，也是开展评价的依据，为不同的评价者提供统一的判断标准，具有很强的实用性和操作性。

1. 学习评价量规的设计要点

（1）明确评价目标和内容。主题学习目标是设计评价的依据，要将目标中的知识与能力建构、合作能力、责任担当以及实践创新等综合素养转化为可视化、可评价的内容。

(2) 确定主要评价指标。根据评价目标与内容，以及学生实际水平来确定评价量规的各项评价指标，也可以根据评价指标在学习目标和结果中的重要性，赋予适当的权重。

(3) 将每一个指标划分等级，如"低于标准、接近标准、标准、超过标准""待提高、良好、优秀"等，并确定每一个等级的评价标准，尽可能用具体、清晰、可操作的语言来描述学生表现，使其能够清楚地显示出教师、学生对学习自始至终的要求、准则和期望。

(4) 设计评价量规表格，并根据学生、同事的反馈与使用情况，进行适当的调整和修订，最终形成固定的评价量规。

2. 不同活动阶段的评价量规设计

(1) 活动准备阶段

活动准备阶段的任务主要包括发现并提出问题、确定选题、小组合作制定活动方案等，围绕这些内容进行评价量规设计，划分为"优秀""良好""待提高"三个等级，评价的目标不是将学生分层次，而是为学生提供自我评价和持续改进的标准。

表 4-2 活动准备阶段的学生发展性评价量规[1]

活动环节	评价要素	等级描述		
		优秀	良好	待提高
发现问题、提出问题	问题的提出	留心观察生活，能围绕大主题，从不同角度思考，提出多个问题	能够围绕主题，在他人的提示或帮助下提出一到两个问题	提出问题有困难或提出的问题与主题的相关性不强
	问题的表达	能清晰、简洁、有条理地表述问题	能清晰、简洁地表述问题	无法清晰表述问题
筛选问题、确定主题	问题价值	该问题的研究对学生自身成长、他人、社会有一定的价值与意义，能够产生积极的情感体验	该问题的研究具有一定积极作用，能够通过研究获得能力和情感上的体验	属于常识类问题很容易直接获得答案
	可行性	问题的难度适当，能够依靠现有条件、小组合作或他人帮助来完成研究过程	问题有一定难度，需要外界提供很多条件和他人帮助才能基本完成研究过程	选择的问题难度过高，缺乏完成研究的条件

[1] 本书的发展性指标参考田慧生，冯新瑞，等.综合实践活动有效实施与评价策略[M].北京：教育科学出版社，2016：1，149.

续表

活动环节	评价要素	等级描述		
		优秀	良好	待提高
制定活动方案	确定主题	小组成员能够独立完成问题的筛选、归纳、分类,确定小组主题	在教师的点拨下完成问题的筛选、归纳、分类,确定小组主题	完全由教师或同学帮助完成问题的筛选、归纳、分类,确定小组主题
	参与态度	能积极参与活动方案制定,为小组出谋划策,主动承担至少一项分工任务	能积极参与小组讨论,承担至少一项合适的任务	能在小组成员的帮助下承担一项任务
	方法选择	能根据小组主题选取多种适当的研究方法,并能相互印证研究结果	能根据小组主题选取适当的研究方法	选取的研究方法单一或不适合小组主题
	活动安排	能根据实际情况合理安排活动的步骤和研究的进度,时间规划合理	在教师的帮助下能对活动步骤和研究进度做比较合理的安排,时间规划较合理	对活动的安排不合理,需要教师较多指导
	小组分工	任务分工合理,能充分考虑小组成员的特长、意愿及任务难易程度等因素,小组成员能够合作完成任务	任务分工比较合理,小组成员能够合作完成任务	小组成员各有分工,但工作安排不合理,较难完成任务
	问题预设	能预想到活动中可能会遇到的问题,大致知道如何应对	能预想到活动中可能会遇到的问题	没能预想到活动过程中可能会遇到的问题

(2) 活动实施阶段

这一阶段是各种主题活动的核心阶段,学生开展多样化的实践与探究活动,目标是让学生通过运用各种研究方法收集数据和信息,学会分析和解决问题,通过小组合作探究得出初步的研究成果。围绕阶段目标,学生的发展性评价主要聚焦于学生的参与活动的态度与情感、研究计划执行情况、资料收集与整理、问题解决、小组合作、形成成果等方面,具体的评价指标描述见表4-3。

表 4-3 活动实施阶段的学生发展性评价量规①

评价指标	等第描述		
	优秀	良好	待提高
参与态度	积极参与研究活动,认真完成各项研究任务,积极与他人沟通,主动克服困难。能正确对待活动中出现的问题和他人的评价,能主动寻求解决方法,吸纳他人意见对活动进行改进与完善	能够参与、完成研究活动,在活动出现问题时能吸纳他人意见,对活动进行改进与完善	参与积极性不高,不能正确对待他人的评价和意见
计划执行	能够结合活动主题,按照计划有序地开展主题活动,根据活动实际情况,及时发现问题,调整计划	能够按照计划开展主题活动,在活动遇到困难时,会求助他人,修改计划	不能根据研究主题和计划开展活动,不能根据实际情况适时调整计划
收集整理资料	能够选择适合的资料收集方式,保证资料的准确性和科学性。能够发现资料中出现的问题,运用删除、筛选、归纳等方法对收集到的资料进行整理	能够结合主题收集相关资料,资料丰富。能够对资料进行适当的整理	收集的资料不够丰富,有的资料与主题不符,对资料缺乏整理
沟通合作	小组分工合理,组员之间配合默契;能够主动沟通,研讨解决各种问题,互相帮助,共同进步,有序进行活动	活动中有分工,组员之间能交流意见,活动过程中存在一些问题,导致活动开展不顺利	执行任务时组内存在较多分歧,有的组员无法按时完成任务
活动能力	能够结合研究主题,有效运用正确的研究方法开展活动,掌握该研究方法的操作程序与操作要求,并在活动中积累知识和经验	结合研究主题,使用正确的研究方法完成活动,基本掌握研究方法的操作程序与操作要求,并在活动中积累知识和经验	选择的研究方法与主题不匹配,未能掌握研究方法的操作程序与操作要求
成果形成	顺利完成研究活动,达成活动目标,解决研究的问题,并能形成与主题相适应的成果	能完成研究活动,目标基本达成,形成研究成果	未能按计划达成活动预期目标或未解决研究问题,研究成果不完整

---

① 本书的学生发展性评价指标改编自田慧生,冯新瑞,等.综合实践活动有效实施与评价策略[M].北京:教育科学出版社,2016:156—157.

在活动实施阶段，不少活动主题需要学生通过问卷、访谈、观察等方式开展调研，收集并分析信息，形成调研报告，对于调研报告的评价量规见表4-4。

表4-4 调研报告评价量规

评价指标 \ 评价标准	低于标准	接近标准	标准	超过标准
调研途径的科学性	调研途径不够科学，获得信息的科学性和真实性欠缺	能够运用恰当的途径开展调研，获得的信息比较真实、可靠	能够运用恰当的途径开展调研，获得的信息是真实、可靠、全面的	至少采用三种以上途径进行了充分调研，所获得的信息真实、可靠、非常全面
访谈的有效性	访谈对象选择不够恰当；访谈问题没有体现调研目的；访谈信息记录不够真实、全面	访谈对象选择恰当；访谈问题基本指向调研目的；访谈信息记录比较真实、全面	访谈对象选择恰当；访谈问题指向调研目的；访谈信息记录真实、全面	访谈对象的选择恰当、多元化；访谈问题指向调研目的；访谈信息记录真实、全面
调研内容的科学严谨性	调研内容偏离调研目的和主题；调研内容不够全面、真实；对调研信息没有进行筛选和分析	调研内容基本围绕调研目的和主题；调研内容比较全面、真实；对调研信息进行了比较科学的筛选和分析	调研内容紧紧围绕调研目的和主题；调研内容具有全面性、真实性；对调研信息进行了科学的筛选和分析	调研内容紧紧围绕调研目的和主题；调研内容非常全面、真实，对调研信息进行了科学的筛选和分析，具有逻辑性
报告的规范性	调研报告不太符合格式规范要求；结构缺乏逻辑性；语言表达不够规范	调研报告基本符合格式规范要求；结构具有一定的逻辑性；语言表达比较规范	调研报告符合格式规范要求；结构具有逻辑性；语言表达规范	调研报告符合格式规范要求；结构具有逻辑性；语言表达规范；报告的呈现美观、清晰
调研成果的丰富完整性	调研成果单一、不能全面体现调研目的和主题；对调查资料的分析与综合不够，没有形成科学的调研结论	调研成果比较丰富、基本能够体现调研目的和主题；对调查资料进行了分析、综合，形成了比较科学的调研结论	调研成果类型丰富、能够全面体现调研目的和主题；对调查资料进行深入分析、综合，形成了科学的调研结论	调研成果类型十分丰富、能够全面体现调研目的和主题；对调查资料进行深入分析、综合，形成了科学的调研结论

(3) 活动总结阶段

活动总结阶段是综合实践活动的最后阶段,主要任务是引导学生对活动过程和研究结果、活动体验与收获进行总结、交流和反思,明确"做得怎样"。总结阶段的主要目标是通过形成研究成果和展示交流研究成果,养成总结与交流的意识、初步学会总结与反思的方法,具有总结与反思、交流与表达的能力。这一阶段的学生发展性评价量规见表4-5。

表4-5 活动总结阶段的学生发展性评价量规[①]

评价指标	等第描述		
	优秀	良好	待提高
展示内容	内容符合主题,丰富、具体、多样,能充分展示研究过程中自己的故事、问题解决的方法与成果亲身体验与感受	展示内容符合主题,但不够丰富,基本能展示出研究过程与成果	展示内容单一、无序或偏离研究主题
展示形式	能选择恰当、多样的方式展示研究内容条理清晰、层次分明	能运用较为恰当的方式展示研究内容,展示环节较有条理	展示方式单一,展示内容比较混乱
小组合作	展示过程中分工合理,安排有序,展示时小组成员合作默契,能随机应变、及时补充;整个展示过程环节紧凑,时间适宜	展示过程中有分工,人员配合较好,基本能在规定的展示时间内完成	展示过程分工混乱无序,影响展示效果
语言仪态	仪表自然大方,语言表述生动易懂、通顺流畅,声音清楚洪亮,适当使用礼貌用语	基本能做到仪表整洁,语言清楚、通顺,有礼貌	仪态不大方,语言表述不流畅、不清晰
活动评价	积极表达自己的看法,能客观评价自己,能用肯定与鼓励的语言评价他人,并针对不足提出合理建议	对自己的评价基本客观,对他人的评价能发现他人不足,但提不出合理建议	对他人提出的意见有抵触情绪,对他人评价不切实际
活动反思	能够主动反思自己的不足,勇于接受他人的合理建议并努力改进	基本能够反思自己的不足,但不够到位	自我反思不够,对他人提出的建议有抵触情绪,并不予理睬

[①] 改编自田慧生,冯新瑞,等.综合实践活动有效实施与评价策略[M].北京:教育科学出版社,2016:150—161.

除了阶段性的学生发展性评价,对于研究成果、小组合作等具体内容可以制定更加详细的评价量规,评价的目标并非给学生划分等第,而是要充分发挥评价的激励和导向功能,多角度、多层面捕捉学生的闪光点,让每个学生都能看到自身的潜能和价值,激发学生积极、主动地参与活动,勇敢地挑战自己,超越自己。

表4-6 成果报告评价量规

评价项目	自评(1—4分)	小组评(1—4分)	总评(1—4分)
研究目标			
研究方法			
实施过程			
项目成果			
项目反思			
总分			
说明	低于标准为1分,接近标准为2分,标准为3分,超过标准为4分		

参考量规:

评价标准 评价指标	低于标准	接近标准	标准	超过标准
研究目标	完全偏离总项目目标	目标设定较为准确,但不太具体,基本符合总项目内容	目标设定准确,比较具体,符合总项目内容	目标设定具体、准确、创新性及可操作性强
研究方法	没有具体的研究方法,不能为研究目标服务	有研究方法,基本能为研究目标服务	研究方法具体可行,能充分地为研究目标服务	研究方法具体、可行,有一定的创新性
实施过程	没有完成项目实施	项目实施过程有步骤,比较清晰。	项目实施过程步骤完整、清晰	项目实施过程步骤完整、清晰有条理

续表

评价指标 \ 评价标准	低于标准	接近标准	标准	超过标准
项目成果	没有展示文稿及展示PPT	有展示文稿或PPT,有展示演讲。效果一般	文稿与PPT都有,展示演讲完整清晰效果较好	展示文稿与PPT都有,展示演讲完整清晰有感染力
项目反思	缺少项目反思	能从项目合作的某一方面进行反思	能从项目合作的不同方面进行反思	能从项目合作的不同方面进行反思,反思有一定的思考深度

表4-7 小组项目合作评价表

评价项目	自评(1—4分)	小组评(1—4分)	总评(1—4分)
个人责任意愿			
帮助团队			
尊重他人			
特殊贡献提名及贡献			
总分			
说明	参考以下项目合作评价量规:低于标准为1分,接近标准为2分,标准为3分,超过标准为4分;特殊贡献为附加5分		

参考量规:

	小组项目合作评价量规			
评价指标	低于标准	接近标准	标准	超过标准
个人责任意愿	没有准备好和团队一起工作;不做项目任务没有及时完成任务;没有使用他人的意见完善自己的工作	有时候准备好和团队一起工作;做了项目任务,但需要提醒;按时完成了一些任务;有时候用到他人的反馈	准备好团队一起工作;参加会议并使用团队交流系统;无需提醒,按时完成任务;使用他人的意见完善自己的工作	除了标准条件:做了超过他必须做的;要求额外的反馈用以完善他/她的工作,超过其他人给予的工作

续　表

小组项目合作评价量规				
评价指标	低于标准	接近标准	标准	超过标准
帮助团队	没有帮助团队解决问题；可能会制造问题；没有与其他队友分享想法；没有为他人给出有用的反馈；没有帮助他人	与团队合作但是没有积极的帮助团队；尝试与他人分享想法；有时为他人给出有用的反馈；有时帮助他人	帮助团队解决问题，处理冲突，并保持专注和秩序；分享帮助团队提高工作的想法；为他人给出有用的反馈；帮助提高他们的工作；如果他人需要帮助，就为他人提供帮助	除了标准条件：其中一个队友不在时，主动帮助团队；鼓励他人分享想法，帮助他们与团队建立联系；如果队友没有明白某些事情的时候，主动提供帮助
尊重他人	不注意队友讨论的东西；不尊重队友（可能是打断忽略别人的想法，伤害感情）	经常听取队友想法，但并不总是听取；大多数情况下对队友礼貌和善，但并不总是	仔细听取队友想法；对队友礼貌和善	除了标准条件：鼓励队友尊重彼此；认可他人优点并鼓励团队

二、基于反思日志的评价

在实践研究中，我们发现反思日志是学生自评的一种有效载体，不仅可以记录学生在主题学习过程中的心得、体会、探究过程，起到评价的目的，也可以促进学生反思自己的学习经历与实践，思考实践活动中出现的问题，采取积极的应对策略；同时，促进学生总结和积累成功的经验，领悟自身发展的过程，充分激发学生的主体性。教师通过学生的反思日志可以更多地了解学生的想法与反馈意见，从而及时调整实践活动或给予指导帮助以满足学生的需求。反思日志没有固定的格式，教师可以根据主题活动需要设计相关的表格让学生填写，以此来搜集过程性评价的质性材料。

表4-8 工作反思日志(小组)

主题名称		
学生姓名		
时间段		
在这个时间段里,我们的计划目标	1	
	2	
	3	
	4	
在这个时间段里,我们的完成情况及说明	1	
	2	
	3	
	4	
现阶段的收获或困难	1	
	2	
	3	
下一步的计划	1	
	2	
	3	
指导教师建议		
其他		

表4-9 探究活动过程自检表

思考你做了什么,进展如何 在右侧写出你的评语	
学生姓名	
主题名称	
挑战性问题	

续 表

关于自己	
你学到的最重要的东西	
如果可能,你想用更多的时间做什么,或做什么不同的事情	
哪一部分你尽了最大努力	
关于主题探究活动	
在探究过程中你最享受的一部分是什么	
在探究过程中你最不享受的一部分是什么	
下次怎么做可以更好	

表 4-10 成果自我评价与反思

1. 我在最终的报告中回答了一开始提出的问题了吗?我的核心观点是什么?

2. 我在最终的成果中给出内容要点了吗?我的内容要点是什么?

3. 我的最终成果足够清晰、能够让别人理解吗?

4. 我的最终成果反映了这段时间我在这个主题活动中收获的知识、能力与情感体验吗?

三、基于电子档案袋的评价

档案袋评价兴起于20世纪80年代后期美国教育评价改革运动。与传统教育评价注重甄别与选拔的功能不同,档案袋评价更多地强调对学生学习过程的关注,评价的目的在于促进学生的发展,与综合实践活动课程的理念及评价观高度契合,因此,档案袋评价是当前综合实践活动课程中经常采用的方法。

在综合实践活动课程中,档案袋评价就是教师指导学生围绕活动主题有目的、有计划地收集综合实践活动全过程的资料,包括学生活动方案、活动记录、活动成果以及活动的反思等,形成内容丰富的档案袋,全面展现学生的学习历程及成果,以此为依据对学生在综合实践活动中的学习情况进行评价,促进学生在活动中的发展。[①]

由于传统的档案袋评价收集的是学生学习活动的纸质资料,形式单一,资料的收集和整理耗时耗力又不便于长期保存。随着信息技术的不断发展,网络具有信息量大、更新快、开放性强和互动性强的特点,并且能够非常方便地呈现图片、视频、音频等多媒体信息。因此,我们基于网络平台,将档案袋数字化,采用电子档案袋评价方法,更好体现综合实践活动整体评价、过程评价和多元评价等要求。

1. 电子档案袋评价的优势

一是便于收集与保存,电子档案袋采用信息技术和设备进行学生活动材料的收集,学生可以用音频、视频、图像、动画、文本等不同的媒体形式来整理上传各种资料和成果,采用网盘或者硬盘来存储,能够收集容纳的信息量大,不占物理空间,且可以永久保存。

二是便于整理与检索,教师将所有学生的学习电子档案进行整理、归类和编码后,通过检索关键词可以快速地查找到所需材料,大大提高了工作效率。

三是便于多元与多样评价,教师、同学、家长及其他指导人员可以便捷地对电子档案进行评价,教师可以邀请家长、学生共同参与评价,实现真正意义上的综合性评价。

在教学实践中,教师利用电子档案袋来收集学生在主题学习过程中的一系列过程性材料和成果作品,如:学习日志、PPT、计划文档、访谈记录、调查问卷、调查报告、阶段性成果、活动图片、录像视频、作品展示等,真实记录学生的项目学习轨迹,反映学生的成长与发展。同时,也是教师评估学生学习效果与发展水平的依据。

2. 电子档案袋评价的运用

我校主要利用百度云盘作为学习电子档案袋的储存工具。每一个活动主题都建立了一个专属的电子档案袋,其中包含了参与主题学习的每位同学、每个小组的电子档案袋。电子档案袋的建设与使用方法主要包括两个方面:

一是合作开发、交流共构。电子档案袋是由学生和教师共同完成的,师生通过共同交流来确定放入电子档案里的材料要求,比如:电子档案袋中需要放入哪些材料;这些材料怎么归类;电子材料与作品的规格等,在实际操作的时候也可以根据需要有相应的变化。明

[①] 田慧生,冯新瑞,等.综合实践活动有效实施与评价策略[M].北京:教育科学出版社,2016:221.

确了操作方法后,学生就可以把学习活动中的各种电子材料及时上传,不断充实自己的电子档案袋。例如,我校的"未来之城创意设计"项目的电子档案袋的内容构成如图 4-1 所示。

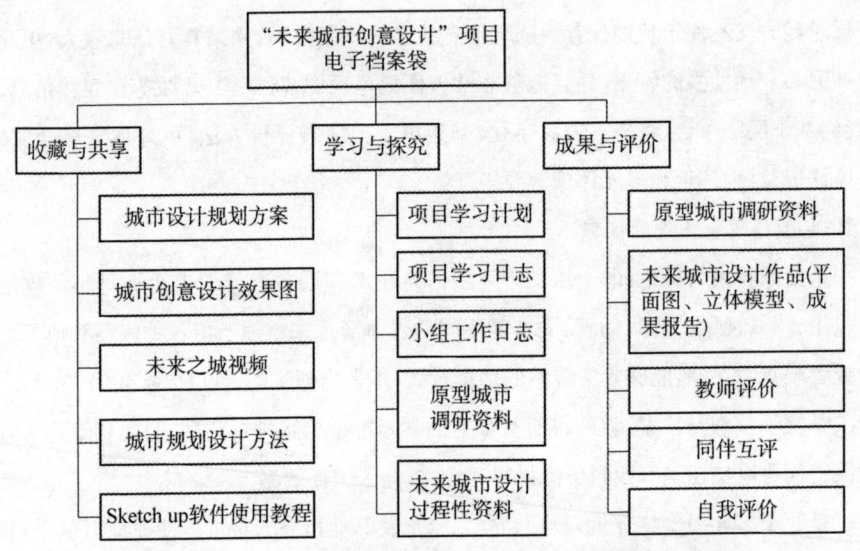

```
                    "未来城市创意设计"项目
                         电子档案袋
        ┌──────────────────┼──────────────────┐
     收藏与共享            学习与探究           成果与评价
        │                    │                    │
   城市设计规划方案       项目学习计划        原型城市调研资料
        │                    │                    │
   城市创意设计效果图     项目学习日志      未来城市设计作品(平
        │                    │              面图、立体模型、成
     未来之城视频          小组工作日志          果报告)
        │                    │                    │
   城市规划设计方法       原型城市              教师评价
        │                 调研资料                │
  Sketch up软件使用教程       │                同伴互评
                        未来城市设计              │
                        过程性资料             自我评价
```

图 4-1 "未来城市创意设计"项目的电子档案袋内容构成

二是嵌入教学、循环建构。在实施过程中,教师要将电子档案袋评价渗透到学习过程之中,通过让学生在主题学习的每一环节上传形式多样的材料(如视频、图片、文档等),不仅可以记录、评价学生参与学习的情况,还可以激发学生提高学习的积极性。电子档案袋对于学生而言不仅仅具有"存放"材料的功能,还有重要的"反思与交流"功能,学生可以便捷地查看自己所有的学习活动过程,对自己的学习进行反思;可以将自己作品展示给其他同学;学生之间、学生与教师之间还可以就某项材料进行对话和交流,相互学习、相互激发,不断地建构和完善自己的电子档案袋。在全面、连续的评价中,促使学生在反思中实现可持续发展。

第五章

支持与保障：为适性成长护航

综合实践活动课程具有实践性、综合性、开放性与自主性，其涉及的课程开发、实施与管理问题比单一的学科教学更为复杂，因此，加强支持与保障机制建设显得尤为重要。综合实践活动课程的支持系统需要围绕课程的构建、管理、协调等进行组织机制的重建或再设计，加强对校内外的各类课程资源的开发，以及通过开发教师培训项目来提升教师的跨学科素养，为课程实施提供有效支持。

第一节　组织机制再造

为了促进"生命·成长"综合实践活动课程的有效开展，学校改变成员间的组织关系：将权力下放与分享，丰富组织角色分工，确保决策过程汇聚多方智慧，共同应对挑战，并构建一个能够为所有成员提供充足支持与资源的协作体系。

一、组织机构重建

在保持原有正式组织结构不变的基础上，学校对原有组织机构功能做了些调整，围绕综合实践活动课程的实施，建立了几个以研究综合实践活动课程为方向的教学组织，使得来自各个不同教研组的教师有更多平等合作的机会，也为他们反思与改进教学提供可能。

1. 纵向建立"校长—教导—组长—教师"项目研究小组

纵向的项目研究小组建立使学校内从校长一直到普通教师的不同教学管理层次间都保持合作。这种小组及合作方式体现了反思性，当校长和教师一起探讨研究项目问题，聚焦学生、教学、学习进行对话，发现相关的问题和难题时，他们就不是上下级关系，而是形成了学习共同体。

不同学科背景和不同管理层级经验是影响跨学科课程实施的障碍，跨学科项目组的探讨交流可以帮助教师克服存在的困难，聚焦教师认为的关键事情开展讨论、争辩，思维观念的深度碰撞促进了校长、教导、教研组长和教师对彼此工作的理解和认同，帮助校长和教师建立直接的解决专业问题或协调管理问题的联系，把原来处在不同管理层次的人群连接为一个特殊的团队，使他们分享观点、形成相同的或接近的观念，也使团队的成员成为项目共同体中的成员。

2. 横向建立跨学科的协作教研组

学校又横向建立了跨学科的协作教研组,设立了教研组组长,和其他教研组平行。教研组通过参与的教师及专业研究活动,针对综合实践活动课程主题中涉及的相关学科内容开展研讨,不同的学科知识得以整合融入到课程教学中,同时通过教师的相互交流联结起各学科的知识和教学方法,有利于课程目标的达成。教师在这个过程中开阔了专业视野,实现了专业水平的发展。

在学校实际教学中,参与同一个跨学科课程项目的教师学科教龄不同,专业水平高低不同,教师所面对的问题也多种多样,跨学科的协作教研组的教研活动即提供专业帮助、合力解决问题的过程:教研活动能根据问题的性质开展分类研究和探讨,有时候还引入校外专业人士开展针对性指导,以满足不同水平的组员的专业成长需求。

例如,我校初中部的跨学科教研组主要由科学、地理、化学、物理、劳技、信息技术等学科教师组成,设立了跨学科教研组长,每个年级设置了跨学科备课组长,同时还安排了语文、道法、美术等学科教师作为学科支持。来自不同学科的教师合作进行跨学科学习的开发和设计、相互听课评课、交流经验和信息、合作解决困难,形成一个真正的学习型组织。

3. 线上建立跨学科教学研究中心

线上跨学科教学研究中心是个虚拟的组织,不是学校机制中的实体组织。研究中心设置在网上,对每一个教师来说都是个开放性的平台,聚焦跨学科课程中教师们的教学问题,大家可以畅所欲言。

跨学科教学研究中心将教学资源、及时采集的信息数据以及实践探索中的感悟、取得成效的做法直接呈现在平台上,使研究的氛围更浓、解决问题的意识更强,真正做到真问题、真研究、真发展。平台使教师之间形成了相互带领、伙伴共生的合作态度,它的即时性、共享性也改变了以往教研活动中一部分教师带领另一部分教师共同前行的模式,体现教师之间合作、平等、互利的关系。

二、合作模式运用

综合实践活动课程往往涉及不同学科的内容,需要各科教师开展互助合作,共同开发课程资源,建构学习情境,增强学习内容的生动性和感染力。在跨学科综合实践活动课程的实施中,我们常用以下合作模式。

1. 协同教学

基本要求：协同教学是由教师小组或群体共同计划、指导、评估学生学习的合作行为。它能够促使教师互相学习、支持，提高教学水平和教学效果。它可在设计教学内容、选择教学方法、组织教学形式、运用教学策略等多个环节运用，在教师的实际合作中，能够促使不同学科教师的相互借鉴、分享体会、共同完善，力求课程目标的实现。协同教学有多种不同模式，教师可以根据具体情景适当调整。

合作模式：在我们的实践中出现了三种合作模式：一种是学校教师在一个单位课时里的协同教学，第二种是教师在一个课程模块中的接力式协同，第三种是学校教师和专业机构人员的协同，他们可能是同时合作的，也可能是先后接力式的。这种合作模型图显示如图5-1。

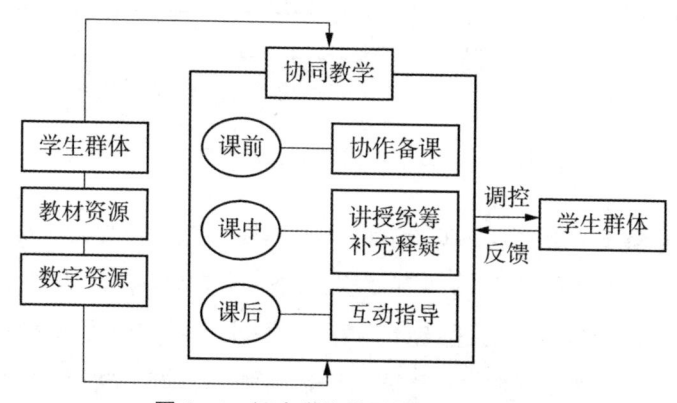

图5-1 江宁学校协同教学合作模型

2. 同伴互助

基本要求：同伴是指教师在教学工作中结成伙伴关系，互助是指结成伙伴关系的教师借助交流观点、课堂展示研讨、教材分析等专业活动，教师为了提高课堂教学效果，针对教学困惑、难点而进行的教学反思、研讨，共同学习新的理念、有效的经验，改进教学策略，也因而使教师获得专业发展。

合作模式：在我们的实践中，由于大多数的教师都是单一学科背景，教学年龄、教学经验、教学经历各不相同，课程实施中学校会安排同一个年级、不同学科的教师组成团队，或者同一个教研组的教师因参加不同年级的课程会产生不同的教学体会，因而这些教师彼此之间会就同一个群体学生的问题、课程实施的策略在不同年级的使用等经验与困惑开展交流、研讨。这种伙伴合作模型图显示如图5-2：

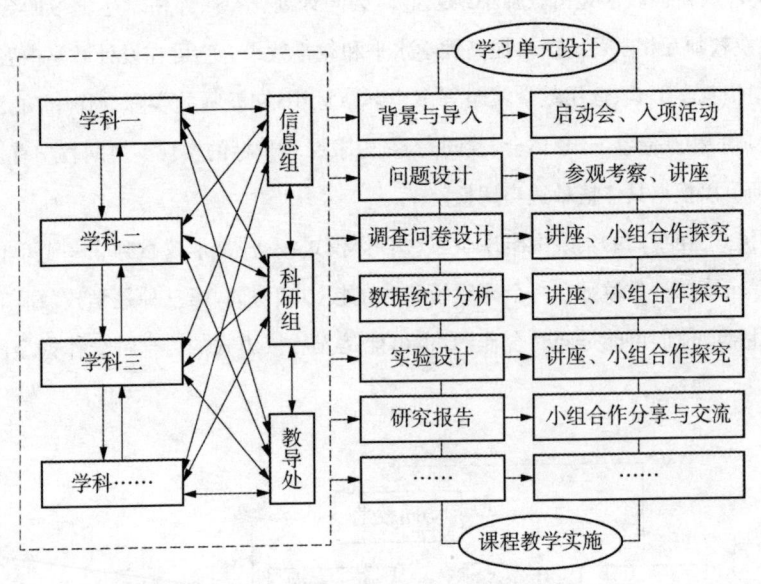

图5-2 江宁学校教师互助合作模型

综合实践活动课程实施中，在每学期每个年级项目大主题下，学生分小组选择子项目开展项目研究。与基础学科不同，跨学科教学中根据项目需要，有时不同的老师参与同一门课程的不同部分，有时候需要几位老师同时合作进行一个内容的教学，不再是一个老师任教一个班级。例如，六年级的"垃圾分类"项目中，如何选题、如何进行问卷调查设计、怎样撰写研究报告由科研室教师主讲，垃圾分类中涉及的学科知识分别由生物、地理、化学学科教师主讲，项目中涉及的实验操作则由实验室教师负责培训，每个班级还配备了一名专职的指导老师。在七年级"未来城市创意设计"项目中，对于学生怎样运用SU软件呈现项目研究成果，学校邀请了同济大学设计学院专家对学生培训城市设计规划的基本步骤和方法，之后由劳技教师、信息技术教师对学生进行软件设计的培训指导，每个班级的指导教师同时跟进。

三、制度体系完善

综合实践活动课程由于其开放性、复杂性和生成性，管理协调的要求与一般课程有所不同，需要学校管理者针对课程特点、实施条件、学校校情等具体情况创新校内各项制度设计，自主完善治理体系。我校根据实际需要，在课程管理制度、校外资源使用、学生安全、师资安排、课时安排、教研组织等方面进行制度重建或再设计。

首先，梳理学校原有的教研制度，对不适合教师合作的内容进行调整、废除，同时补充新的制度，使学校的制度能符合教师专业发展需求和教学合作的特点。如：学校在原有的教师专业发展要求中作补充，规定相关学科的教师都要有参与跨学科教学的经历。

其次，建立或完善以跨学科合作的专业发展为指向的管理制度，如《跨学科教研组管理制度》《跨学科教研规范要求》等，保障每位教师开展跨学科教学前都能接受相关的技能培训与指导。同时，学校建立了与跨学科教学计划相应的课时、教学场所管理制度，打破以往按照固定课时、在校内上课的单一方式，增加了固定连排长课时、两门学科单双周轮流连排长课时、多学科整体安排学期课时等多样化的方式。

第三，建立教师合作的校本评估机制，加强对教师合作团队的评估，建立了如：跨学科教研组考核、优秀跨学科教师奖励制度，同时将教师合作实践经历与成效纳入到教师的绩效工资、推优评先的要求中。

第二节 教师素养提升

教师的专业素养是影响综合实践活动课程实施成效的关键所在。综合实践活动课程中教师要改变传授知识的方式，强调学生在学习中的主体地位，启发学生发现并解决问题。此中，教师的角色和作用方式已改变，一是要成为设计者，根据学生的特点，为他们设计"个性化"学习方案；二是要成为指导者，提供学习支架，指导学生学会解决问题；三是要成为帮助者，帮助学生形成合作伙伴，帮助学生实现发展目标。但是，由于综合实践活动课程缺乏具有这一课程背景的专任教师，兼职教师的专业能力又参差不齐，师资队伍建设面临现实困境。在实践探索中，我们通过进一步明确综合实践活动课程对教师的专业素养要求，优化师资配置、校本教研和教师培训一体化设计来提升教师的课程胜任力。

一、明确教师专业能力要求

教师的专业素养水平在很大程度上影响着综合实践活动课程的实施效果。综合实践活动课程具有很强的开放性、实践性和生成性,课程实施的复杂性对教师的课程意识、综合能力提出了特定要求,这使得教师实现专业发展具有必然性。

(一) 综合实践活动课程实施中教师面临的挑战

与传授式教学模式相比,综合实践活动课程中教与学的价值追求,以及师生之间的关系、地位和作用发生了变化,教师面临着一系列挑战,主要涵盖以下三个层面。

1. 从"教师立场"到"学生立场"的转变

综合实践活动课程根于建构主义理论,强调学习不是把外部世界的知识装进学生的脑袋,而是让学生在一定的经验背景下,在以分析和综合、行动和反思为特征的实践探究过程中主动地建构知识的意义。其所蕴含的知识观、学习观要求教师实现从"教师立场"向"学生立场"的转变。具体体现在:

一是主题活动的设计要基于学生需求。基于儿童视角,关注学生的兴趣与经验,指向学生在真实生活中有感而发、深有体悟的"问题",指向学生的真实需求,这样才能激活学生发自内心的探究欲,赋予学生学习的价值和思想意蕴。二是课程实施以学生为主角,要求教师的教学从"知识传递"转向"知识构建",从"教师中心"转向"学生中心",学生成为主角,教师需要改变课堂控制的观念,扮演"学习导师"与"教练"的角色,通过建设性的引导,支持学生深入的学科实践、让学生参与真实的问题解决、支持学生协作以及构建迭代文化,促使学生在自主探究、自我管理的问题解决过程中实现知识的理解、建构与迁移运用。

2. 从"教学设计"到"学习设计"的转变

综合实践活动本质上是为学生编排的一段"学习旅程",其载体是一个学生参与其中的主题活动。综合实践活动的课程设计不仅要求教师设计主题这一形式载体,更为重要的是其背后的"学习设计"。教师需要基于学生的生活经验,发现和引导学生将感兴趣的问题转化为主题,并提供支撑学生实践探究的各种学习材料和资源(包括学习指南、学习单或任务单、信息化工具、文字材料、视频资源、必要的设施设备,等等),设计学习反馈与评价等,这已然超出传统"教学设计"的范畴。"教学设计"与"学习设计"虽然只有一字之差,但二者的着力点截然不同。教师要从关注"怎样教"的"教学设计"转向以培育学生整体素养为目标的"学习设计",强调学生在学习中的地位和真实需要,关注如何引发学生的主动学习和积极思维,促进学生在有意义的学习实践中实现知识的建构。

3. 从"教授琐碎知识"到"综合素养"的转变

日常课堂教学中常见的是围绕知识点的教学，将大的学科概念和知识模块切割成小的知识点，通过单课时制、讲授式和纸笔测试等方式来让学生消化和习得知识，虽然提升了知识学习效率，但是学生往往缺乏知识的整体观和深度理解，难以在生活情境中迁移和运用，知识便也失去了其存在的价值。综合实践活动课程是一种具有"社会意义的学习"，目标是培养学生的综合性能力，也就是学生在未来社会生存与发展的能力。这就要求教师克服过度重视认知学习，却忽略学生的社会性成长的问题，积极转变教学方式，让学生获得亲自参与实践的积极体验和丰富经验，引导学生通过自主的、实践的方式，综合运用各种知识解决实际问题。

（二）综合实践活动课程教师专业能力的要求

综合实践活动课程的实施需要教师具备以下四项专业能力。

1. 主题活动的选择与设计能力

综合实践活动课程没有统一教材和预设的教学内容体系，而是围绕反映学生现实生活实际的问题或主题来组织活动内容。在常规学科教学中，教师通常依赖于既定教材进行授课，而在综合实践课程中，教师的角色转变为与学生一起共同创造学习内容，实际上扮演了"协同学生个性化定制'学习资源'"的角色。尽管部分区域会编制供教师参考使用的教学资源包，但鉴于综合实践活动课程与各地城乡资源、地域特色及学校个体差异间的紧密关联，这些资源无法做到普遍适用。由于活动主题源于生活且富有生长性及独特性，直接复制其他案例的做法并不可行。因此，教师的主题活动选择与设计能力显得尤为重要，这体现在教师能够有效地引导学生关注生活实际，发现问题并转化为选题，进而构思并设计出适切、丰富的活动内容。

2. 资源的开发与利用能力

综合实践活动课程因其内容的开放性以及实施过程动态性，必然需要以丰富的课程资源为支撑，缺乏必要的课程资源开发，难以真正落实综合实践活动课程。因此，教师对课程资源的开发与运用能力显得尤为关键。教师应当具备基本的资源分类知识和开发应用策略。面对可能存在的课程资源匮乏、条件限制以及支持不足的情况，教师需展现出化劣势为优势的能力，积极调动人力资源、物质资源以及财务资源等各种要素服务于课程实践。

同时，教师需要深入挖掘校内潜在资源，合理开发校园周边资源，并有效利用社会各层面的教育资源，从而为学生创造出更多样化的实践学习场景，丰富学生的学习体验，提升课程实施的质量和效果。

3. 对学生探究过程的指导能力

综合实践活动的核心价值在于通过学生的亲身实践来实现，而非仅依靠传统的"讲授式教学"。尽管一些学生具备一定的探究能力和解决问题的技巧，但对于大部分学生来说，在展开综合实践活动的过程中，他们在基础知识积累、操作方法掌握、活动执行等多个环节仍迫切需要教师的有效指导，教师不能完全放任自流。教师应在指导过程中扮演"指引方向、辅之方法"的角色，适时给予学生激励、点拨，助力学生顺利完成实践活动并达成预定目标。具体来说，教师需要指导学生构建切实可行的主题活动研究计划，指导研究方法和策略，确保学生掌握科学研究的基本路径；同时，指导学生的人际交往与情绪管理技能，使他们在实践中收获积极的成长体验。此外，还需要引导学生学会收集和分析信息资料，从中提炼出有价值的观点，形成基本符合学术规范的研究报告。最后，教师还应指导学生采用多种成果展示形式，为学生提供多样化的成果分享平台，指导他们充分展示和交流自己的研究成果。

4. 对学生实践活动的组织与管理能力

综合实践活动课程具有很强的开放性与生成性，活动空间灵活、活动周期长，学生常常需要投入到实地调研、访谈、参观、考察、亲身体验及志愿服务等多种形式的实践活动之中，突发性干扰因素多，对教师的组织管理和指导能力提出了更高要求。因而，良好的活动组织与管理能力是综合实践活动课程指导教师必备的基本能力。教师不仅要能够适时地引导学生进行讨论、交流，开展自主性的活动，巧妙地协调各个学生小组的合作关系，而且还需要协助学生获取所需的活动资源与必要条件，持续跟踪并掌控整个活动的进展状态，从而全方位地支持学生在实践活动中的成长与发展。

二、建立跨学科教研机制

综合实践活动课程的优化实施需要着力于弥补教师专业能力的"短板"，建立并完善教师校本教研机制。为了支持综合实践活动课程的实施，我校横向建立跨学科教研组，设立跨学科教研组组长，与其他教研组平行，并建立了常态化的跨学科教研机制。通过扩大教研共同体的合作互动，消除教师单人作战的"孤独感"，促使教师在互动合作、知识共享中改变教学理念与教学行为。

（一）跨学科教师团队的组建

我校初中部的跨学科教研组主要由科学、地理、化学、物理、劳技、信息技术等学科教师组成，每个年级设置了跨学科备课组长，同时还安排了语文、道法、美术等学科教师作为学科支持。来自不同学科的教师合作进行跨学科学习的开发和设计、相互听课评课、交流经验和信息、合作解决困难，形成一个真正的学习型组织。

我校小学部的跨学科教研组涉及小学自然、劳技、语文、数学、美术和音乐等学科教师，一共22位教师参与。教研组组长由原来的自然教研组长兼任。同时，学校安排了初中科学、地理、物理、化学、劳技、信息技术等老师参与，形成编外的合作伙伴。

跨学科教研组开展专业研究活动，针对跨学科学习主题中涉及的相关学科内容开展研讨。每学期开学前，跨学科组会进行综合研修教研活动，主要对每个年级的项目进行解剖，研究教师分工和学生学习活动。还要分析项目中哪些知识是课外的，需要老师提前准备，邀请专家开讲座指导，或者进行信息技术培训，这些都要通过教研组集体讨论才能确定。

跨学科教学的进度表并非一成不变，教研组每两周召开教研活动，备课组则每周召开一次。教师根据学生活动产生的问题、解决问题的情况、呈现的项目研究成果变化等进行主题研修，随时调整。比如有一些小组在"垃圾分类"项目中提出进行黄粉虫饲养的实验探究，教研组专门请生物、实验室、化学和班级指导教师进行了专题研修。在进行"后疫情时代我们的使命"项目中，针对口罩的设计问题，教研组又请科学、劳技、美术教师进行设计方案集体讨论。

对跨学科教师来说，听课、评课同样不再局限于单一的学科渠道。教研组在每学期选择不同年级、不同课型、不同项目进行共同说课、互相磨课、集体反思等研讨方式，形成跨学科特定的教案设计模式、多元评价方式，积累过程性的资料。

（二）跨学科教研的关注重点

在课程实施的不同阶段，跨学科教研的关注点有所不同：

第一阶段，研究课程内容，即"选择哪些内容"。

教师们基于依据学生的生理及心理特点,从学生生活和兴趣出发,利用学校资源、网络资源、家长资源以及社区资源等,筛选出适合学生进行自主探究的学习内容,注重对应"人与自然""人与社会""人与自我"三大主题。教研组老师重新架构课程资源,进行分层设计,通过组合不同学科,如:自然、语文、数学、英语、社会、信息科技、劳技、艺术等,设计突出学生体验的学习活动。

第二阶段:研究教学设计,即"怎样写教学设计"。

教研组内先由一人尝试写一篇教学设计,作为一只"被解剖的麻雀",然后组织大家共同讨论这篇教案,探讨跨学科项目的教学设计。例如,老师先以"奇妙的材料"单元中"从棉花到棉布"一课,尝试写了一份教案,包括:教学任务分析、教学内容分析(跨学科整合)、教学目标、教学重点难点、教学流程、学科整合、教学过程、学生活动学习单、评价单、教学资源等。大家针对这份教案展开讨论,各抒己见,特别对学生学习活动的设计和学习单、评价单提出了许多修改意见。大家逐渐明确了教学设计的撰写体例,组内老师依据自身学科特长挑选主题和年级,分工撰写教学设计。

第三阶段:组织开展教学,即"怎么开展教学"。

所有的老师一起共同合作开展教学实践。例如,在小学高年级设置的一门综合实践活动课程《生活中的科学》中,每个年级安排了7位老师,每人负责一个分主题,实行教师走班。每周的活动时间定于每周三(四年级)、周四(五年级)、周五(三年级)下午2:50—4:00,采用两节课连上的长课时开展实践活动。三个星期后,教师轮换班级,在为期21周的一学期中,每个班级都能开展7个主题的实践活动。除了在课堂中利用评价表进行评价活动外,教师还利用计算机软件对于学生的探索兴趣、思维能力、团队合作意识、动手操作水平、学习成果等方面给出即时的评价,这个评价小程序的开发是由计算机老师完成的。

(三) 跨学科教研活动流程

在实践探索中,参与跨学科综合实践活动的教师教研活动形成了以下流程:

在实践经历"发现问题——尝试性解决问题——分析尝试的方法(解剖麻雀)——形成相应可迁移的策略——教学实践中检验对策——再次调整教师教学行为——获得实践性默会知识"等环节。

在这些环节中,从"教学实践中检验对策"到"再次调整教师教学行为"这个过程最为重要,当教研组老师们设计了教案后,通过自己或其他老师的教学实践,对教案进行修改和再创作,然后在下一轮的教学实践中不断检验修改的方案的可行性并不断反复。这些重复的环节中,引入了专家的引领,加上同伴的帮助:教研组间相互观摩课,共同说课、集体反思,最终形成能取得良好教学效果的教学设计方案。

三、开展校本研修项目

建设促进教师跨学科素养发展的机制或平台,提升教师的跨学科课程实施能力,是综合实践活动课程支持系统建设的重要内容。在实践中,我校通过开展校本研修项目,加强对综合实践活动课程的任课教师的培训,下文以"垃圾分类"中的"学生评价"项目研修为例综合分析教师的跨学科培训。

以"学生评价"为例,强调评价促进学生发展的导向功能是综合实践活动课程评价的价值所在。在现实的课程实施中,评价的设计与实施是教师问题最大的环节,开展"学生评价"项目研修,是教师培训的重要内容,体现了对课程实施的支持。

(一)研修目标

要求教师学习如何设计学生评价任务,并试着实践如何将学生评价任务嵌入在课程实施的各项环节中,保障课程目标的有效实现。

以学生评价设计为切入点,转变教师教学观念,逐步改变以往强调学科、重视知识、一讲到底的课堂教学模式,注重在课堂内外关注学生学习素养的培育。

激励教师在教学中构建能贴近学生经验、承载育人价值的各种问题或任务情境,让学生通过项目化学习等方式开展自主、合作的探究学习。

(二)各环节具体任务

1. 现状分析

此环节针对教师以往的评价经验,追问教师以下问题:关注结果的评价和关注过程的档案资料评价能否都起到激励导向作用、是否有使用的条件或局限、教师们常用的两种评价(结果评价和过程性评价)所用资料有哪些、这些信息资料是否可靠、能否反映真实状态、以往教师惯用的评价标准是否科学,是否具有内部一致性等。

通过教师分组讨论,使教师理解:综合实践活动课程评价不能沿用以往的经验和方法,必须建立与课程目标相符的价值判断和方法手段。通过案例分析,使教师理解:学生形成的实践成果以及实践过程性资料作为综合实践活动评价基础,能否客观反映学生综合素质发展状况的稳定性、可靠性,还需要进一步的推敲。由于学习环境比以往的学习更开放,教师以及其他人都不能完整观察、体会到学生的真实情况,评价需要学生主体的协同参与。

2. 问题分析

综合实践活动评价不能沿用教师以往的评价方式,要从以分数为代表的结果取向走向方法为代表的过程取向,教师要学会分析学生在真实、复杂情境下的行为过程与表现的技术手段,提供课程评判的依据,学会评估学生的综合素质发展状况。此环节研究者聚焦以下两个方面,使教师明确实质,为展开评价设计奠定基础。

(1) 关于"评什么"。即对照综合实践活动课程目标,指导教师确定课程需要评价的内容属于"价值体认、责任担当、问题解决、创意物化"四种中的哪一种,或者其中的几种。帮助教师理解评价内容的差异影响任务的建构与情境的设计,制约教师后期观察的重点,以及筛选、获取哪些信息与数据。

(2) 关于"怎么评"。即在高结构、复杂情境下的评价内容确立后,如何结合现实中学生的能力、年龄等综合因素,细化评价内容的关键要素,按照教师已有的教学经验将观察学生预期的行为具体化、明确化,如何确定信息、数据的收集方法,如何判断不同表现行为的水平层次等。

3. 指标设计

此环节帮助教师掌握评价设计的基本方法,体会设计的过程和要点。

首先,遵循评价设计先于方案设计的原则,组织教师根据课程主题梳理课程目标、内容、实施情况、效果评估等方面的情况,注意角度可以多样化,在讨论学生有关主题的价值体认、责任担当等方面的经历和经验的基础上,以分类分层的形式罗列出基础性信息。

其次,基于学生实际情况和学校课程特点,如年段、学校已有课程的特色等,按照一级指标"信息加工、创意、设计与制作、交流表达"等维度,以及二级指标"整理、归纳、概括、提炼、综合、运用、工具选择、评价、反思"等要素交叉构成评价表。

最后,根据学生年龄特点和学生之间的差异,以及实践活动过程中学生可能的表现,借助参与教师不同专业的视角、背景和经历,提出与真实任务和评价内容匹配的学生预期行为,经过筛选后,初步罗列出与上述关键指标相应的、可观察的学生行为表现。

4. 实施评价

在课程实施的过程中,参与评价观察的教师也有许多工作要点。此环节培训时应帮助老师理解并掌握。

观察方法:帮助教师学会根据任务分工、分类观察,如根据课程实施过程中学生的人际交往行为,对学生的所有相关行为进行观察,并以简洁而清晰的语言、符号记录。必要时如何与学生进行互动,从而获得更加丰富、翔实的数据。

使用工具:在一定的前提下,可采用录音、摄像、摄影的方式,记录学生的具体表现,为评价提供可重复观察、可定格聚焦的画面,为后续的解读分析、改进建议提供真实的信息与数据。

解读证据:课程实施中教师观察、记录获得的信息不能完全依靠教师单方面的解读,因此要教会教师就问题与相关学生进行深度交流:对学生进行追问或请学生具体解释,从而对学生行为开展具体分析和研究,理解学生行为、态度、表情背后的真实想法、个性化思考和独特体验。只有获取更丰富、更翔实的信息,才能形成比较完整、全面的评价证据。

5. 反思改进

根据教师实施课程后的评价情况,需要再做评价的评价,以及评价的改进。这一环节不是所有的研修过程都有能完成,但需要向教师指出,这一过程的必要性:对评价的评价有利于今后评价作用的提升。评价改进也是在这基础上进行的。

(三) 项目研究的局限

评价设计是学校综合实践活动课程实践中教师普遍感到有困难、实施比较薄弱的环节,开展专题研修能有效解决教师的专业困惑,但实践中发现依然还有一些问题,值得我们反思与继续改进。我们在研修后进行了微调研,了解教师的困难和需求,以便于在后期的实践进行调整或更深入地研修。

1. 教师专业精神影响集体研修的成效

专业精神是教师专业活动和行为的动力系统。是教师基于自我期许而表现出来的职业信念、工作热情和持续改进、不断努力的内在动力,教师的职业境界、态度、动机和对自身职业的认同度等是影响和保证教师有积极专业行为的重要因素,其中专业态度与动机是两个核心因素,其他因素通过它们来间接影响教师的专业成长。学校要提高综合实践活动课程的成效,不但需要资金、设施,更需要教师的知识、技能和专业精神在课程育人价值方面的作用。

教师是否有职业信念、始终保持积极性以及对教育对象的热爱之情,同样不但影响跨学科综合实践活动课程的实施,也影响着跨学科综合实践活动课程研修的效果。现实中,有的教师专业发展目标是成为自己学科的行家,不愿意花很多时间在综合实践的跨学科研究中;也有一些教师没有将课程的育人价值和自身的专业发展目标加以联系,也不愿意过多思考和研究跨学科的实施策略。这些影响了跨学科课程研修的效果,学校要充分认识到:教师专业精神的形成既需要科学的管理理念,更需要构建促进专业精神生长的长效评价机制,通过长期的引导、融合,造就富有专业精神的教师队伍,来创造课程的育人价值。

2. 研修整体目标与教师需求之间存在落差

跨学科的综合实践活动课程倡导用一种全面的视角来重新审视课程育人方式,不孤立传授各个学科的知识,鼓励教师根据生活中的真实问题设置主题。这样的课程打破了既有的教与学的方式。然而,大部分实施跨学科课程的教师熟悉的是传统教学流程,包括教学的几个固有环节,每个环节都应有具体的要求和标准,教师应该把握知识传授的达成要求,应该通过哪些途径和方式训练,达到怎样的熟练程度。这种教学流程烙印太深,使得教师在跨学科课程实施中遇到了前所未有的困难,他们迫切需要掌握如何改变传统教学方式,如何通过序列化、递进式的问题把各学科知识结构化并串联起来,形成一种更加全面、相互衔接、融会贯通的教学组织结构,如何组织开展与跨学科相适应的教学方式的技能。目前,这个方面的研修课程在课程内容构建、培训专家数量、培训开展频率都还远远跟不上教师的专业发展要求,需要学校和专业机构长期合作,根据实际需求开发研修课程,加强课例研究,从而不断提升研修实效。

第三节 课程资源建设

由于综合实践活动课程没有统一的教学大纲或教材,课程内容具有极强的开放性、自主性、生成性,因此,开发课程资源是每所学校必须首先考虑的问题。综合实践活动课程的教学迫切需要各类具体的课程资源,包括:教学软硬件、典型案例、课例、各类视频、资料、校外基地资源、教育专业力量及其他有价值的东西。为了支持与保障教学活动的顺利开展，我校充分挖掘或整合现有的人力、物力、时空、技术与信息等资源，探索有效的专业平台，寻求校外专业支持力量，如高校、专业研究机构等。学校着手课程资源库的配套工程建设，在活动案例、实践场地、图书资料、校外基地/辅导员、教师教学指导等方面逐步累积相关资源，以资源库的形式来推动课程深度发展。

一、课程资源的类型

1. 信息资源

学校积极开发网络资源，充分利用学习平台对教师专业发展的促进功能，建立了综合实践活动课程三维主题资源库（如图5-3所示），以"自我""自然""社会"三个维度为主线，以"主题确立""方案制定""活动实施""展示总结"为四阶段，将各类课程资源进行收集、梳理、分类，储入学校的资源库，供教师教学参考和学生开展研究性学习使用。随着我校"生命·成长"综合实践活动课程的开展，资源库的内容日益丰富和充实，为教学的有效开展提供了有力的支撑。

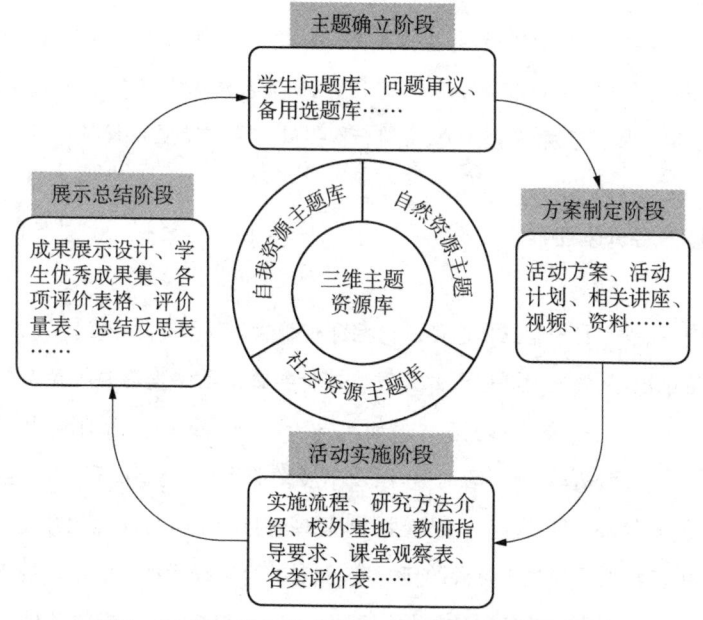

图5-3 江宁学校综合实践活动课程资源库示意图

2. 校外基地资源

我校坐落于苏州河畔,毗邻顾正红烈士纪念塑像、上海最早的消防建筑"宜昌消防队",富有上海城市精神的梦清园和长寿绿地等一些著名建筑和景点都在学校周围。学校周边丰富的资源为我们开发综合实践活动课程、整合教育资源、发展学生的综合能力,创造了不可或缺的条件。经过研究与实践,学校充分挖掘社会、社区周边环境及校内蕴含的具有教育教学价值的各种课程资源,如自然环境资源、人力资源、社会文化资源、生活资源,并将其创造性地运用到学校课程实施中,丰富课程内容、活化课程实施过程,努力实现"教学做"合一。

3. 专业人才资源

学校提供必要的经费与时间保障,以确保教师能开展重要的培训或交流活动。同时拓展信息传递与沟通的多重渠道,安排丰富的教研形式,如参观专业场馆、组织专题讲座、同行介绍经验、参加主题论坛、聆听课程专家指导等,使教师获得充分的机会聆听专业人士的见解,获得专业性指导,实现与专业机构的合作。

4. 物质资源

就教师而言,学校购买必需的教学设备,布置合适的讨论空间,营造和谐的人际氛围,为教师实施课程及开展教研活动、分享合作经验提供条件。就学生而言,学校要围绕学生的各类学习活动,提供必要的学习场地、学习设备,提供实验和体验的设施、器具,为了留下今后研究的资料,学校还要提供摄影、摄像工具。除此之外,为了给学生走出校园、走进生活提供方便,学校还要为学生的参观考察、调查研究、交流合作提供交通、文献查阅设备等便利条件。要为学生的参观考察、调查研究、交流合作提供交通、文献查阅设备等便利条件。

二、课程资源开发路径

在实践中,我校主要采用三种途径进行综合实践活动课程资源开发。

一是立足学校,重视校内课程资源开发。综合实践活动课程资源的开发要以校为本,首先要充分挖掘学校现有的课程资源。例如,学校的各项传统教育活动,如德育专题教育、班团队活动、社会实践活动、节日活动等,以及拓展型课程、探究型课程、学科拓展活动、探究性学习活动,等等,都可以在综合实践活动课程理念指导下进行课程化开发,改造成综合实践活动主题;其次要重视校内资源的新开发,针对综合实践活动资源不足的现象,挖掘校内资源优势,充分利用学校的各项软硬件资源为学生开展实践活动提供条件,同时发掘教师、家长资源优势,将其转化为综合实践活动课程资源。

二是走进社区,挖掘校园周边课程资源。社区蕴含着丰富的课程资源,主要包括社区的自然因素、社会环境、民族文化习俗、人力资源等。例如,我校利用毗邻苏州河、梦清园等社区资源,组织学生开展关于自然环境保护的问题和现象探究,诸如苏州河水资源状况的调查研究、水土保持研究、苏州河的污染与治理、城市人工湿地系统等。我校所在的长寿社区周边有丰富的历史文化资源和人力资源,例如,顾正红纪念馆、上海纺织博物馆、石库门、长寿敬老院、长寿街道京剧队、宜昌路消防站等,我校充分利用这些资源开发了"寻找红色基因　传承爱国精神""一块布的价值""寻访上海弄堂,感受民俗文化""如何保护石库门""尊老爱老敬老""京剧国粹精华""小小消防员"等主题活动。

三是面向社会,实现课程资源的整体开发。要让学生在日新月异的社会发展中掌握生存技能,积极地参与社会生活,成为未来社会的建设者,就必须引导学生走进社会、体验社会生活,形成适应未来社会的必备品格与关键能力。为了弥合学校教育中学生与社会之间的薄弱链接,我校的"城市・成长"课程以不同城市的特色资源为依托进行主题设计与学习活动开发。我们从城市的发展历史、文化设施、地理环境、人口素质特征、教育场馆等方面开展系统分析,藉此发现该城市活动主题的区域性特征,筛选可以开发利用的课程资源,以此为载体设计既符合学生兴趣需要,又富有教育价值的活动主题与内容。

第四节　课程管理优化

课程管理的意义在于实现理想课程向实践课程的转化。经验性、实践性和活动性是综合实践活动课程的显著特征,相对于学科课程,综合实践活动课程的活动主题需要自行开发,活动材料需要自己寻找,活动方式富于变化,活动场所相当分散,这些因素增加了综合实践活动课程的实施难度,对学校的课程管理提出新的挑战,要求学校不断优化和完善综合实践活动课程管理策略。

一、管理制度的刚性与柔性并存

综合实践活动要有刚性管理的要求,建立科学的课程管理制度,强化课程实施规范。

我校针对课程特点、实施条件、学校校情等具体情况,在综合实践活动课程实施的时空、资源、学生管理、活动管理、教师指导管理等方面建立相应的制度。

例如,我校梳理学校原有的教研制度,对不适合教师合作的内容进行了调整、废除,同时补充新的制度,建立了《跨学科教研组管理制度》《跨学科教研规范要求》,跨学科教研组考核、优秀跨学科教师奖励制度,同时将教师合作实践经历与成效纳入到教师的绩效工资、推优评先的要求中。

例如,教导处建立了校外教学基地管理制度,对学校校外资源教学基地的设立、利用校外资源的课程审核、实施做了相应的规定。为了保证课程培养目标的落实,学校对课程实施过程进行有效的管理和监控,建立了校内的课程实施操作制度、课程实施过程监督制度来促进课程的"持续改善"。

但同时,在发挥课程管理制度应有的"规范""约束"功能的基础上,我校逐渐增强管理的"柔性化"与"人性化",赋权于教师,扩大教师的专业自主权,积极鼓励教师参与有关教学管理问题的决策,充分地听取教师在课表编排、课程计划、教学管理方面的建议,保证教师充分发挥其应有的主体性、能动性与创造性。例如,活动过程中对师生行为的支持与鼓励,为处于困境中的师生寻求帮助,主动为活动的实施提供咨询和建议,等等。总之,综合实践活动管理要从有利于学生自主发展和全员参与,有利于学生的创新精神和实践能力的培养,有利于教师专业的发展,有利于学校课程的创生出发,努力构建让所有学生都有可选择的、适合自己的课程,使课程适应不同学生的不同需要,为学生提供更多的智慧成长空间。

二、课程管理的预设与生成并重

整体规划和周密设计是开展综合实践活动的基础。整体规划和周密设计,就是要对整个活动中的各种因素有所预见,采取相应的应对策略,进行预设性的管理,从活动组织、人员安排到过程指导、成果形式等做好安排,使活动得以顺利实施。但综合实践活动开放和生成的特征,又要求教师不局限于事先的规划和设计,对活动过程中生成的目标和主题重新进行认识,针对新情况调整管理策略,使管理行为更有利于活动的深入开展。没有预设性就没有开放性。因此,预设性管理与开放性管理同等重要。

三、课程管理与研究指导相结合

综合实践活动的综合性、开放性以及生成性的特点,决定了综合实践活动过程是十分复杂的,问题在不断地生成之中。单纯的管理很难使课程实施达到预期效果,对那些棘手的问题必须与教师、学生一道开展研究,寻找对策。因此学校在课程管理的过程中要重视与研究指导相结合,管理不再是简单地让老师遵从刚性制度、对教学活动进行监督、考核、评价等,而是与老师共同开展研究,引领和指导教师如何更好地改进教学行为,完善教学安排,提升教学效果。对学生的活动过程也要进行有效指导,及时地扫除活动过程中的障碍,使学生更加顺畅地开展调查研究和实践探索。

学校通过各种举措不断提升教师课程知识的建构、课程决策能力及课程研究能力。一方面,引导教师加强自主性学习,不断丰富和扩充课程理论知识,并在学习中逐步形成善于思考、反思和研究的能力与习惯。另一方面,学校积极为教师提供课程参与的各种环境支持。我校与华东师范大学、市区的教育研究部门建立了一定的合作关系,定期聘请专家对教师进行培训,加强一线教师与课程专家、学者的沟通与交流。同时,加强学校教师的合作与交流,为教师营造一个民主、宽松的学习和工作氛围。

参考文献

专著

1. 约翰·杜威.杜威教育论著选[M].赵祥麟,王承绪,编译.上海:华东师范大学出版社,1981.
2. 雅思贝尔斯.什么是教育[M].邹进,译.北京:生活·读书·新知三联书店,1991.
3. 倪梁康.现象学及其效应:胡塞尔与当代德国哲学[M].北京:生活·读书·新知三联书店,1994.
4. 联合国教科文组织国际教育发展委员会.学会生存——教育世界的今天和明天[M].华东师范大学比较教育研究所,译.北京:教育科学出版社,1996.
5. 约翰·杜威.民主主义与教育[M].王承绪,译.北京:人民教育出版社,2001.
6. 吴庆琳.不一定第一 但绝对唯一[M].上海:华东师范大学出版社,2013.
7. 郭元祥.综合实践活动课程与教学论[M].北京:人民教育出版社,2013.
8. 郭元祥,沈旎.综合实践活动教师指导用书(3—4年级)[M].太原:山西科学技术出版社,2015.
9. 田慧生,冯新瑞,等.综合实践活动有效实施与评价策略[M].北京:教育科学出版社,2016.
10. 钟启泉.课程的逻辑[M].上海:华东师范大学出版社,2019.
11. 柳夕浪.《中小学综合实践活动课程指导纲要》解读——44个问答[M].石家庄:河北教育出版社,2019.
12. 张华.综合实践活动课程的国际视野[M].石家庄:河北教育出版社,2019.
13. 俞丽萍.从理解到行动:综合实践活动课程的区域探索[M].杭州:浙江教育出版社,2021.
14. 夏雪梅.项目化学习设计:学习素养视角下的国际与本土实践[M].北京:教育科学出版社,2018.
15. 夏雪梅,等.项目化学习工具:66个工具的实践手册[M].北京:教育科学出版社,2022.
16. 中华人民共和国教育部.中小学综合实践活动课程指导纲要[M].北京:北京师范大学出版社,2017.
17. 中华人民共和国教育部.义务教育课程方案(2022年版)[M].北京:北京师范大学出版社,2022.

论文

1. 熊梅.浅谈综合实践活动课程实施的样态特征[J].中国教育学刊,2001(3):54-56.
2. 田慧生.综合实践活动的性质、特点与课程定位[J].人民教育,2001(10):34-36.
3. 李芒.论综合实践活动课程与教师的教学能力[J].教育研究,2002(3):63-67.
4. 张传燧.论综合实践活动的实施[J].课程·教材·教法,2002(7):16-20.
5. 陈时见,李晓勇.论综合实践活动课程及其实施[J].教育理论与实践,2002(4):40-43.
6. 李臣之.综合实践活动"主题设计"探讨[J].教育研究,2002(4):62-66.
7. 钟启泉,安桂清.综合实践活动课程:实质、潜力与问题[J].北京大学教育评论,2003(3):66-69.
8. 周可桢.综合实践活动教学课程资源的开发策略[J]教育理论与实践,2004(1):38-39.
9. 本刊记者.为"生命·实践教育学派"的创建而努力——叶澜教授访谈录[J].教育研究,2004(2):33-37.
10. 张传燧.综合实践活动的课程资源及其主题开发设计策略[J].教育科学研究,2004(6):32-35.

11. 史学正,徐来群.施瓦布的课程理论述评[J]外国教育研究,2005(1):68-70.
12. 张建平.论综合实践活动课程资源开发的主体、程序及策略[J].教育理论与实践,2005(12):46-48.
13. 杨小微.课程:学生个体精神生命成长的资源[J].华中师范大学学报(人文社会科学版),2006(3):108-113.
14. 钟启泉.综合实践活动课程的设计与实施[J].教育发展研究,2007(2A):43-47.
15. 张华,仲建维.综合实践活动课程设计框架研究[J].全球教育展望,2008(2):35-41.
16. 王卓.综合实践活动课程实施模式的构建[J].教育科学,2008(2):43-46.
17. 冯新瑞,梁烜.学校综合实践活动课程规划及其方案制订[J].教育科学研究,2008(11):38-41.
18. 李云淑.对综合实践活动课程主题设计的思考[J].教育发展研究,2008(8):76-78.
19. 张华,唐晓欣.综合实践活动课程选题研究[J].教育发展研究,2008(5):36-39.
20. 万伟.从活动走向课程——试论综合实践活动课程的"内容架构"[J].教育理论与实践,2010(2):19-21.
21. 刘玲.综合实践活动课程师资建设:困境与突破[J].中小学管理,2012(6):32-33.
22. 蒋雅俊.儿童、经验与课程:课程哲学研究[D].南京:南京师范大学,2012.
23. 冯新瑞.综合实践活动课程实施效果的调查研究[J].教育科学研究,2013(1):54-61.
24. 徐燕萍.综合实践活动课程表现性评价的教育哲学定位与操作实施建议[J].上海教育科研,2013(3):55-56,24.
25. 刘玲.综合实践活动课程教师专业化:素养要求与发展路径[J].教育科学研究,2013(7):61-65.
26. 万伟.综合实践活动课程关键能力的培养与表现性评价[J].课程・教材・教法,2014(2):19-24.
27. 钱新建.综合实践活动表现性评价的认识、开发与运用[J].课程・教材・教法,2015(5):49-54.
28. 黄永元.初中综合实践活动主题缺失的原因及解决策略[J].教学与管理(中学版),2016(2):35-37.
29. 李宝敏.核心素养视域下综合实践活动课程实施现状与对策研究[J].教育发展研究,2016(18):46-54.
30. 高志文,罗晓章,文传福.用课题方式来设计综合实践活动课程[J].人民教育,2017(9):66-69.
31. 李树培.综合实践活动课程评价从何处入手?[J].中小学管理,2017(12):13-14.
32. 李宝敏.中小学综合实践活动课程的目标指向:核心素养发展[J].中小学管理,2017(12):8-10.
33. 张华.体现时代精神的综合实践活动课程:理论与实践[J].人民教育,2017(22):40-43.
34. 季苹,陈红.综合实践活动课程如何实现"综合"——"以问题和概念为两端"的设计框架[J].中国教育学刊,2019(10):98-103.
35. 陈金海,易俊.综合实践活动"1246评价策略"的实施[J].教学与管理,2019(28):35-37.
36. 李臣之,纪海吉.综合实践活动课程内容的规定性及校本建构策略[J].课程・教材・教法,2019(4):104-109.
37. 胡双222222222.综合实践活动课程教师素养结构探析[J].课程教学研究,2019(11):22-27.
38. 杨明全.综合实践活动课程的内涵演变与未来走向——新一轮课程修订背景下的考量[J].教育科学研究,2020(3):39-45.
39. 高霞,陈莉,唐汉卫.中小学综合实践活动:困境、成因与出路[J].课程・教材・教法,2020(3):76-80.

40. 马玲玲.基于 CIPP 模型构建综合实践活动课程评价指标体系[J].教学与管理,2020(9):115-118.
41. 瞿婷婷,高建波.核心素养背景下综合实践活动课程设计:价值体察与实践路径[J].教育理论与实践,2020(2):37-40.
42. 柳夕浪.新时代综合实践活动课程:挑战与应对[J].基础教育课程,2024(1):39-43.

后 记

2024年农历新年到来之前，我们接到上海市新优质学校研究所的通知：我校《基于独特生命体验的综合实践活动课程设计》一书得到专家肯定获准资助出版。这是"新优质学校丛书"资助计划颁布以来资助的第一本新优质学校项目校著作，我们欣喜不已，同时也由衷感谢新优质学校研究所给予的机会。

自2011年首批参加上海市新优质项目以来，学校的办学实践获得了市教委、市教科院普教所等一批专家的悉心指导。我们的办学思想和课改实践经验不但得以宣传报道，也被先后收录于《走向新优质——"新优质学校推进"项目指导手册》《新优质学校设计》等新优质系列专著中。2023年上海市教委颁布了《上海市新优质学校高质量发展引领计划》，提出强化交流推广机制，积极出版新优质学校的研究与实践成果。我校有幸成为新政策的首个受益者，正是新的机制、新的平台发挥的作用，我校聚焦综合实践活动课程的实践和反思得以专项经费资助出版的形式呈现在读者面前。

"不一定第一，但绝对唯一"的办学理念是我们对教育理想的一种校本化表达，也是对"新优质"理想的一种追寻。我们认为教育的本真使命是珍视每个学生的生命价值，呵护每个学生的成长，使所有学生都能获得健康成长与积极发展。它既是从近年来学校的实践中高度概括出来的，也是为解决"怎样培养人"这一关键问题而实施的教育策略。基于尊重学生的独特性和个别差异，学校优化实施中小学综合实践活动课程的实践，为实现营造满足每一个学生发展需求的教育环境创造了独立课程路径，也让"每一个学生都能获得恰如其分的发展"这一目标的达成呈现出丰富性和多样性。因而，从实践意义上讲，这本书也告诉读者，我们是如何通过渐进而持续的课程教学改革满足学生差异化的需求，促使学校不断走向新优质，从而实现办学理念的转化与落实。

2017年正值我在华东师大攻读教育博士期间，恰逢教育部颁布《中小学综合实践活动课程指导纲要》（以下简称《指导纲要》），明确了综合实践活动课程与其他学科课程并列且为必修课程，贯穿小学一年级至高中三年级，从国家课程设置角度承认并确保了跨学科教育的独立课程路径。《指导纲要》的颁布说明：虽然经历了多年的实践，中小学综合实践活动课程还存在设计、实施等问题。由此，我将综合实践活动课程的优化作为博士论文研究的内容。与论文撰写同步,由我主持的市区两项课题先后立项,聚焦综合实践活动课程开展了长达五年的实践研究,程宏老师作为学校科研骨干成为课题的主要研究人员。2020年,我的博士论文通过了,但研究实践还在继续和深化。2023年,我们两项研究成果获评第十四届普陀区优秀教育科研成果一等奖,这些研究的阶段性成果成为我们此次出版的基础。

跨学科是综合实践活动课程的特质,它对培养学生跨学科素养、解决现实问题能力以及创新精神等方面有着重要作用。虽然2001年我国就颁布了《基础教育课程改革纲要(试行)》,规定开设综合课程,期望实现课程结构的均衡性、综合性和选择性。然而现实中这一作用尚未体现,主要问题在于体现这一特质的课程要求,如:按照课程目标的要求构建具有整合性的课程内容、设计联系生活和实际的问题情境和学习任务以及通过组织架构、教师合作实现跨学科教学等,在中小学以往的课程实施中没有现成的经验可借鉴。由此,在增强各类课程间的关联与互补、促进跨学科能力素养培养的背景下,如何调整、完善课程实施的路径、策略,实现课程育人要求,成为学校综合实践活动课程进一步发展的重要命题。我们学校运用行动研究法对聚焦"跨学科"特性优化中小学校综合实践活动课程的路径:对内容系统、实施系统和支持系统的构建及应用进行了实践研究,并通过案例分析、问卷调查等实证方法对相关实践的成效进行了分析。在此基础上,我们提出了聚焦跨学科特性优化中小学综合实践活动课程三大系统的结构模型,并以学校开展优化课程体系的实践探索予以佐证。

2022年教育部颁发了《义务教育课程方案(2022年版)》(以下简称《新课程方案》),《新课程方案》强化课程综合性和实践性,着力推动育人方式变革,发展学生核心素养。提出跨学科实践活动将成为学校落实新课程培养目标的突破口和关键点,各门学科要用不少于10%的课时设立跨学科主题学习活动,明确了学科教师开展跨学科活动的课时量及具体内容。同时,规定了综合实践活动每周1课时,内容侧重跨学科研究性学习和社会实践,要求学校统筹各门课程跨学科主题学习与综合实践活动安排。本书中我们的实践案例也为大家全面推进课程方案的落实提供参考。

《新课程方案》要求学校着重培养学生乐学善学的品质。学生的学习不仅包括系统的学科知识技能学习,还应包括开展主题化、项目式、跨学科的综合性学习活动。新课程方案强调跨学科学习,是为了帮助学生获得发现问题、主动探索、解决问题、反思提升的真实经验,通过跨学科实践活动弥合科学、生活两个世界。本书中提到的综合实践活动的设计、组织与实施,体现了以转变学习方式来促进素养培育的要求,引导学生在实践中综合运用学科知识解决问题,建立起知识与生活、知识与社会的联系。通过这样的课程实施,也力求达成"让学生找到发展的优势区域,具有克服弱势的勇气,使潜能不断得到激发,尽可能获得充分发展,并在此过程中悦纳自我,逐步形成和完善自我,从而感受到作为独立的完整的人所应有的生命状态"课程育人要求。

借出版的机会,我们和教育同行共同努力、相互学习,以促进和完善今后的课程实践。感谢一起努力实践的江宁人!感谢各位专家的指正!

吴庆琳

二〇二四年三月